O RISO REDENTOR

Dados Internacionais de Catalogação na Publicação (CIP)
(Câmara Brasileira do Livro, SP, Brasil)

Berger, Peter L.
  O riso redentor : a dimensão cômica da experiência humana / Peter L. Berger ; tradução de Noéli Correia de Melo Sobrinho ; revisão da tradução de Beatriz Silveira Castro Filgueiras. – Petrópolis, RJ : Vozes, 2017.
  Título original : Redeeming laughter : the comic dimension of human experience
  Bibliografia
  ISBN 978-85-326-5431-1
  1. Comédia – Aspectos religiosos 2. O cômico – Aspectos religiosos – Cristianismo 3. Sagacidade e humor – Aspectos religiosos – Cristianismo I. Título.

17-01468   CDD-233

Índices para catálogo sistemático:
1. Experiência do cômico : Antropologia teológica
233

PETER L. BERGER

O RISO REDENTOR

A DIMENSÃO CÔMICA DA EXPERIÊNCIA HUMANA

Tradução de Noéli Correia de Melo Sobrinho

Revisão da tradução de Beatriz Silveira Castro Filgueiras
(Doutora em Sociologia pelo Instituto de Estudos Sociais e Políticos da
Universidade do Estado do Rio de Janeiro – Iesp/Uerj)

EDITORA VOZES

Petrópolis

© Walter de Gruyter GmbH, Berlin/Boston.

Título original em inglês: *Redeeming Laughter – The Comic Dimension of Human Experience*, Peter L. Berger

Direitos de publicação em língua portuguesa:
2017, Editora Vozes Ltda.
Rua Frei Luís, 100
25689-900 Petrópolis, RJ
www.vozes.com.br
Brasil

Todos os direitos reservados. Nenhuma parte desta obra poderá ser reproduzida ou transmitida por qualquer forma e/ou quaisquer meios (eletrônico ou mecânico, incluindo fotocópia e gravação) ou arquivada em qualquer sistema ou banco de dados sem permissão escrita da editora.

CONSELHO EDITORIAL

Diretor
Gilberto Gonçalves Garcia

Editores
Aline dos Santos Carneiro
Edrian Josué Pasini
José Maria da Silva
Marilac Loraine Oleniki

Conselheiros
Francisco Morás
Leonardo A.R.T. dos Santos
Ludovico Garmus
Teobaldo Heidemann
Volney J. Berkenbrock

Secretário executivo
João Batista Kreuch

Editoração: Maria da Conceição B. de Sousa
Diagramação: Sheilandre Desenv. Gráfico
Revisão gráfica: Nilton Braz da Rocha / Nivaldo S. Menezes
Capa: Renan Rivero

ISBN 978-85-326-5431-1 (Brasil)
ISBN 978-3-11-035393-8 (Estados Unidos)

Editado conforme o novo acordo ortográfico.

Este livro foi composto e impresso pela Editora Vozes Ltda.

À memória do meu pai George W. Berger

Sumário

Observações preliminares – Explicações interessantes e elogios não solicitados, 9

Prólogo, 17

Parte I – Anatomia do cômico, 27

1 A intrusão cômica, 29

2 Filósofos do cômico e a comédia da filosofia, 49

3 Monges que riem – Um brevíssimo interlúdio sínico, 86

4 *Homo Ridens* – Fisiologia e psicologia, 94

5 *Homo Ridiculus* – Construção social do cômico, 127

6 Interlúdio – Breves reflexões sobre o humor judaico, 163

Parte II – Formas cômicas de expressão, 177

7 O cômico como diversão – Humor gentil, 179

8 O cômico como consolação – Tragicomédia, 208

9 O cômico como jogo do intelecto – Sagacidade, 235

10 O cômico como arma – Sátira, 269

11 Interlúdio – O eterno retorno da loucura, 296

Parte III – Para uma teologia do cômico, 311

12 A loucura da redenção, 313

13 Interlúdio – Sobre os teólogos soturnos, 329

14 O cômico como sinal de transcendência, 340

Epílogo, 359

Observações preliminares
Explicações interesseiras e elogios não solicitados

As pessoas que trabalham em livrarias tendem a uma visão de mundo pessimista, ou assim eu tenho observado. Isso é muito compreensível, dada a quantidade e (principalmente) a qualidade da mercadoria que elas são obrigadas a vender. E há o problema da classificação: Onde exatamente na loja um livro específico deve ser colocado? Posso pressupor que este livro levantará esta questão de maneira particularmente irritante, contribuindo assim para o mal-estar que já aflige a que eu considero ser uma das ocupações mais honradas da nossa época em geral deprimente. Deve este livro ser colocado na seção de humor? De religião? De sociologia? A predominância de piadas judaicas poderia sugerir a seção de Judaísmo, a defesa de Oscar Wilde os estudos sobre *gays* e lésbicas. Pelos princípios em voga na teoria literária, o autor é a última pessoa a dizer como um livro deve ser compreendido. No entanto, se uma escolha precisa ser feita, eu sugeriria uma divisão: alguns livros na estante de humor, outros em religião. Este livro é certamente sobre humor e o argumento subjacente, assim como a conclusão, são religiosos, e o título pretende deixar isto claro desde o início.

As pessoas que revisam livros são, com certeza, ainda mais pessimistas que aquelas que os vendem. Como alguém uma vez observou, a malícia neutra é a virtude principal do crítico. Este livro fornecerá uma grande oportunidade para o exercício desta virtude. Ele retira o seu material de muitos campos, na maioria dos quais eu não tenho nenhuma competência profissional. Eu fiz um esforço para usar de maneira responsável as minhas fontes e segui alguns conselhos, mas estou seguro de que há equívocos e, mais importante, omissões em vários pontos do meu argumento. Esta certeza provocou ataques periódicos de ansiedade durante o meu trabalho no livro. Eu me consolei com dois pensamentos. Primeiro, a literatura a respeito da natureza do cômico, embora vasta, é particularmente insatisfatória para responder algumas das questões básicas sobre o fenômeno, em parte porque tão poucos autores têm se disposto a dar um passo além das fronteiras de suas competências profissionais; em outras palavras, o cômico é um tema que clama por um tratamento não profissional. Segundo, já cheguei a uma idade, cambaleando à beira da senilidade, na qual eu posso me permitir ser razoavelmente indiferente ao que as pessoas dizem a meu respeito. Contudo, vou dizer isto em minha defesa: eu não tenho nenhuma ilusão de ser algum tipo de homem renascentista; eu tenho certas obsessões. Tenho sido obcecado com a questão da natureza do cômico toda a minha vida, desde que meu pai, um inveterado contador de piadas, me incentivou a contar as minhas próprias quando eu entrei no jardim de infância onde, de acordo com fontes confiáveis, eu criei problemas para mim mesmo ao seguir fielmente o mandato paterno. Mais cedo ou mais tarde, eu tinha de escrever este livro.

É fácil dizer o que este livro *não* é. Ele não é um livro de piadas, embora eu realmente espere que os leitores riam de vez em quando. Em outras palavras, este é um livro sobre humor, mas não essencialmente um livro engraçado. Ele não é um tratado em nenhuma das disciplinas intelectuais às quais ele recorre, e a minha própria sociologia não é absolutamente fundamental para o meu argumento principal. E, embora ele recorra principalmente a obras de literatura para ilustrar as diferentes formas do cômico, não é uma obra de crítica literária.

Este livro é uma reflexão prolongada sobre a natureza do cômico como uma experiência humana fundamental. O seu principal argumento pode ser exposto sucintamente: o humor – isto é, a capacidade de perceber algo como sendo engraçado – é universal; não existe cultura humana sem ele. Ele pode seguramente ser visto como um elemento imprescindível da humanidade. Ao mesmo tempo, o que as pessoas acham engraçado e o que elas fazem para provocar uma resposta bem-humorada varia muito em cada época, e em cada sociedade. Em outras palavras, o humor é uma constante antropológica *e* é historicamente relativo. Contudo, além ou aquém de todas as relatividades, há *algo* que se acredita que o humor perceba. Isto é, precisamente, o fenômeno do cômico (o qual, se quiser, é o correlato objetivo do humor, a capacidade subjetiva). Desde as suas expressões mais simples até as mais sofisticadas, o cômico é experimentado como *incongruência*.

Além disso, o cômico evoca *um mundo separado*, diferente do mundo da realidade comum, operando com regras distintas. É também um mundo no qual as limitações da condição humana são milagrosamente superadas. A experiência do cômico é, finalmente, uma promessa de redenção. A fé religiosa é a intuição (algumas pessoas de sorte diriam a convicção) de que a promessa será mantida.

Ainda que o principal argumento do livro seja apresentado desta maneira breve, deve ficar claro que ele não se sustenta em qualquer disciplina intelectual particular. A filosofia seria a única candidata possível, mas, como fica rapidamente claro, os filósofos têm sido apenas de utilidade modesta na investigação do fenômeno cômico. Tendo começado a desenvolver o argumento, eu tive de improvisar enquanto avançava. Não tinha qualquer método infalível à mão (a palavra *infalível*, pensando bem, é muito apropriada aqui). O jardim de infância já mencionado ficava em Viena, o que pode ter relevância metodológica. Se eu tenho qualquer método aqui, talvez ele possa ser chamado de barroco. Ele se baseia no pressuposto de que há conexões ocultas e uma ordem oculta por trás da riqueza quase infinita do mundo empírico, e que a ordem é, em última análise, divina e redentora. Portanto, não importa de onde se comece a investigação, ou qual caminho de pesquisa se tome: as realidades subjacentes se revelarão de uma maneira ou de outra. Em termos barrocos, a menor distância entre dois pontos é o círculo. Finalmente, quando se chegar lá, se rirá.

Os meus editores, que estão naturalmente preocupados, me aconselharam que, em vista do caráter complicado deste livro, eu deveria oferecer ao leitor algum tipo de introdução ou visão geral dos conteúdos. Bastante justo. Então aqui vai: o livro começa ingenuamente (ou, o que é mais ou menos a mesma coisa, fenomenologicamente) apenas *olhando para* a experiência do cômico tal como ela se apresenta na vida comum, sem recorrer a qualquer disciplina acadêmica. No geral, o livro é dividido em três partes. A Parte I lida com o que poderia ser chamado de anatomia do cômico – isto é, com a questão de o que ele é. Para não induzir o leitor a um estado de suspense insuportável, devo dizer desde já que nenhuma resposta conclusiva será alcançada (apesar de algumas excelentes razões do porquê tal resposta não é possível). Não obstante, ao se observar as descobertas e as especulações resultantes de diferentes abordagens, surge uma imagem mais clara do fenômeno. As abordagens investigadas são aquelas da filosofia, da fisiologia (apenas um olhar breve, já que sou não somente incompetente, mas *monumentalmente* incompetente nesta área), da psicologia e das ciências sociais. Há dois interlúdios, tangentes ao argumento principal. Embora a minha própria formação tenha me forçado a me apoiar principalmente em fontes ocidentais, é importante ter em mente a universalidade do fenômeno cômico; um interlúdio, então, lida com o humor na Ásia Oriental. O outro interlúdio é uma reflexão sobre o humor judaico, que ilustra de modo especial algumas das questões que eu quero tratar aqui.

A Parte II é um *tour d'horizon* de diferentes gêneros, ou formas de expressão, do cômico. A maioria delas é ilustrada com exemplos da literatura. Certamente, não há nenhuma intenção aqui de apresentar os autores destas obras com qualquer profundidade; eles são simplesmente utilizados aqui como aquilo que Max Weber chamava de "casos evidentes" – casos, isto é, de diferentes gêneros cômicos. As formas cômicas de expressão discutidas (não necessariamente uma lista exaustiva) são o humor benigno, a tragicomédia, a sagacidade, a sátira e (mais importante para o argumento principal) o estranho mundo às avessas do que a Idade Média chamava de "loucura". Os autores utilizados para efeito de ilustração são, entre outros, P.G. Wodehouse, Sholem Aleichem, Oscar Wilde e Karl Kraus. (Uma coleção estranha, sem dúvida. Se há uma seção cômica no além--mundo, eu me pergunto como eles se relacionam bem juntos. A mente se aturde com algumas das possibilidades.) Eu lamento não poder utilizar nenhuma expressão visual do cômico aqui, mas fazê-lo teria deixado este livro excessivamente caro e meus editores ainda mais preocupados.

A Parte III é a minha tentativa de desenvolver as implicações religiosas do argumento. Ela é, por assim dizer, um exercício de teologia laica. (Eu sou luterano, de um tipo bastante heterodoxo, e acredito no sacerdócio de todos os crentes, *ipso facto* no direito de todos os crentes de pensar teologicamente.) Um capítulo lida com a relação entre a loucura e a redenção. Um interlúdio tenta enfrentar a questão de porquê a maioria dos teólogos é tão sem graça. O capítulo final, abordando o cômico como um sinal de transcendência, quase não evita a acusação de ser um sermão. Eu concluo com o maravilhoso poema de Gilbert Keith Chesterton sobre o jumento que Jesus montou a caminho de Jerusalém.

Alguns agradecimentos devem ser feitos. Se eu fosse agradecer a todos os indivíduos que me ajudaram a pensar sobre a natureza do cômico (principalmente, em primeiro lugar, me fazendo rir), eu teria de continuar por muitas páginas, e os meus editores passariam da preocupação à raiva. Devo mencionar o meu amigo mais antigo, Wolfgang Breunig, que esteve comigo no jardim de infância onde eu me tornei pela primeira vez uma peste como contador de piadas, que ainda vive na mesma casa na Peterplatz onde ele morava naquela época, e que suportou as minhas piadas desde então com admirável paciência. Este livro, em particular, começou (sem intenção maliciosa, eu garanto) com Ann Bernstein, que visitou Boston alguns anos atrás e, como os intelectuais têm o hábito de fazer, me perguntou no que eu estava trabalhando. Quando eu respondi que não estava trabalhando em nada em particular, ela disse: "Por que você não escreve um livro sobre o humor? Você conta tantas piadas". Eu respondi que era uma ideia ridícula. Umas três horas depois, eu me dei conta de que, com razão, era isto o que eu deveria fazer.

Enquanto eu avançava com este projeto (literalmente) ridículo, vários amigos e colegas fizeram sugestões úteis. O primeiro deles é Anton Zijderveld, um dos poucos sociólogos que fizeram trabalhos importantes sobre o humor. Eu gostaria também de agradecer a Ali Banuazizi, John Berthrong, Noel Perrin, Christopher Ricks e Ruth Wisse. Eu gostaria muito de dizer que quaisquer falhas deste livro são inteiramente devidas a eles, enquanto eu sou unicamente responsável por seus méritos.

Brigitte Berger tem escutado, pacientemente *e* criticamente, os meus escritos há quase tanto tempo quanto escuta as minhas piadas. Este livro também deve muito à sua atenção e às suas sugestões. Diya Berger, cujo sorriso se torna cada vez mais esperto, me ensinou muito sobre as origens do humor nas maravilhas da infância (cf. cap. 4, nota 9).

Finalmente, quero agradecer aos meus editores, Bianka Ralle e Richard Koffler. Eles foram para mim grande apoio.

Prólogo

Em meio à variedade de experiências humanas da realidade, ou do que parece ser a realidade, a experiência do cômico ocupa um lugar muito distinto. Por um lado, ela é onipresente. A vida cotidiana está cheia de interlúdios cômicos, de ocasiões para o humor, de pequenas piadas, assim como das mais elaboradas. Mais ainda, a experiência do cômico é universal. Embora sua expressão seja muito distinta de uma cultura para outra, não há cultura humana sem ela. Por outro lado, a experiência do cômico é extremamente frágil, fugidia, às vezes difícil de lembrar. O que parece engraçado em um momento pode, de repente, assumir um tom trágico no momento seguinte, uma piada pode ser tão sutil que ela mal alcança o nível da atenção plena, e é por isso que, mesmo pouco tempo depois, pode ser difícil se lembrar porque exatamente algo provocou divertimento. A fragilidade do cômico se torna particularmente evidente tão logo é feita a tentativa de analisá-la intelectualmente, como saberá qualquer pessoa que já tenha tentado explicar uma piada. Tudo isso significa que o cômico é algo como um mistério. O que é esta experiência exatamente e como ela se relaciona com outras experiências humanas?

Os seres humanos fazem julgamentos sobre a verdade, sobre a bondade, sobre a beleza, e os filósofos têm se preocupado há uns três milênios como a validade destes julgamentos pode ser estabelecida. Porém, o cômico não se encaixa em qualquer destas categorias primordiais. Tome-se uma piada, esta forma mais sucinta de humor verbal. Faz pouco sentido perguntar se uma piada é verdadeira ou não. Certamente, ela pode se referir a situações que, em termos do nosso próprio conhecimento do mundo, não poderiam ter ocorrido – digamos, uma piada a respeito de uma figura política envolvida em um acontecimento que de fato ocorreu antes ou depois do momento em que este indivíduo esteve no poder. Mas este erro, esta "inverdade", pode ter pouca relação com o fato de a piada ser engraçada ou não; de fato, o alvo da piada poderia ser, na verdade, esta justaposição empiricamente falsa de pessoa e evento. O efeito cômico de uma piada também mantém pouca relação com o domínio do julgamento moral. Certamente, é possível fazer julgamentos morais sobre o *contexto* no qual uma piada é contada e sobre as *intenções* do contador. É sabido que não se deve contar histórias sobre forca na casa de alguém que foi enforcado, e a insensibilidade de alguém que o faça merece condenação moral. O mesmo acontece com piadas que pretendem denegrir este ou aquele grupo de pessoas – piadas racistas, antissemitas e assim por diante. É mesmo possível dizer que o próprio *conteúdo* de uma piada é imoral – como ocorre com as piadas inspiradas pelo ódio acima mencionadas, com piadas que parecem exaltar a crueldade ou são baseadas na blasfêmia. Porém, ainda que se afirmem todas estas questões morais, permanece o fato inquietante de que, mesmo depois que alguém tenha explicado porque esta piada é moralmente repreensível, *ela pode ainda ser engraçada*. Mais do que isto, uma das importantes funções sociais do humor parece sempre ter sido afrontar os sentimentos morais convencionais. Embora o humor claramente possa ser usado para propósitos bons ou perversos, o cômico como tal parece estar estranhamente além do bem e do mal. Finalmente, faz também muito pouco sentido perguntar se uma piada é bela ou feia. Há o domínio da experiência estética e o domínio da experiência cômica, mas os dois parecem ser bastante independentes um do outro.

Há, com certeza, uma enorme literatura sobre as diferentes manifestações do sentido do cômico – livros sobre a comédia como uma forma dramática, sobre a ironia e a sátira, sobre o senso de humor de diferentes nacionalidades e regiões, sobre diferentes categorias de piadas, sobre papéis sociais que incorporam o cômico como bobos da corte e palhaços, e sobre festas de rua fundadas em celebrações alegres e humorísticas como o carnaval. Contudo, há uma relativa escassez de escritos sobre a natureza do cômico como tal, certamente se comparada com as bibliotecas de livros sobre a natureza da verdade, da bondade e da beleza. Poucos filósofos se preocuparam em pensar seriamente sobre o engraçado. Sem dúvida, isto tem algo a ver com a fragilidade da experiência cômica, mencionada anteriormente. Tente compreendê-la, e ela se dissolve. Quantas piadas poderiam sobreviver ao tratamento dos filósofos? Mas há também a noção amplamente aceita de que o sério e o engraçado se excluem mutuamente. Afinal de contas, não se pode ao mesmo tempo rezar e fazer piada, declarar o seu amor e fazer piada, contemplar a morte e fazer piada – ou ao menos esta simultaneidade exigiria um esforço muito grande, um que provavelmente seria malcompreendido pela maioria das pessoas. Há uma boa palavra para a inserção inadequada do humor em uma situação séria – a palavra é *frivolidade*. É frívolo fazer piadas durante uma cerimônia religiosa, uma proposta de casamento, ou um funeral. Convencionalmente, então, o cômico parece ter sido banido de todas as ocasiões verdadeiramente sérias. Este fato social levou muitos à visão do cômico como um aspecto superficial ou marginal da vida humana, em cujo caso seria perfeitamente compreensível que pensadores sérios não tenham dado muita atenção a ele. O presente livro se baseia na convicção de que esta visão está redondamente equivocada.

Este é um livro sobre o cômico, este componente misterioso da realidade que é detectado, ou se acredita que seja detectado, pelo que é comumente chamado de senso de humor. Mais uma vez, o senso comum dita que alguém *não tem* senso de humor quando ele ou ela é incapaz de detectar a presença do cômico. Escrever um livro sobre o cômico poderia ser interpretado como a evidência *prima facie* de tal falta de humor. Por outro lado, quem testemunha este esforço pode muito bem achá-lo engraçado ao extremo. Isto denuncia uma antítese bem-humorada, como quando um filósofo discorrendo sobre metafísica perde as suas calças ou tem uma visível ereção ou um ataque irreprimível de soluços – o corpo físico impondo vingança cômica da pretensão do metafísico. Em outras palavras, as pessoas que escrevem livros sobre o cômico são alvos legítimos da paródia, da sátira e de outros modos agressivos de resposta bem-humorada à seriedade intolerável.

Sou ciente de tudo isso, e isto me deixa muito nervoso. Não é tanto porque me aflige o fato de que outros possam zombar deste empreendimento. O que deixa muito mais nervoso é a suspeita de que o meu próprio senso de ridículo torne impossível para mim prosseguir por muito tempo. Como pode alguém esmiuçar algo que é tão frágil? Ou manter sob exame minucioso o que é inerentemente fugidio? Não é ridículo esperar que, depois de ter cuidadosamente *examinado a estrutura da experiência cômica*, se queira com uma cara séria declarar ao mundo *o que ela é*? Em minha defesa (provavelmente inútil) – e isto significa, principalmente, me defender contra o meu próprio senso de humor –, deixe-me dizer desde já: não tenho esta expectativa. Além disso, como ficará claro mais tarde, eu teria de ser louco se mantivesse tal expectativa, pois, se estou certo nas minhas intuições sobre o cômico, se eu pudesse algum dia dizer, *Isto* é o que é, eu estaria de posse do segredo mais profundo da existência. O cômico, por sua natureza esquiva, pode ser abordado apenas de modo ao mesmo tempo prudente e indireto. É preciso ser muito, muito cuidadoso, ou ele se romperá diante dos seus olhos. Não se pode atacá-lo diretamente, deve-se rodeá-lo, indiretamente, repetidamente. Talvez assim ele não se assuste. Talvez assim ele permaneça imóvel tempo o bastante para permitir um olhar ligeiramente melhor daquilo que pode estar debaixo de suas muitas máscaras. Uma coisa eu posso dizer com grande convicção: nenhuma certeza surgirá desta investigação particular.

> Por volta da virada do século, um rabino recém-ordenado foi mandado de sua yeshiva* no Lower East Side em Nova York para se tornar o primeiro rabino a ministrar em uma congregação no Alaska. O seu velho mestre se despediu dele, o abençoou e disse: "E lembre-se, meu filho, lembre-se sempre – a vida é como uma xícara de chá".
>
> O jovem rabino partiu para o Alaska, e estava muito ocupado por lá, mas de tempos em tempos ele pensava no que o seu mestre tinha dito, e se perguntava sobre o que esse provérbio queria dizer. Depois de sete anos, a sua congregação permitiu que ele saísse de férias. Ele voltou para Nova York, visitou a yeshiva, e foi encontrar

---

* Seminário ortodoxo judeu [N.T.].

o seu velho mestre. "Eu sempre quis te perguntar isto", ele disse. "Quando eu deixei a yeshiva, quando você me deu a sua bênção, você me disse – 'a vida é como uma xícara de chá'. Conta para mim, rabino, o que você quis dizer com isso?"

"A vida é como uma xícara de chá?", perguntou o velho.

"Eu disse isto?"

"Sim, você disse. O que você quis dizer?"

O velho pensou por um momento, então disse: "*Nu*, talvez a vida *não* seja como uma xícara de chá".

Há, por assim dizer, uma versão convertida ao hinduísmo desta mesma história. A diferença é sutil, mas a sutileza faz valer a pena contá-la.

Um jovem americano estava viajando na Índia, procurando o sentido da existência. Foi dito a ele que lá no topo de um dos picos mais inacessíveis do Himalaia, havia um monge que se supunha saber a resposta. O jovem americano passou muitas semanas vagando, enfrentando grandes privações, e finalmente chegou ao lugar onde o santo homem residia. Lá estava ele, sentado e imóvel, seus olhos fixos no distante pico do Monte Everest.

"O meu nome é John P. Shulze", disse o jovem americano. "Eu sou de Cleveland, Ohio, e estou procurando o sentido da existência. Me disseram que você sabia. Pode me dizer?"

O monge, sem mover seu olhar do distante pico do Monte Everest, entoou solenemente: "A vida é como a flor de lótus".

O jovem americano não disse nada, refletindo sobre o profundo ditado. Houve um longo silêncio. Então, o monge franziu levemente as sobrancelhas. Ele desviou o olhar da montanha distante e, em um tom preocupado, disse ao jovem americano: "Você tem alguma outra sugestão?"

E esta história leva, por alguma razão, à outra. Não está claro que haja qualquer conexão.

A Sra. Shapiro, de Brookline, Massachusetts, também estava viajando no Himalaia, à procura de um monge que vivia em um dos picos mais inacessíveis daquela poderosa cordilheira. Depois de algumas semanas de viagem, enfrentando grande dificuldade, ela finalmente chegou lá. Um jovem discípulo do monge a recebeu e lhe disse: "O monge está muito ocupado. Hoje é terça-feira. Ele pode te encontrar na sexta-feira, às três da manhã. Neste intervalo, você pode ficar aqui nesta caverna".

A Sra. Shapiro ficou na caverna da tarde de terça-feira até as primeiras horas da manhã de sexta-feira. Estava muito frio, ela teve de dormir no chão e não havia nada para comer, exceto frutos silvestres e leite de iaque* batido. Na sexta-feira, logo antes das três da manhã, o jovem discípulo veio buscá-la. Ele a conduziu para outra caverna. E lá sentado estava o monge. A Sra. Shapiro foi até ele. Ela disse: "Marvin, venha para casa!"

Eu contei três piadas. Duas delas são judaicas e a terceira, se podemos colocar desta maneira, tem uma conotação judaica. Isto não deveria surpreender. Algumas das melhores piadas são judaicas. Muito foi escrito sobre o humor judaico. Por que há tantas piadas judaicas? Há muitas razões que podem ser dadas. Razões históricas: as piadas são histórias que devem ser contadas com inteligência, e a cultura judaica (por razões profundamente religiosas) provavelmente seja a mais verbal da história

---

* Vaca do Himalaia [N.T.].

humana. Razões psicológicas: as piadas aliviam o sofrimento e que povo tem suportado mais sofrimento, durante séculos, do que o judeu? Razões sociológicas: em grande parte de sua história, os judeus viveram às margens das sociedades, e a marginalidade inspira uma perspectiva cômica. E há a razão mais profunda, uma razão teológica: os judeus são o povo que inventou Deus (ou, se quiser, que o descobriu – ou, se quiser mesmo pensar teologicamente, o povo que Ele inventou). Mas *esta* é uma história que virá muito depois nestas ruminações.

Pensando bem, eu já esbocei a maioria dos temas principais com os quais eu pretendo trabalhar neste livro. À medida que rodeio o meu efervescente objeto, devo discutir um pouco de história, um pouco de psicologia, um pouco de sociologia, e no final vou me colocar algumas perguntas teológicas. Talvez eu devesse parar agora, parar com as predições. A piada recairia então sobre mim, certamente não sobre o leitor, pois não haveria nenhum leitor. A um sábio chinês é atribuído o dito: "Se você tem uma escolha, é melhor que a piada seja sobre alguém que não você mesmo". Eu tomo isto como um incentivo para seguir em frente.

Contudo, eu não posso resistir à tentação de ainda contar mais uma história judaica. É uma história clássica, que foi aludida no título da autobiografia tardia de Irving Howe.

> Nos velhos tempos, em algum lugar da Europa Oriental, um viajante chegou a um *shtetl** no meio do inverno. Lá, na frente da sinagoga, um velho estava sentado em um banco, tremendo de frio.
>
> "O que você está fazendo aqui?", perguntou o viajante.
>
> "Eu estou esperando a vinda do Messias."

---

* Aldeia judia [N.T.].

"Este é um trabalho muito importante, realmente", disse o viajante. "Eu suponho que a comunidade lhe pague um bom salário?"

"Não, absolutamente", disse o velho. "Eles não me pagam nada. Eles apenas me deixam sentar neste banco. De vez em quando, alguém aparece e me dá um pouco de comida."

"Isto deve ser muito difícil para você", disse o viajante. "Mas, ainda que eles não lhe paguem nada, certamente eles devem honrá-lo por cumprir esta importante tarefa?"

"Não, absolutamente", disse o velho. "Todos acham que eu sou louco."

"Eu não compreendo", disse o viajante. "Eles não te pagam. Eles não te respeitam. Você senta aqui fora no frio, tremendo, faminto. Que tipo de trabalho é este?"

O velho respondeu: "É um *trabalho estável*".

Parte I

Anatomia do cômico

1 A intrusão cômica

À medida que começamos nossa aproximação em torno do fenômeno do cômico, uma série de questões gerais se impõem de imediato: O que é? Onde está? Como é usado? O que significa? Dada a nossa abordagem sinuosa (que é, ou assim parece, ditada pela natureza do fenômeno), não seria aconselhável tentar dar respostas para estas questões de maneira rigorosamente sistemática. Mas é razoável fazer uma tentativa preliminar, ao menos, de abordar a primeira questão: O que *é* esta coisa da qual estamos falando?

Um indivíduo de fala inglesa com algum grau de educação superior provavelmente vai começar por aquele grande monumento filológico, o *Oxford English Dictionary* [OED]. Mesmo que não se esteja interessado, no momento, nas formas como uma palavra tem sido utilizada desde *Beowulf* e os *Canterbury Tales*, se espera ao menos obter uma ideia do seu uso corrente pelo OED. Aqui estão algumas definições relevantes. No verbete *cômico*: "Calculado para provocar alegria, intencionalmente engraçado". E uma segunda definição: "O que, de modo não intencional, provoca alegria; risível, ridículo". Isto parece um pouco estranho: Por que não dizer simplesmente que o cômico é algo que, intencionalmente ou não, é percebido como engraçado? Em todo caso, não nos leva muito longe. Indo direto ao ponto, o que realmente está sendo dito aqui é que o engraçado é algo que é percebido como engraçado. E no verbete *humor*: "Aquela característica da ação, da fala ou da escrita que estimula o divertimento, a estranheza, a jocosidade, a zombaria, a comicidade, a diversão". E uma segunda definição: "A faculdade de perceber o que é ridículo ou divertido, ou de expressá-lo no discurso, na escrita, ou em outra composição; imaginação ou abordagem jocosas". Além destas definições maravilhosamente imprecisas, quando não circulares, está o curioso comentário: "Distingue-se da sagacidade por ser menos estritamente intelectual, e por ter uma qualidade compreensiva em virtude da qual ele frequentemente se associa à compaixão".

Isto nos leva um pouco mais longe. Estabelece uma distinção útil entre o *caráter* de certas realidades humanas e a *faculdade* de perceber tal qualidade. Os fenomenólogos chegaram à mesma distinção ao falar sobre os aspectos *noemáticos* [objetivos] e *noéticos* [subjetivos] de um fenômeno. A distinção será útil mais adiante nestas elucubrações, à medida que nos protegerá de confundir o fenômeno cômico enquanto tal com os seus fundamentos fisiológicos ou as suas funções sociopsicológicas. O OED também esclarece que o cômico (ou, como aqui, o "bom humor") pode ser encontrado em ações, no discurso, ou em materiais escritos. Além daí, ficamos novamente com uma grande confusão. Qual é a diferença entre a *jocosidade* e a *zombaria*? Entre a *comicidade* e a *brincadeira*? Poder-se-ia pensar que *cômico* e *bem-humorado* são sinônimos em sua forma adjetiva. Ou talvez alguém dirá que o senso de humor é a faculdade que percebe o cômico (ou, caso se prefira, a comicidade). Poderíamos continuar. *Comédia*: "Ramo do teatro que adota um estilo engraçado ou familiar, e descreve personagens e episódios risíveis". *Piada*: "Algo dito ou feito para provocar o riso ou a diversão; uma fala espirituosa, uma brincadeira; chiste, zombaria;

também, algo que causa diversão, uma circunstância ridícula".
Poderíamos continuar; acho melhor não.

Eu tenho usado a segunda edição (1991) do OED Compacto. Aquele que pesa uma tonelada, ou assim parece, e que somente se consegue ler com a ajuda de uma lupa previdentemente fornecida pelo editor. Em pouco tempo, os olhos começam a doer; os meus doeram, ao menos. O desconforto provocou uma alucinação. Eu não tenho ideia de como o OED é elaborado. Eu imagino que devem haver comissões de pesquisadores. Eles se encontram? Eu os vejo como pequenos grupos de professores universitários meticulosos, homens com casacos de lã puída, mulheres vestindo sapatos confortáveis e deselegantes, todos hospedados a uma curta distância do Museu Britânico em uma daquelas hospedagens esplendidamente desconfortáveis em Bloomsbury. Haverá um comitê sobre alegria e jocosidade? Caso o haja, seria muito extravagante pensar que estas pessoas, entregando-se à malícia espirituosa que está no cerne do *ethos* acadêmico inglês, possam pregar suas próprias peças? "Vamos mostrar a esses malditos americanos que compram o OED..." Gargalhada, gargalhada...

Vamos, por ora, arquivar a questão do que é o cômico. Inevitavelmente, teremos de voltar a ela. Ao invés disso, vamos nos voltar à segunda questão que se impôs: *Onde* está? Ou mais precisamente: Onde, em meio à vasta gama de experiências humanas, o cômico se manifesta? Ao abordar esta questão, pode-se empregar uma útil distinção feita por Max Weber no caso da religião: ele distinguiu a religião dos "virtuoses" e aquela das "massas" (tal como, p. ex., o catolicismo de Teresa de Ávila e o das pessoas comuns indo à missa na manhã de domingo). Uma distinção similar pode ser útil aqui. Há "virtuoses" do cômico – não só grandes escritores cômicos (Aristófanes, Shakespeare,

Molière etc.), mas grandes bufões e palhaços e comediantes, ou grandes contadores de piada como aqueles que outrora habitavam as cafeterias da Europa Central. Mas há também o cômico das "massas", e é o que devemos investigar primeiro.

Tão logo o fazemos, somos surpreendidos por um fato poderosamente evidente: *o cômico é onipresente na vida ordinária, cotidiana*. Não o tempo todo, certamente, mas costurando-se à experiência cotidiana. E não é a virtuose do cômico que temos em mente aqui, mas as pessoas muito comuns – espécimes, caso queiram, do *l'homme comique moyen*. Vamos imaginar um dia na vida dessas pessoas – as chamaremos John e Jane, um casal americano comum. Eles acordam de manhã. John é uma daquelas pessoas que acordam imediatamente, pulam da cama e estão prontas para o dia. Jane é do outro tipo, aquele que acorda lentamente, relutantemente, não por preguiça, mas porque a realidade ao despertar lhe parece bastante implausível quando ela a reencontra. Ela acorda, vê John se pavoneando (talvez ele faça flexões matinais, ou talvez ele esteja apenas determinado para fazer sua *toilette* e para a séria tarefa de vestir-se), e esta visão lhe parece bastante ridícula. Talvez ela ria, ou talvez cancele o riso por delicadeza marital (afinal, esse indivíduo absurdamente ativo acabou de se levantar da *sua* cama e é o *seu* marido), mas o fato é que o primeiro pensamento consciente da sua mente nesse dia é uma percepção do cômico. John, vamos supor, se aproxima do cômico um pouco mais lentamente (os ativistas geralmente são assim). Mas ele faz uma piada no café da manhã, talvez sobre a torrada que ele acabou de queimar, ou sobre o casal no apartamento vizinho (as paredes são finas) que se pode ouvir mais uma vez fazendo amor de manhã cedo. Então os filhos pequenos do casal comum entram, fingindo serem os monstros que eles viram em um *show* de televisão na noite passada, e agora todos estão rindo. Depois, John e Jane leem o jornal; ele ri de uma caricatura; ela faz um comentário sarcástico sobre a última besteira do governo. Todas essas expressões do cômico – e, imaginem vocês, eles ainda nem terminaram o café da manhã!

Não seria difícil acompanhá-los nesse nível de detalhe durante todo o dia. O chefe de John faz uma ironia pesada e sádica ao repreender um subordinado em uma reunião dos funcionários; como vingança, John e seus colegas encenam uma paródia do chefe, a salvo, enquanto ele está fora para o almoço. Jane fica fascinada (ou incomodada) com os colegas de trabalho que são contadores de piada compulsivos; na hora do almoço, eles competem entre si nessa atividade: "Vocês já ouviram esta?" "Eu acho que é melhor do que a sua!" "Vocês conhecem a última história de Al Gore?" E assim por diante. Talvez Jane conte as suas próprias piadas; talvez ela seja aquele sonho de todo contador de piada compulsivo – o ouvinte paciente que sempre ri na hora certa porque esqueceu a piada, embora a tenha ouvido antes mais de uma vez. Em todo caso, ela participa de mais uma experiência daquilo que os nossos autores do OED chamariam de jocosidade. É desnecessário dizer que a tarde e a noite não são imunes a estas irrupções reiteradas do cômico. Talvez inclusive John e Jane passem a noite assistindo um espetáculo de algum dos virtuoses do cômico disponíveis atualmente – um filme de Woody Allen, digamos, ou um *show* de Jackie Mason. Sem entrar em mais detalhes, está claro que o cômico aparece e reaparece ao longo do dia. É mesmo concebível que um deles *sonhe* com uma piada, ria no sonho e acorde rindo.

A menos que John e Jane tenham alguma inclinação filosófica, eles provavelmente nunca refletiram sobre a natureza do cômico. Eles o reconhecem quando o veem, pelo menos na maior parte do tempo (de vez em quando seu senso de humor os abandona), e ao menos em seu próprio contexto sociológico (podemos deixar de lado, por um momento, o problema que eles teriam em reconhecer o humor, caso eles fossem transportados de repente para um contexto muito diferente – digamos, uma aldeia chinesa onde um grupo de camponeses está contando histórias engraçadas uns aos outros). Dizer que eles reconhecem o cômico quando o veem é dizer que há uma esfera da realidade que, na percepção deles, está separada dos outros, precisamente o domínio do cômico, para o qual o riso é a resposta mais adequada. Pode-se permanecer nesse campo por um grande período de tempo, como ao assistir um filme de comédia ou a *performance* de um comediante, ou mesmo participar numa sessão de piadas prolongada (estes são os momentos em que eles percebem que as suas mandíbulas estão começando a doer de tanto rir). Geralmente, porém, o domínio do cômico é de duração mais curta, ele é momentâneo, fugidio mesmo. Por mais que ele seja reconhecido como diferente, ele se costura com o resto da realidade tal como vivenciada ao longo do dia. Uma piada é dita em meio a uma conversa sobre, digamos, questões de negócio; depois de ter contado a piada, o indivíduo pode voltar ao tópico anterior dizendo algo como: "Mas agora, *falando sério*". Na mesma reunião de negócios, um dos participantes de repente arrota alto; os outros se divertem com esta erupção de incongruência física no meio de uma atividade séria como negociar um contrato multimilionário; mas exatamente porque o negócio em questão é tão sério, eles rapidamente reprimem o seu senso de humor.

Assim, na vida ordinária, cotidiana, o cômico aparece tipicamente como uma *intrusão*. Ele invade, muitas vezes inesperadamente, outras esferas da realidade. Estes outros domínios são coloquialmente referidos como sérios. Por conseguinte, portanto, o cômico não é sério. Mais adiante questionaremos essa interpretação do *status* ontológico do cômico; na verdade, poderemos inclusive ousar propor que o cômico é a percepção mais séria do mundo que existe. Por ora, contudo, deixemos a distinção convencional em vigor: O cômico é postulado como uma antítese das preocupações sérias. Esta percepção de uma antítese geralmente se manifesta quando as pessoas estão tentando amenizar alguma observação engraçada que possa ofender, quando a piada "foi longe demais". A fórmula convencional pela qual isso é feito é a afirmação: "Mas foi somente uma piada!" Em outras palavras: "Não era para levar a sério!" Daqueles para quem tal explicação é dada – isto é, os alvos da piada – espera-se, então, que admitam que não houve intenção de ofender e que não se sentiram ofendidos. Se eles fazem esta concessão *de má vontade*, eles implicitamente comprovam o fato de que a linha convencional que distingue os discursos sérios e não sérios não é tão clara quanto parece. Em outras palavras, eles provavelmente estão certos quando suspeitam que a piada que "foi longe demais" tocou uma realidade crua e que, portanto, é muito mais do que *somente* uma piada.

Para tentar esclarecer melhor a localização empírica do cômico, podemos fazer uso de dois autores, Alfred Schutz e Johan Huizinga, um filósofo e um historiador, respectivamente. Nenhum deles estava particularmente preocupado com o cômico enquanto tal, mas algumas de suas ideias podem ser úteis a esta altura das nossas reflexões.

Uma das maiores contribuições de Schutz foi o seu delineamento de diferentes esferas do que os seres humanos experimentam como realidade, melhor resumido no seu ensaio

"Sobre as realidades múltiplas"[1]. Ele estava particularmente interessado na relação entre a realidade da vida cotidiana, que ele chamou de "realidade suprema", e aqueles enclaves dentro dela, que ele chamou de "províncias finitas de significado". A razão para o primeiro termo é bastante clara: esta realidade é suprema porque é aquela que, na maior parte do tempo, é a mais real para nós – nas suas palavras, "o mundo da vida cotidiana que o homem desperto, adulto, que age nele e sobre ele junto aos seus semelhantes, experimenta naturalmente como sendo uma realidade"[2]. O segundo termo é menos adequado; talvez Schutz fosse mais bem aconselhado a usar o termo de William James, que ele cita no começo do seu ensaio – "subuniversos". Em todo caso, as províncias finitas de significado, ou subuniversos, são vivenciadas à medida que o indivíduo "se afasta" temporariamente da realidade suprema da vida cotidiana. Esta é percebida, na maior parte do tempo, como sendo a mais real porque é a realidade dentro da qual nos engajamos em ações com consequências palpáveis e que compartilhamos com o maior número de outros seres humanos. Seu aspecto de realidade é mais forte e mais duradouro, de maneira tal que as outras zonas de experiência existem, por assim dizer, como ilhas dentro dela. Porém, estas outras experiências, enquanto elas são vivenciadas, possuem o seu próprio "aspecto de realidade". À medida que alguém se desloca da realidade suprema para uma das províncias finitas de significado e depois retorna, cada transição é vivenciada como uma espécie de choque. Exemplos dessas províncias finitas de significado são os mundos dos sonhos, do teatro, de

---

1. SCHUTZ, A. "On Multiple Realities". In: *Collected Papers*. Vol. I. Haia: Nijhoff, 1962, p. 207ss.
2. Ibid., p. 208.

qualquer experiência estética intensa (digamos, sentir-se envolvido por uma pintura ou uma peça de música), de uma brincadeira infantil, da experiência religiosa, ou do cientista engajado em uma apaixonada busca intelectual. E, inclusive, Schutz dá um exemplo adicional (no qual não se aprofunda): "... ao relaxar gargalhando quando, ao ouvir uma piada, estamos por um breve momento prontos para aceitar o mundo fictício da piada como uma realidade em relação à qual o mundo da nossa vida cotidiana assume o caráter do absurdo"[3].

Seria o cômico uma província finita de significado no sentido dado por Schutz e, caso seja, como ele se difere de outras províncias finitas de significado?

Cada província finita de significado, de acordo com Schutz, tem uma série de características: Um "estilo cognitivo" específico, diferente daquele da vida cotidiana; coerência dentro de suas fronteiras específicas; um senso de realidade exclusivo, que não pode ser facilmente traduzido naquele de qualquer outra província finita de significado nem da realidade suprema, de modo que só se pode acessá-lo ou abandoná-lo por meio de um "salto" (aqui Schutz emprega o termo de Kierkegaard para indicar a passagem da descrença para a fé religiosa); uma forma diferente de consciência e atenção; uma particular suspensão do juízo (ou *epoché*, para usar o termo da fenomenologia); além disso, formas específicas de espontaneidade, de autoexperiência, de sociabilidade, e de perspectiva do tempo (aqui Schutz se utiliza do termo *durée* de Henri Bergson).

Estas características podem, a princípio, parecer demasiado abstratas. Vamos torná-las mais concretas aplicando-as à que talvez seja a mais universal das províncias finitas de significa-

---

3. Ibid., p. 231.

do – o mundo dos sonhos. Enquanto sonhamos, claramente nos movemos em um mundo cujas regras são radicalmente diferentes daquelas da vida cotidiana; prevalece uma lógica diferente, por assim dizer. Coisas que são impossíveis em um mundo são desdenhadas no outro. Por exemplo, podemos estar em dois lugares ao mesmo tempo, podemos entrar nos pensamentos de outras pessoas, podemos avançar ou retroceder no tempo, podemos nos comunicar com os mortos. Porém, todas estas coisas, que seriam rejeitadas como ilusões na realidade suprema, são vivenciadas de um modo natural e irrefletido no mundo de um sonho. Enquanto ele dura, o sonho é real, de fato *mais* real do que o mundo desperto; suspendemos o juízo durante o seu tempo. Nos movimentamos espontaneamente neste mundo do sonho, como se sempre o tivéssemos conhecido. E, obviamente, o nosso senso do eu, das outras pessoas e do tempo difere agudamente da maneira como existem no mundo desperto. De modo mais revelador, a transição de um mundo para o outro é experimentada como uma espécie de choque ou salto. Isso fica muito evidente na experiência de despertar de um sonho intenso. Retornamos para a realidade em diferentes estágios, a realidade em questão sendo, precisamente, a realidade suprema da vida cotidiana; à medida que saltamos do sonho, os contornos do mundo cotidiano parecem a princípio irreais – a cama em que estamos, a mobília do quarto, os planos para o dia à frente. Podemos, então, nos engajar em várias atividades mais ou menos ritualizadas de modo a trazer o aspecto de realidade de volta para este outro mundo. Olhamos para o relógio para ver que horas são (é manhã no "mundo real"; era noite no sonho). Olhamos pela janela (é Boston; no sonho era Viena). Nos levantamos, arrumamos algo para comer talvez, conversamos com alguém em pessoa ou no telefone (aqui é a minha esposa, não o avô morto do meu sonho). E assim por diante. Gradual ou abruptamente, dependendo do temperamento de cada um, a realidade suprema se reafirma (Jane comum, como vimos, retorna gradualmente; John opera a transição em um salto enérgico). Se tudo correr bem, na hora do café da manhã a realidade do sonho terá desaparecido e o mundo tumultuado da vida cotidiana (jornal, crianças barulhentas, a agenda do dia) terá se reafirmado. Poderemos então (embora às vezes seja difícil colocá-lo em palavras) falar sobre o nosso sonho. Mas asseguraremos aos outros e a nós mesmos que aquilo foi, afinal, somente um sonho.

Tanto as semelhanças quanto as diferenças entre a realidade do sonho e a do cômico são imediatamente evidentes. Pode-se comparar um sonho com, digamos, uma piada que pode, ela própria, ter alguma característica onírica. Imagine um dissidente na antiga União Soviética, que tem um sonho no qual ele censura os comunistas mais poderosos – um caso de realização do desejo por excelência. Então, naquele mesmo dia, ele senta com um grupo de companheiros dissidentes e conta uma piada anticomunista. A Europa dominada pelos soviéticos era uma grande produtora de piadas, tal como as situações políticas opressivas frequentemente o são (teremos a oportunidade, mais adiante, de examinar os usos políticos do humor). A seguinte foi retirada, mais ou menos ao acaso, de um rico reservatório de tais piadas:

> Gorbachev desperta e, pela janela, olha para o sol.
> "Bom dia, sol", ele diz. "Você tem alguma mensagem para mim?"
> "Sim, Camarada Presidente", responde o sol. "Amanhece na União Soviética".

Ao meio-dia, Gorbachev olha pela janela novamente e diz: "Bem, sol, você tem outra mensagem para mim?"

"Sim, Camarada Presidente", diz o sol. "É meio-dia na União Soviética."

À noite, Gorbachev olha mais uma vez pela janela e pergunta a mesma coisa.

O sol responde: "Eu estou no Ocidente agora. Vá para o inferno, Mike!"

As semelhanças estão aí: tanto o sonho quanto a piada são mundos fechados no interior dos quais a realidade da vida cotidiana soviética é suspensa. Lógicas diferentes se aplicam, tanto na sociedade quanto na natureza – o cidadão dócil se torna um rebelde desafiador, um homem pode conversar com o sol. As categorias de tempo e espaço, a relação consigo mesmo e com os outros, são todas diferentes. E há um choque ao voltar para o mundo da vida cotidiana. O dissidente acorda, olha para o seu relógio, faz a refeição matinal, lê o jornal (o velho *Pravda* – coitado), e a pesada realidade da vida cotidiana na União Soviética se impõe. O seu encontro rebelde com o regime foi, infelizmente, apenas um sonho. Da mesma maneira, depois de contar a sua piada, o dissidente se vê chocado subitamente de volta à realidade suprema. Um efeito colateral provável deste choque é a repentina suspeita de que um dos ouvintes possa ser um informante. Ele pode então rir desculpando-se e dizer: "É claro, isto é só uma piada". Isto pode impressionar ou não as autoridades às quais o informante se reporta.

Mas há também diferenças: evidentemente, o sonho é uma experiência solitária, contar piadas é uma experiência social. Isto se relaciona com o fato de que o mundo do sonho é mais autocontido, com (enquanto dura) um poderoso aspecto de realidade. O pequeno mundo da piada é muito mais livremente inserido no mundo da vida cotidiana e é, portanto, mais fugidio, mais vulnerável. Além disso (embora isso seja menos importante), o sonho é uma experiência passiva, ele "acomete" o indivíduo. Contar piadas é um ato deliberado; o indivíduo "faz acontecer". (Isto é verdadeiro neste caso, assim como em todos os exemplos sobre contar piadas; é menos importante para uma compreensão geral do cômico, porque há muitos casos em que o cômico também acomete um indivíduo, em que ele, por assim dizer, subjuga o indivíduo tal como o faz um sonho.)

Considere-se mais um exemplo, desta vez uma piada sem qualquer conteúdo político claro (embora, possivelmente, ela possa ter conotações políticas em certas situações):

> Um otimista morreu e despertou no inferno. O inferno revelou-se um vasto oceano de fezes no qual os condenados estão mergulhados até o queixo. O otimista olha em volta e se dirige à pessoa ao seu lado que claramente estava ali há mais tempo: "Então, isto é o inferno? Um grande oceano de fezes?"
>
> "Sim", diz o vizinho. "Isto é o que ele é."
>
> O otimista pensa por um momento e então diz: "Bem, pelo menos estamos enterrados somente até o queixo".
>
> Neste momento, um estranho ruído foi ouvido ao longe. *Puft-puft. Puft-puft.*
>
> "O que é este ruído?", perguntou o otimista.
>
> O seu vizinho responde: "*Aquele* é o demônio em sua lancha".

Aqui, de fato, estão todos os elementos de um pesadelo – morte, inferno, um oceano de fezes, estar enterrado, o demônio. As semelhanças e diferenças já mencionadas entre sonhar com o inferno e contar uma piada sobre o inferno também se aplicam aqui, mas há uma diferença adicional significativa. Sonhar com o inferno, podemos supor, é um sonho de puro terror. Na piada, contudo, o terror é, por assim dizer, suspenso ou posto entre parênteses. A piada tem uma característica benigna que o pesadelo absolutamente não tem. Talvez esta seja a "qualidade compreensiva" mencionada na descrição do humor feita pelos lexicógrafos do OED entre risinhos discretos na sua hospedagem em Bloomsbury.

Pode-se afirmar agora que há tipos diferentes de províncias finitas de significado, a diferença consistindo no grau de afastamento da realidade da vida cotidiana. O sonho é provavelmente o tipo mais completamente fechado, quando o sonhador abandona completamente a realidade suprema. Não é possível estar ao mesmo desperto e adormecido (embora, naturalmente, nesta transição haja estágios intermediários). Há experiências do cômico que possuem uma característica muito semelhante – por exemplo, estar sentado em um teatro escurecido e ser completamente absorvido pela comédia encenada no palco. Na maior parte do tempo, contudo, o cômico é vivenciado de uma maneira menos totalizadora, menos fechada em si mesma. Ele aparece misturado à vida cotidiana, a transforma momentaneamente, depois rapidamente desaparece de novo. Ele pode até mesmo ser uma espécie de "subtexto" da vida cotidiana, um acompanhamento *pianissimo* dos temas "sérios" com os quais se tem de lidar no "mundo real". O cômico, então, definitivamente constitui uma província finita de significado no sentido dado por Schutz, mas é uma província finita de significado com traços bastante distintos.

Pode ainda ser útil comparar a experiência do cômico com dois outros campos de experiência que também constituem claramente províncias finitas de significado – as experiências da estética e da sexualidade. Elas também são capazes de criar realidades que, durante algum tempo, são exclusivas e totalmente fechadas. Assim, pode-se ser totalmente absorvido em uma contemplação estética ou em uma cena sexual especialmente intensa. Schutz (que era de Viena, a mais teatral das cidades) gostava de se referir à experiência do espectador de teatro: Quando as luzes se apagam e a cortina sobe, a realidade da vida cotidiana desaparece e o que acontece lá em cima do palco parece ser a única realidade que existe. E quando a cortina desce e as luzes se acendem outra vez, retorna-se ao mundo supostamente mais real, geralmente em etapas. *Mutatis mutandis* (o não espectador de teatro poderia estar tentado a dizer, "*vive la différence!*"), o mesmo pode ser dito de uma intensa experiência sexual. Tiram-se as roupas e, durante um tempo, nada parece ser mais real do que aquilo que os dois (ou vários) corpos nus estão fazendo uns aos outros. Quando as roupas são vestidas novamente, ou mesmo antes, a realidade da vida cotidiana será reafirmada em seu amplo repertório não sexual de temas e papéis. Além do fato de que estes dois "mundos de fantasias" (expressão de Schutz) não podem ser interrompidos de forma abrupta. Pode haver um alarme de incêndio no teatro, ou um vizinho irritado pode bater na parede do ninho de amor. Inclusive, uma explosão do senso de humor pode perturbar criticamente qualquer uma dessas experiências e, de repente, privá-las da sua realidade singular: Um dos atores no palco pode esquecer suas falas e proferir um ato falho hilariante, ou um dos participantes da orgia pode escorregar e cair da cama. E, afinal, mesmo o sonho mais intenso pode ser interrompido de repente por algo que acontece no mundo real.

Não obstante, o que o cômico tem em comum com as experiências estética e sexual é precisamente aquela característica fugidia ou subentendida já mencionada. No meio de uma negociação empresarial, de repente, pode-se ser atraído pela beleza da paisagem pela janela e, por um momento, o sério negócio em questão aos poucos desaparecer. Da mesma maneira, alguém pode começar a despir mentalmente a pessoa com quem está negociando alguma transação particular e, por um momento, esta perspectiva da situação pode ser mais interessante do que a transação comercial sendo negociada. A pessoa de negócios séria, por certo, suprimirá rapidamente estas interferências circunstancialmente irrelevantes e voltará a sua atenção para a negociação em andamento. Ainda assim, há indivíduos pouco sérios que perdem o controle e cedem aos seus impulsos estéticos ou eróticos; é improvável que esses indivíduos (a menos, talvez, que já estejam no topo) tenham uma brilhante carreira empresarial.

Tal como as realidades estética e sexual, a realidade do cômico pode se relacionar com a vida cotidiana de maneiras sutis. Ela pode levar alguém a escapar da vida cotidiana, ao menos por um momento, talvez por períodos de tempo mais longos, ou em alguns casos permanentemente. Ela pode também desafiar a realidade da vida cotidiana; o exemplo da piada política (subversiva por definição) ilustra bem essa possibilidade. Além disso, ela pode até mesmo melhorar a vida cotidiana, se ela aparece de uma forma sutil, moderada: Uma piada leve pode de fato facilitar uma negociação comercial em andamento, assim como a decoração esteticamente agradável da sala de reuniões ou o suave *frisson* da atração sexual. Nestes casos, naturalmente, o cômico, o estético e o sexual são vivenciados de uma forma altamente controlada, domesticada. Não se permite que eles interfiram no negócio mundano em questão. Os hábitos e os comportamentos da sociedade estão sempre disponíveis para tal contenção. A realidade suprema da vida cotidiana sempre se defende contra o perigo constante de ser assolada por aquelas outras realidades que espreitam atrás de suas fachadas. Nesse sentido, as realidades cômica, estética e sexual são sempre, potencialmente ao menos, subversivas. Se se permite que elas emerjam com sua força plena, elas são capazes de inundar as preocupações sérias da vida cotidiana com suas lógicas estranhas. O artista e o libertino são figuras potencialmente perigosas; assim como o virtuoso cômico. Mas, por certo, o perigo da subversão é mútuo. A vida cotidiana é ameaçada pelas províncias finitas de significado; inversamente, ela por sua vez representa um constante perigo à frágil realidade de toda província finita de significado. No curso normal dos acontecimentos, a vida cotidiana é o lado mais forte.

Antes de concluirmos esta exploração preliminar da intrusão cômica na vida cotidiana, pode ser útil compararmos o cômico com um fenômeno correlato, mas distinto e que também é visto como uma antítese à seriedade – o fenômeno do jogo. Sobre este tema, podemos usar como guia a obra já clássica *Homo Ludens*, do historiador holandês Johan Huizinga[4].

O livro de Huizinga propõe uma tese ousada e de longo alcance, a saber, a tese de que toda cultura humana, a começar pela linguagem, tem sua origem no jogo. Esta tese, convincente ou não, não precisa nos preocupar aqui. Mas o delineamento de Huizinga do fenômeno lúdico está tão próximo do nosso tema atual que devemos levá-lo em consideração. Desde o início do seu argumento, Huizinga insiste no caráter autônomo e *sui generis* do jogo. Na verdade, ele começa comparando o jogo com o riso e o cômico, e depois insiste que ele se diferencia de ambos:

---

4. HUIZINGA, J. *Homo Ludens*: A Study of the Play-Element in Culture. Boston: Beacon, 1955.

O jogo geralmente não provoca riso entre os jogadores ou qualquer possível espectador, e não há na maioria das vezes nada engraçado nas pessoas jogando. Mas o jogo tampouco se ajusta a outras categorias da experiência humana: "O jogo escapa à antítese entre sabedoria e loucura, e também das oposições entre verdade e mentira, o bem e o mal. Embora seja uma atividade imaterial, ele não tem qualquer função moral. Os julgamentos de vício e virtude não se aplicam aqui"[5]. E, acrescenta Huizinga, o jogo é também diferente da experiência estética, embora haja algumas afinidades. Para os nossos propósitos, contudo, as observações mais importantes de Huizinga vão no sentido de que, para usar a categoria de Schutz mais uma vez, o jogo é claramente uma província finita de significado na qual os indivíduos podem se afastar da realidade da vida cotidiana: "O jogo não é a vida 'cotidiana' ou 'real'. Ele é, ao contrário, um abandono da vida 'real' para 'uma esfera temporária de atividade com uma disposição totalmente própria'. Ele é 'um *intermezzo*, um *interlúdio* na nossa vida cotidiana'". E novamente: "O jogo se distingue da vida 'comum', tanto em seu lugar quanto em sua duração. Esta é a terceira principal característica do jogo (além das já mencionadas, liberdade e desinteresse); o seu afastamento, a sua limitação. Ele é 'encenado' dentro de certos limites de tempo e lugar. Ele contém o seu próprio curso e significado"[6].

As semelhanças com o cômico são óbvias. O cômico também é um *interlúdio* – literalmente, uma ação intermediária ou um jogo intermediário. Intermediário *de quê*? Bem, claramente, intermediando as atividades sérias e mundanas da vida cotidiana. Esta característica, que Huizinga desenvolve em profundidade,

---

5. Ibid., p. 6.
6. Ibid., p. 8ss.

se aplica a todas as formas do jogo, desde a mais simples à mais complexa – uma criança jogando sozinha com algumas pedrinhas ou brinquedos, um grupo de crianças brincando juntas (Jean Piaget e George Herbert Mead mostraram como é crucial a brincadeira no processo de socialização), e adultos jogando um jogo qualquer – pôquer ou xadrez, futebol ou beisebol, até os jogos sagrados de ritual religioso ou político. Em todas estas atividades, os jogadores abandonam a vida cotidiana e adentram uma realidade distinta com lógica, regras, distribuição de papéis e coordenadas de espaço e tempo próprias. Quando os jogadores retornam à vida ordinária – digamos, vencedores e perdedores apertam as mãos – eles também podem dizer, assim como depois de um sonho ou de uma piada: "Foi só um jogo".

Mas as diferenças também são importantes. Talvez mais importantes: O cômico é mais exclusivamente humano do que o jogo. Animais brincam; animais não riem ou fazem piadas. Além disso, o *Homo Ludens* tem uma capacidade maior de criar uma realidade fechada do que o *Homo Ridens*. Para usar os mesmos termos que antes, o cômico é mais fugidio, mais entrelaçado à estrutura da vida cotidiana; inversamente, é menos provável que o jogo seja uma insinuação sutil, ao contrário, ele requer uma separação mais deliberada das atividades corriqueiras. O jogo, ao que parece, deve sempre ser iniciado deliberadamente (o que Huizinga quis dizer com liberdade); ele é feito para acontecer. O cômico também pode ser deliberadamente construído, como ao contar uma piada ou na encenação de uma comédia, mas com bastante frequência ele simplesmente acomete ou atinge o indivíduo. Possivelmente, a experiência do cômico está baseada na disposição humana para jogar. Ele pode até mesmo ser descrito como uma forma de brincadeira, mas caso seja, é uma forma muito distinta. Talvez esta distinção seja evidente no fato de que somente os seres humanos riem, embora compartilhem com os animais a capacidade de brincar. Por fim e significativamente, embora percepções de todos os tipos estejam envolvidas no jogo, ele permanece sendo essencialmente *uma forma de ação*. Em contraste, embora o cômico possa ser representado por atos específicos, ele é principalmente *uma forma de percepção*, uma forma exclusivamente humana. O cômico é entendido como a percepção de uma dimensão ainda não desvendada da realidade – não apenas da sua realidade própria (tal como um jogador percebe a realidade de um jogo), mas da realidade como tal. A intrusão cômica é a ocorrência desta percepção em todos os domínios possíveis da experiência.

O cômico é um fenômeno exclusivamente humano. Ele é também universalmente humano. É desnecessário dizer que a experiência do cômico difere entre as culturas humanas. Parafraseando Pascal, o que é engraçado de um lado dos Pirineus não tem graça do outro lado. O mesmo pode ser dito, contudo, da experiência estética ou da atração sexual e, de fato (como na afirmação original de Pascal) das convicções sobre a verdade e o erro. Essa relatividade cultural da experiência cômica é importante, mas ela nos diz pouco ou quase nada sobre a validade cognitiva da sua alegada percepção. E ela nos deixa com a questão que arquivamos algumas páginas atrás: precisamente a questão do que é isso que supostamente é percebido.

2 Filósofos do cômico e a comédia da filosofia

A história da filosofia ocidental começa com uma piada: isso é apenas um pequeno exagero. No diálogo *Teeteto*, Platão coloca a seguinte anedota na boca de Sócrates:

> [A] piada que, diz-se, a espirituosa e inteligente serva trácia fez sobre Tales, quando ele caiu em um poço, enquanto olhava para as estrelas. Ela disse que ele estava tão ansioso para saber o que acontecia no céu que não pôde ver o que estava diante dos seus pés[1].

E Platão agrega a observação de que esta zombaria se aplica a qualquer um que se envolva com a filosofia. Na verdade, a anedota tem uma versão anterior. Platão retirou-a das *Fábulas* de Esopo, na qual a queda é atribuída a um astrônomo anônimo. Mas por que Tales? E há alguma razão de por que a serva (que, em algumas versões da história, é descrita como bonita, assim como inteligente) devesse ser de Trácia?

Atribuir a constrangedora queda prototípica a Tales situa esta anedota na própria aurora da filosofia grega. Tales de Mileto foi

---

1. Na edição inglesa de B. Jowett (1892), citado em KUSCHEL, K.-J. *Laughter:* A Theological Essay. Nova York: Continuum, 1994, p. II. Uma história detalhada desta anedota, desde a antiguidade clássica até os tempos modernos, pode ser encontrada em BLUMENBERG, H. "Der Sturz des Protophilosophen". In: PREISENDANZ, W. & WARNING, R. (eds.). *Das Komische*. Munique: Fink, 1976, p. IIss. [Eu *não* inventei estas referências!]

um dos primeiros pré-socráticos, que viveu da metade do século VII até a metade do século VI a.C. Heródoto o coloca no topo da sua lista dos Sete Sábios. Tales é conhecido, dentre outras coisas, por sua crença de que a água é o elemento fundamental e por sua afirmação de que o mundo está cheio de deuses. Ele previu um eclipse solar em 585 a.C., uma façanha que, sem dúvida, exigiu muito olhar atentamente para o céu. Se Platão quis sugerir que o empreendimento filosófico se presta ao riso, ele não poderia ter escolhido um filósofo melhor para prová-lo. Não é tão claro porquê a serva inteligente (e, gostaríamos de pensar, bonita) devesse vir de Trácia. Livres do peso da sabedoria clássica, podemos especular. A Trácia, por acaso, é o lugar onde se supõe que o culto de Dionísio tenha se originado. Se damos crédito a esta interpretação especulativa, então, a pequena anedota defronta o protofilósofo com o protocomediante, lançando luz sobre as origens da comédia, assim como da filosofia gregas.

Os eruditos clássicos, sem dúvida, discordam sobre quase tudo. Mas há um amplo consenso no sentido de que tanto a comédia quanto a tragédia têm as suas origens no culto a Dionísio[2]. A primeira, é possível supor, tem as mais profundas raízes dionisíacas. Aristóteles afirma que a palavra *comédia* deriva de *komodia*, a canção de *komos*, a multidão frenética que participa dos ritos dionisíacos. A literatura clássica está cheia de descrições desses ritos – extáticos, orgíacos, violando todas as decências tradicionais com palavras e ações, e por todas essas razões, eminentemente perigosos. Dionísio é o deus que transgride todas as fronteiras do cotidiano, tal como o fazem os seus devotos, que se tornam criaturas satíricas, um híbrido grotesco de homens e animais. A comédia conserva esses aspectos dionisíacos, ainda que,

---

2. GREINER, B. *Die Komoedie*. Tubingen: Francke, 1992, p. 25ss.

com o tempo, eles tenham sido atenuados – domesticados ou enfraquecidos, por assim dizer. A experiência cômica é extática, se não no sentido arcaico de um transe frenético, em uma forma mais suave de *ek-stasis*, "escapando" aos desígnios e hábitos da vida cotidiana. A experiência cômica é orgíaca, se não no sentido antigo da promiscuidade sexual, no sentido metafórico de aproximar o que a convenção e a moral devem manter separado. Ela ridiculariza todas as pretensões, incluindo as pretensões do sagrado. O cômico, portanto, é perigoso para toda ordem estabelecida. Ele deve ser controlado, contido em algum tipo de enclave. Pode-se dizer que a comédia, como uma arte performática, já representa essa contenção da experiência cômica, ritualizando-a em formas socialmente aceitáveis e confinando-a aos limites do palco teatral. Os espectadores riem no teatro, e isso pode evitar que eles riam nas e *das* encenações solenes da religião e do Estado.

Na mitologia e na religião gregas, Dionísio, o deus das trevas e das paixões primitivas, é geralmente contraposto a Apolo, o deus da luz e da razão. Essa contraposição se tornou famosa na filosofia moderna através de Nietzsche, em *O nascimento da tragédia no espírito da música*, e a distinção nietzscheana entre os elementos dionisíacos e apolíneos na cultura humana tem sido amplamente utilizada. Porém, os dois deuses, embora opostos, estão também vinculados – assim como a comédia e a tragédia. Foi em Delfos, o principal templo de Apolo, que os ritos dionisíacos foram incorporados à adoração do deus da razão iluminada[3]. Não é difícil conceber como isso possa ter acontecido; é possível imaginar como uma comédia picante poderia ser escrita a propósito deste evento. Imagine os sacerdotes envolvidos

---

3. BURKETT, W. *Greek Religion*. Cambridge, Mass.: Harvard University Press, 1985, p. 224.

nas cerimônias decorosas, honrando a deidade do templo de Delfos, e depois imagine a sua irritação sempre que um *komos* dionisíaco invadisse e interrompesse os procedimentos ordeiros com os seus guinchos e convulsões extáticos. Então, um dia, um sacerdote sábio e algo maquiavélico teve uma ideia brilhante. "Vejam", disse ele a seus colegas, "nós, claramente, não podemos nos livrar dessas pessoas terríveis. Vamos, ao contrário, colocá-las na folha de pagamento e dar a elas um lugar seguro no programa". E, assim, os comediantes dionisíacos obtiveram o seu próprio espaço na agenda do templo – digamos, terça-feira e sexta-feira, de três às cinco da tarde. Nesses períodos, eles poderiam guinchar e convulsionar à vontade, deixando os funcionários não dionisíacos tratarem dos seus assuntos sérios o resto da semana. A fórmula básica aqui é que a incorporação implica a contenção. Ela é, aliás, uma excelente fórmula para conter todos os tipos de revolucionários, mas esta é uma outra história.

Tanto a filosofia quanto a comédia floresceram na Atenas do século V. Sócrates provavelmente viveu entre 469 e 399 a.C.; a primeira peça de Aristófanes foi encenada em 427 (e, claro, Aristófanes disse algumas coisas bastante desagradáveis sobre Sócrates em uma peça posterior). Mas antes que a comédia fosse estabelecida como uma forma dramática separada, ela era parte dos dramas trágicos – digamos, ela tinha o seu próprio espaço dentro do programa trágico. Esta brecha era chamada peça satírica, de estilo dionisíaco, que se seguia às *performances* trágicas, como uma espécie de poslúdio. No sentido mais literal da expressão, ela proporcionava alívio cômico. Alívio de quê? Bem, precisamente, alívio da seriedade extrema da tragédia. Depois das lágrimas, veio o riso. Esse riso não anulou ou negou as emoções evocadas pelo espetáculo trágico. Mas, supostamente, tornou-as mais suportáveis, permitindo que os espectadores deixassem o teatro e retornassem às suas atividades corriqueiras com um pouco de tranquilidade. Assim, a domesticação do êxtase cômico era útil, tanto psicológica quanto politicamente. Dada a onipresença do cômico na experiência humana, poder-se-ia esperar que os filósofos dessem muita atenção a ele. Surpreendentemente, não é o caso – não na filosofia grega, e nem desde então. Talvez seja como o caso de Tales caindo no poço, repetidas vezes. Entretanto, a maneira como os filósofos lidaram, ou não lidaram, com a experiência cômica ajuda a avançar no entendimento do fenômeno. Dito de outro modo, o presente capítulo tem alguma justificação.

O *Teeteto* de Platão não aborda propriamente o cômico; a anedota sobre Tales e a serva trácia aparece mais na condição de um aparte. Platão escreveu outro diálogo, o *Filebo*, no qual a comédia é tratada até certo ponto[4]. A questão geral discutida aqui é se uma vida de prazer é preferível a uma vida da inteligência; Filebo (literalmente, "Amante") argumenta a favor da primeira, Sócrates defende a segunda. O tema da comédia é levantado no contexto do argumento de Sócrates, de que o prazer e o sofrimento coexistem. Os públicos, tanto na tragédia quanto na comédia, desfrutam as suas lágrimas e o seu riso. Mas o prazer derivado da comédia é de um tipo especial: ele está baseado na malícia, em divertir-se com a infelicidade dos outros. A comédia ridiculariza aqueles que se acham mais ricos, mais fortes e mais belos, ou mais inteligentes do que de fato são, e o público se diverte com essas discrepâncias. Sócrates e Filebo haviam concordado que a malícia é uma forma de angústia (de modo não muito convincente, pode-se dizer), de maneira que a satisfação do público poderia ser vista como uma comprovação da visão de Sócrates, de que o prazer e o sofrimento

---

4. PLATÃO. *Philebus*. Oxford: Clarendon, 1975 [trad. de J.C. Gosling].

podem coexistir. Essa questão pode não ser muito interessante, mas o *Filebo* aponta para o tema da desmistificação na experiência cômica, um tema que levantaria o interesse continuado dos analistas posteriores do fenômeno. A queda constrangedora, por assim dizer, é apontada como um elemento central na experiência cômica. A noção de malícia, como subjacente à satisfação da comédia, também continuaria em discussões posteriores. Uma vez que a malícia é dificilmente uma característica admirável, surge também uma questão ética: Há algo moralmente repreensível no riso cômico? Platão, por assim dizer, era obcecado pela importância da ordem, um assunto mais sério. É compreensível, então, que ele tivesse suas dúvidas sobre o riso.

Aristóteles escreveu bastante tanto sobre a tragédia quanto sobre a comédia, principalmente na sua *Poética*. Infelizmente, o segundo livro da obra, na qual havia um extenso tratamento da comédia, foi perdido (um fato ao qual é dado grande relevância no romance *O nome da rosa*, de Umberto Eco). Mas eis uma passagem do texto existente da *Poética* que, em certa medida, fornece algumas pistas sobre a visão de Aristóteles:

> Quanto à comédia, ela é... uma imitação do homem pior do que a média; pior, contudo, não em relação a alguma falha ou a qualquer tipo de falha, mas somente em relação a um tipo em particular, o Ridículo, que é uma espécie do Feio. O Ridículo pode ser definido como um erro ou uma deformação que não causa dor ou danos aos outros; a máscara, por exemplo, que provoca o riso, é algo feio e distorcido, sem causar dor[5].

A comédia, aqui, é vista como uma "imitação" (*mimesis*), isto é, como uma representação específica da realidade. "O feio", "erro",

---

5. ARISTÓTELES. Poetics. In: McKEON, R. (ed.). *The Basic Works of Aristotle*. Nova York: Random House, 1941, p. 1.459.

"deformação" – todos esses termos fazem referência a uma discrepância básica, a uma ruptura na estrutura da realidade. A representação cômica evidencia a discrepância; novamente, pode-se dizer, a queda aparece como a experiência cômica primordial. Esses temas também estão presentes em Platão. Aristóteles agrega outro ponto: diferentemente da tragédia, a comédia permite a contemplação desses aspectos da vida de uma maneira indolor. A ideia de Aristóteles sobre o caráter purificador, a catarse, da tragédia é bem conhecida: a tragédia purga os seus espectadores através da piedade e do medo. Aristóteles acreditava que houvesse também uma catarse cômica? Em caso afirmativo, seria purificadora a piedade *sem* o medo? [Umberto] Eco não é o único que gostaria de saber. Em todo caso, há uma ideia interessante e provavelmente correta aqui: a experiência cômica é indolor, ou ao menos relativamente indolor se comparada à tragédia, porque ela implica uma *abstração* maior da realidade empírica da vida humana. Aristóteles parece acreditar que, em função disso, a comédia é mais inofensiva do que a tragédia. Neste caso, ele teria se equivocado.

Os temas levantados por Platão e Aristóteles, aparentemente, ressoaram por toda a Antiguidade clássica, sempre que os autores investigassem o fenômeno do cômico. Cícero pode ser considerado um autor representativo desta continuidade. Eis uma formulação-chave do seu tratado sobre a oratória:

> [O] lugar e, por assim dizer, o campo do que é objeto de riso... reside em uma certa agressividade e deformação; pois essas máximas são risíveis, única ou principalmente, porque apontam e designam algo ofensivo de uma maneira inofensiva[6].

---

6. CÍCERO. *De Oratore*. Carbondale, Ill.: Southern Illinois University Press, 1970, p. 150 [trad. de J.S. Watson].

Cícero está mais preocupado com o discurso público do que com o teatro (e não somente neste tratado; e ele era, afinal, essencialmente, um jurista e um político), o que, de alguma maneira, muda sua ênfase. Mais uma vez, contudo, há menção à deformação, a uma discrepância subjacente. Mas o interesse de Cícero, no presente contexto, é principalmente prático. Ele recomenda cautela no uso do ridículo por um orador, dado que poderia ofender os sentimentos do seu público de uma maneira que minará o propósito pretendido da oratória. Ele discute uma longa lista de piadas, usadas em discursos por várias figuras públicas romanas (a maioria dessas piadas exigem elaboradas notas de rodapé para que sejam compreensíveis hoje, e muito poucas serão consideradas engraçadas por um leitor moderno). Aqui, mais uma vez, a questão ética é levantada: Há ocasiões em que não se deva empregar o ridículo? Além de tais questões morais e práticas, Cícero introduz outra perspectiva sobre o fenômeno cômico: O tipo mais comum de piada, ele sustenta, é quando esperamos uma coisa e outra é dita. A ambiguidade, de fato, é um elemento importante do cômico. Cícero também discute o que ele chama de "dissimulação irônica", quando se diz o inverso do que se quer dizer. Certamente, Cícero teria apreciado a ironia na interpretação de Shakespeare do discurso de Marco Antônio, por ocasião do funeral de César – "Eu venho para enterrar César, não para exaltá-lo" (embora Cícero, um republicano convicto do velho estilo romano, dificilmente era simpático à política de Marco Antônio).

A abordagem clássica do cômico, essencialmente azeda e perturbada por escrúpulos morais, persiste nos antigos pensamentos cristão e medieval[7]. Nem os autores patrísticos nem os

---

7. Cf. KUSCHEL. *Laughter*, p. 43ss.

escolásticos tinham muita coisa boa a dizer sobre o riso, frequentemente interpretado como uma distração, digna de censura, da respeitável tarefa cristã de lastimar-se com os pecados deste mundo e preparar-se para os prazeres do outro mundo. É desnecessário dizer que isso não significa que não havia riso ou senso do cômico durante todo esse tempo. Quando menos (e havia muito mais), tinha a exuberante explosão cômica do carnaval, um festival de verdadeira descendência apostólica da orgia dionisíaca. Teremos de examiná-lo em outro momento deste livro. Os filósofos cristãos pouco acrescentaram às percepções dos seus antecessores pagãos nessa área. É somente com a emergência da Modernidade que alguns novos temas aparecem nos escritos dos filósofos ocidentais sobre o cômico[8].

Na aurora da era moderna se localiza uma obra-prima cômica, *O elogio da loucura*, de Erasmo. Ela mesma uma grande

---

8. O trecho que segue foi extraído de uma resenha ainda não publicada (talvez inclusive não redigida) deste livro por Dorothy Hartmund, reconhecida professora de estudos clássicos na Universidade de Southern Illinois A&M: "As observações improvisadas de Berger sobre o pensamento medieval são tão irresponsáveis quanto o seu tratamento absurdamente inadequado da Antiguidade clássica, reforçando a opinião sensata de que os cientistas sociais com limitada educação humanística deveriam deixar esses temas para aqueles com credenciais apropriadas nas humanidades. Certamente, é possível que Berger jamais tenha ouvido falar sobre a obra de Duns Scotus, *De ridenda gentium*, ou sobre o elegantemente curto ensaio de Abelardo, *Sic et fortasse*. Mas, mesmo ele, deveria ter se topado com o maciço *Risibilia*, de Tomás de Aquino, disponível na minha própria tradução para o inglês (*Risibilities*. Centralia, III, 1957). Eu o recomendaria também a respeitável análise desta obra por Dominic O'Malley, SJ., em seu livro *Scholastic Humor* (Notre Dame, Ind., 1985, p. 2.033ss.). É evidente que Berger não sabe ler latim (para não falar do grego), mas, a julgar por suas notas de rodapé, ele pode alegar ao menos alguma habilidade de leitura em alemão e francês. Ele deveria, então, atentar-se proveitosamente para o acalorado debate acadêmico desencadeado por Edith O'Malley, OSB, que tentou mostrar no seu brilhante artigo '"The Woman Behind Thomas'" (*Journal of Feminist History*, III: 1990, p. 68ss.) que o *Risibilia*, entre outras obras do grande escolástico, foi plagiado dos escritos da Irmã Plácida, a erudita abadessa de Rimini. Vide Dorothy Hartmund, '"Die lachende Nonne aus Rimini'" (*Zeitschriftfuer die Wissenschaften des Altertums*, CX: 1991, p. 65ss.); Jean-Jacques Abukassim, '"Le mythe de l'abesse Placidam'" (*Annales medievales*, LI: 1992, p. 2ss.); e a minha própria resposta a Abukassim (na próxima edição dos *Annales*)".

piada, a obra extrai a sua forma do carnaval medieval, também conhecido como a Festa dos Loucos. A ideia do livro ocorreu a Erasmo no verão de 1509, enquanto ele atravessava os Alpes suíços, em uma viagem da Itália para a Inglaterra. Ele escreveu o livro no período em que ficou hospedado com o seu amigo Thomas More em Londres (há um jogo de palavras no título, aludindo ao nome de More – a palavra grega para loucura é *moria*). Erasmo foi ambivalente na sua atitude posterior em relação a esta obra, e se defendeu contra os seus críticos dizendo que ele não quis realmente dizer o que escreveu lá, que o livro pretendia ser uma piada inocente. Se for este o caso, então, a piada, afinal, recairia sobre ele, já que foi este livro, mais do que qualquer outro dos seus muitos escritos, que a posteridade veio a considerar como sendo a sua maior realização.

O livro é um longo sermão dado pela própria Loucura (*Stultitia*) personificada, vestida com o barrete e os sinos do traje profissional do louco. A Loucura se proclama uma divindade, "fonte e berçário da vida", e argumenta detidamente que todas as coisas boas da vida dependem dela. É através da Loucura que os homens podem viver espontaneamente, irracionalmente, e somente assim a vida pode ser tolerável. Através das palavras da Loucura (digamos, na sua perspectiva cômica), todas as pretensões da humanidade são desmascaradas. Erasmo, que havia tido experiências desagradáveis com os acadêmicos, especialmente aqueles da Universidade de Paris, sente um prazer particular em ridicularizar as pretensões dos filósofos e de outros intelectuais (a quem ele descreve como "aqueles que batalham pela vida eterna publicando livros"):

> As pessoas ainda dão muita importância àquele célebre ditado de Platão, de que o Estado será feliz quando os

filósofos se tornarem reis ou quando os reis se tornarem filósofos. De fato, se você consultar os historiadores, você verá que nenhum príncipe jamais governou um Estado melhor, do que quando o cetro caiu nas mãos de algum pseudofilósofo ou devoto da literatura[9].

E eis a caracterização de Erasmo, dos filósofos:

> Quão agradavelmente eles se iludem, enquanto constroem mundos infinitos; enquanto eles medem o sol, a lua, as estrelas e as suas órbitas, como se estivessem usando uma régua e uma linha de prumo; enquanto enumeram as causas do raio, dos ventos, dos eclipses e de outros fenômenos insondáveis, sem menor hesitação, como se fossem secretários confidenciais da própria natureza, a arquiteta de todas as coisas, ou como se eles viessem a nós diretamente da sala de reunião dos deuses. Ao mesmo tempo, a natureza debocha deles e das suas conjecturas. Como evidência de que eles não descobriram, na verdade, absolutamente nada, basta este fato; sobre todo e qualquer assunto, eles discordam violentamente e irreconciliavelmente entre si. Embora eles não saibam absolutamente nada, eles professam conhecer tudo[10].

Na mesma passagem, o autor prossegue afirmando que esses filósofos, que alegam enxergar ideias universais, às vezes não são capazes de ver um fosso ou uma pedra no seu caminho. Neste trecho, o tradutor da obra para o inglês incluiu, em uma nota de rodapé, uma referência a Esopo e ao *Teeteto*: Tales caminha – ou melhor, cai – novamente.

---

9. ERASMUS, D. *The Praise of Folly*. Nova York: Yale University Press, 1979 [trad. de Clarence Miller].
10. Ibid., p. 85ss.

A Loucura abrange um vasto território da vida e do pensamento humanos em seu sermão. Muito de sua sátira continua a ferir mais de quatro séculos depois e, portanto, continua a dar prazer. Mas, para as presentes considerações, o livro de Erasmo é importante por outra razão: Talvez pela primeira vez, ele apresenta aquilo que poderia ser chamado de *visão de mundo cômica* em sua plenitude. A visão de um mundo virado de cabeça para baixo, grosseiramente distorcido e, precisamente por esta razão, mais reveladora de algumas verdades subjacentes do que a visão convencional, de cabeça para cima.

O compatriota moderno de Erasmo, Anton Zijderveld, destacou a mesma visão de mundo no título do seu livro sobre a sociologia do Louco – *Reality in a Looking-Glass* [A realidade no espelho] (uma obra que será examinada em outro momento deste livro). Erasmo, por assim dizer, resumiu e canonizou as percepções de mundo que uma longa linhagem de bufões, bobos da corte e atores cômicos havia bosquejado antes. Talvez pela primeira vez, Erasmo sugere que a experiência cômica (que é justamente o que a Loucura personifica) pode oferecer uma visão alternativa, e possivelmente mais profunda, da natureza das coisas.

Descartes, cuja obra se localiza na primeira metade do século XVII, é frequentemente considerado o primeiro filósofo moderno (há outros candidatos a este título, mas o julgamento das várias reivindicações certamente não é a preocupação deste livro). Ele escreveu algumas coisas sobre o riso no seu livro *As paixões da alma*; elas são levemente interessantes. Descartes pensava que o riso é uma espécie de disfunção psicológica (uma visão que, com alguma reformulação, poderia ser válida ainda hoje) e que a causa do riso é uma repentina aceleração do fluxo sanguíneo (isto deverá ser destituído como errôneo). Um tanto mais interessante do que a fisiologia fantástica de Descartes é a sua visão do que produz o transtorno corporal do riso: o choque causado quando se depara com algo surpreendente e possivelmente perigoso; ele o chama de "uma surpresa admirável":

> "É quando encontramos um objeto que nos surpreende, que julgamos ser novo ou diferente das coisas que conhecemos, ou diferentes do que supomos que deveria ser. Isso nos leva a admirá-lo e ficamos fascinados por ele"[11].

Isso sugere dois aspectos da experiência cômica, que viriam a ser elaborados em interpretações posteriores: a interação característica, entre a mente e o corpo, no ato de rir, e a sensação de choque que o dispara. Estas são intuições válidas, não importa o *status* científico das ideias de Descartes sobre a fisiologia humana.

Por alguma razão, os séculos XVII e XVIII testemunharam uma explosão do interesse no fenômeno do cômico, de um lado ao outro da Europa. Na França, isso coincidiu com o aparecimento das comédias de Molière. A estreia do seu *Tartuffe* foi encenada em Paris, em 1664, e foi seguida por uma intensa controvérsia. A peça foi criticada como moralmente perigosa e nociva à religião, e os grupos católicos a mantiveram fora do palco por cinco anos. Molière se defendeu no prefácio a uma nova edição da comédia, em 1669. Na frase principal dessa defesa, ele afirmava que "a utilidade da comédia é que ela corrige os vícios dos homens"[12]. Em oposição direta à longa linhagem de críticos

---

11. De *Les passions de l'âme*, art. 124, apud JEANSON, F. *Signification humaine du rire*. Paris: Du Seuil, 1950, p. 22 [trad. minha].
12. Cf. HABERLAND, P. *The Development of Comic Theory in Germany During the Eighteenth Century*. Goeppingen: Kuemmerie, 1971.

do cômico, pagãos e cristãos, aparecia agora uma defesa enérgica da comédia como um empreendimento moral.

O ceticismo clássico quanto ao *status* moral do cômico, contudo, não desapareceu. Na Inglaterra, Thomas Hobbes, em *Human Nature* (1640) e no *Leviatã* (1651) tinha algumas opiniões desagradáveis a respeito do riso. Reiterando Platão, ele vê o riso como um dos piores atributos do homem, sendo o seu propósito levantar a autoestima à custa dos menos afortunados. Essa visão negativa foi muito criticada, especialmente pelo Conde de Shaftesbury (*An Essay on the Freedom of Wit and Humor*, 1714), que entende a perspicácia, quando de bom gosto, como um meio de estabelecer a diferença entre a verdade e a mentira, entre a virtude e o vício. A sagacidade, portanto, é socialmente útil e, de fato, tem uma importância filosófica e ética. O debate prosseguiu durante todo o século XVIII[13]. Em 1776, em *On Laughter and Ludicrous Composition* [Sobre o riso e a composição grotesca], James Beattie sugeriu que o riso é causado por "uma mistura incomum de vínculo e contrariedade exposta, ou supostamente unida, em uma mesma montagem". O riso, ele afirmava, se tornou cada vez mais refinado – devido, entre outras coisas, à crescente influência da mulher na sociedade civilizada. Isso, acreditava ele, era muito positivo. Um pouco antes, Francis Hutcheson (*Thoughts on Laughter*) [Reflexões sobre o riso] sugeriu aquele que se tornaria o termo-chave na teoria em construção do cômico – o riso, argumentou ele, é a resposta à percepção da *incongruência*.

No mundo germânico, assim como na França, o debate estava intimamente relacionado com os desacordos sobre o *status*

---

13. Sobre a relação da comédia como arte performativa e das teorias do cômico, durante este período, cf. GREINER. *Die Komoedie*, p. 47ss.

moral dos dramas cômicos. Particularmente em questão estavam as populares comédias de arlequim (*Hanswurst*), que derivavam da tradição medieval da Loucura e que constituíam ocasião para críticas, mais ou menos abertas, das instituições estabelecidas. Assim, em 1770, o governo austríaco baniu todas as apresentações de *Hanswurst* em Viena, com êxito apenas parcial. Mas o debate acerca dos perigos morais e políticos da comédia, inevitavelmente, levou a reflexões sobre a natureza intrínseca do cômico. Em outras palavras, a ética levou à epistemologia: A experiência cômica é um bem moral? Mas o que ela *é*, em primeiro lugar?[14]

Moses Mendelsohn (*Philosophical Writings*, 1761) [Escritos filosóficos], considerava que o riso é causado pelo contraste entre a perfeição e a imperfeição, embora ele também enfatizasse a subjetividade na percepção desse contraste – o que faz uma pessoa rir, entristece outra. Justus Moeser (*Harlequin, or Defense of the Grotesque-Comic*, 1761) [Arlequim, ou a defesa do cômico-grotesco] via o riso como uma necessidade humana fundamental, causado pelo espetáculo do tamanho sem força:

> Um homem cai no chão. Ao lado dele, uma criança também cai. Alguém ri do homem porque atribui-se força ao seu tamanho, força suficiente para evitar a sua queda. Diferentemente, a queda da criança desperta piedade[15].

Kant, que escreveu sobre tudo, também escreveu sobre o riso. De forma significativa, ele o fez no contexto de uma teoria estética, isto é, uma teoria a respeito da natureza do belo. Esta designação do cômico ao campo da estética persistiria na filosofia por um bom tempo. Isso é relevante porque, embora relutantemente, concede *status* epistemológico à experiência cômica:

---

14. Apud HABERLAND. *Comic Theory*, p. 80ss. [trad. minha].
15. KANT, I. *Kritik der Urteilskraft*. Frankfurt: Suhrkamp, 1977, p. 124.

Ela não é apenas um processo fisiológico ou psicológico, mas também envolve uma percepção distinta da realidade. Assim, na sua *Crítica da faculdade do juízo*, Kant define a beleza como objeto de uma representação "sem conceitos"[16]. Provavelmente, Kant não ficaria feliz com esta reformulação, mas pode-se dizer que a experiência cômica, assim como a experiência estética (e, talvez, como uma variante desta última), fornece uma percepção da realidade diferente daquela oferecida pela razão. Para empregar a famosa expressão de Pascal, o cômico apareceria, então, como uma forma da "razão do coração". Na sua extensa discussão sobre o riso, Kant segue Descartes ao descrever o que ele pensava ser a sua fisiologia[17]. Isso podemos, seguramente, omitir. Ele também enfatiza o uso medicinal do riso: Ele surge de um sentimento de saúde, ele promove a atividade (*Lebensgeschaeft*) do corpo e, assim, demonstra que a alma pode se tornar um remédio para o corpo. Mas, quando ele chega à questão epistemológica – a questão do que é que provoca o riso –, Kant desenvolve o conceito-chave de Hutcheson de incongruência: O riso é causado pela percepção de "algo contraditório" e (esta é a contribuição original de Kant) pela "súbita transformação de uma expectativa tensa em nada". Para ilustrar esta "súbita transformação... em nada" ("*ein Affekt aus der ploetzlichen Verwandlung einer gespannten Erwartung in nichts*"), Kant conta uma série de histórias (ou, se quiser, de piadas):

> Um índio americano observa um inglês abrir uma garrafa de cerveja, que transborda em espuma. O índio grita com espanto. Quando o inglês lhe pergunta o que há de espantoso nisso, o índio responde: "Eu não estou espan-

---

16. Ibid., p. 272ss.
17. HABERLAND. *Comic Theory*, p. 80ss.

tado com a espuma transbordando da garrafa, mas como você conseguiu colocá-la dentro da garrafa antes".

O herdeiro de um parente rico quer dar a ele um funeral festivo e contrata carpideiras profissionais. Ele reclama, "Quanto mais dinheiro eu dou a elas para ficarem tristes, mais felizes parecem".

Alguém conta uma história de um homem cujo cabelo, por causa de uma grande aflição, ficara grisalho da noite para o dia. O ouvinte, ao escutar essa história, conta outra – sobre um mercador, que retornava da Índia com um navio cheio de produtos valiosos, teve que jogar tudo no mar, para salvar o navio em uma tempestade violenta. Ele estava tão chateado que a sua peruca ficou grisalha, da noite para o dia.

Pode-se concluir que contar piadas não era o forte do Sábio de Koenigsberg. Mas ele certamente compreendeu um elemento fundamental de toda piada e, provavelmente, da experiência cômica em geral: Uma incongruência grotesca, percebida de repente, diante de uma expectativa bastante distinta. Ao contar piadas, essa percepção é liberada por aquilo que em inglês é chamado de *gancho*, uma expressão que transmite bem a ideia de Descartes do choque como causa do riso. Em alemão, a expressão é *die Pointe* – o ponto no qual, na compreensão de Kant, a expectativa desaba no nada.

Um influente crítico da visão do cômico de Kant foi Jean Paul (*Aesthetics*, 1804), o pseudônimo de Jean Paul Richter, um copioso autor de obras bem-humoradas e satíricas[18]. Jean Paul argumenta-

---

18. HEGEL, G.W.F. *Vorlesungen ueber die Aesthetik*. Frankfurt: Suhrkamp, 1970, p. 520ss.

va que a visão de Kant era muito estreita: O cômico não surge somente quando uma expectativa tensa é reduzida a nada; o oposto pode provocá-lo – quando algo, de repente, surge do nada. Mas ele é também crítico, por assim dizer, do cerne epistemológico da visão kantiana. Como Mendelsohn, ele enfatiza a subjetividade do riso. Um homem chora por aquilo do qual outro ri. O cômico sempre habita o sujeito, ele não possui qualquer *status* objetivo. Ainda assim, Jean Paul também não pode evitar totalmente a questão do que é, excluindo a psicologia, a percepção cômica em si. O cômico, afirma ele, é o contraste entre o que alguém tenta ser e o que de fato é. O cômico, mais uma vez, é concebido como uma experiência da incongruência. A sua utilidade social está no seu poder de desmistificar. Mas Jean Paul, ao contrário dos filósofos, não apenas investigou o cômico, mas também, de fato, produziu uma literatura cômica. Não surpreende, então, que ele diga, por fim, que o humor não tem qualquer propósito para além de si mesmo; ele deve ser desfrutado em si mesmo.

Quando se observa o desenrolar dessa discussão através dos séculos XVII e XVIII, vê-se como a questão epistemológica, acerca do que é o cômico em si, crescentemente emerge e vem à tona, para além da questão moral da sua utilidade. No que concerne a esta última questão, percebe-se também uma visão cada vez mais positiva do cômico, contraposta ao viés pejorativo da Antiguidade clássica e da tradição cristã. O desenvolvimento da comédia como um gênero dramático em todos os grandes países europeus explica, em parte, o interesse crescente no cômico. É possível especular que pode haver, também, uma conexão com o surgimento da consciência moderna. O espírito da Modernidade (entenda-se ele como um espírito bom ou mau) é fragmentar, desmistificar, olhar o que há por trás das fachadas da ordem social. Isso, inevitavelmente, implica na visão de todas as espécies de incongruência. A afinidade com a perspectiva cômica é plausível.

A gigantesca figura de Hegel marca toda a história da filosofia no século XIX. O que ele tinha a dizer a respeito do cômico, infelizmente, é algo menos extraordinário. Ele também discutiu o fenômeno sob a categoria geral da estética[19]. A comédia, afirma Hegel, expõe um mundo sem substância e, por esta razão, nega qualquer propósito que possa surgir dentro dela[20]. Ela é, por assim dizer, um mundo paralelo – de certo modo imponderável, feito de ar, no qual as ações podem ser gentilmente começadas e também facilmente terminadas. Hegel diferencia o ridículo do cômico. O ridículo é, literalmente, aquilo que produz o riso e, virtualmente, qualquer coisa poderia fazê-lo. Pode-se rir com uma sabedoria benevolente, por zombaria e desdém, ou por desespero. O riso cômico – isto é, o riso provocado pelo cômico – é mais estritamente definido. Ele é o resultado de ações dentro desse mundo paralelo, no qual qualquer coisa pode acontecer:

> Aqui, propósitos belos e inúteis são realizados com uma aparência de grande seriedade e depois de preparações elaboradas. Porém, quando esses propósitos colapsam, os seus autores podem se levantar da sua queda em franca alegria, simplesmente porque os seus propósitos eram tão desprezíveis que nada é realmente perdido quando eles fracassam[21].

---

19. Para não ser acusado de obscurantista, nas palavras do próprio Hegel: "*eine Welt, deren Zwecke sich deshalb ihre eigene Wesenslosigkeit zerstoeren*" [ibid., p. 527]. [Então, Hartmund, que tal traduzir *isso* para o latim?!]

20. Ibid., 529 [trad. minha].

21. Essas observações paquidérmicas são tiradas do meu ensaio "A Lutheran View of the Elephant", primeiramente publicado (aonde mais?) em *InterLutheran Forum* [Advent, 1978], depois republicado em uma edição ampliada do meu *Rumor of Angels*. Nova York: Anchor, 1990, p. 109ss. Como o Rabino Meir de Vilna, Talmúdico, colocou muito bem: "Se um autor não pode apropriar-se de si mesmo, de quem pode ele se apropriar?" [*Isso*, Hartmund, foi escrito em ídiche lituano. Eu gostaria de ver *você* fazer uma tentativa nisto!]

Quando se tenta associar essa prosa (não exatamente imponderável) com alguma imagem, pode-se facilmente visualizar um palhaço erguendo-se em um salto, depois de uma queda. Independente de se Hegel estava *pensando* em um palhaço ou não, a imagem é útil para a compreensão do que ele pretendia expressar.

Mas Hegel também persiste no que, na sua época, já tinha se tornado uma tradição: definir o cômico em termos de incongruência. O cômico surge de contradições, que podem ser de diferentes espécies. Hegel menciona a contradição entre esforço e resultado (esta talvez seja a contradição burlesca, entre capacidade e ambição, entre objetivos propostos e acidentes externos). Todas elas são percebidas como ridículas e podem levar a uma resolução cômica (*komische Aufloesung*). Mais comumente, o cômico emerge da contradição entre a subjetividade humana e a substância da realidade (*das Substantielle*) – isto é, entre o mundo real, que é de fato muito pesado, e o mundo leve, imponderável, que o espírito humano almeja. É possível, contudo, que esta última afirmação seja uma interpretação exagerada de Hegel (o que não é, necessariamente, preocupante).

É um fato bem conhecido (embora, talvez, lamentável) que algumas pessoas, mesmo após terem sido sujeitas a uma quantidade insignificante de prosa hegeliana, sintam a necessidade urgente de alívio cômico (ou, se quiser, *komische Aufloesung*). E, falando da incongruência como o tema principal da contemplação do cômico pelos filósofos, é possível atribuir pensamento aos elefantes. Desde a extinção dos dinossauros, o elefante é o maior animal sobre a terra. O seu tamanho enorme é assombrosamente inspirador. Mas, como todas as coisas enormes, ele se torna cômico quando confrontado com algo mais débil. O próprio homem, por certo, é frágil quando comparado ao elefante. No episódio seguinte, pode-se imaginar que o rato, um animal realmente pequeno, substitui o homem:

> Um rato encontra um elefante. O rato é um macho, o elefante é uma fêmea. A elefanta está de bom humor e olha para baixo com benevolência para o pequeno rato: "Olá, ratinho. Eu sou tão grande e você é tão pequeno. Isso é muito engraçado. Eu gosto de você, ratinho". O rato se sente encorajado e diz: "Oi, Senhorita Elefanta. Permita-me contar-lhe um desejo que tenho há muitos anos. Eu sempre quis fazer amor com uma elefanta. Você me deixaria?" A elefanta gargalha ruidosamente, bate nas patas traseiras com a sua tromba, e diz: "Por que não? Vá em frente, ratinho". A elefanta se deita sob um coqueiro e se acomoda para o rato o melhor que pode. E o rato realiza o seu antigo desejo, com muito esforço. [Cf. Hegel, acima, sobre esforço e resultado, para não falar de capacidade e ambição.] Enquanto o rato se esforçava, a elefanta quase nem nota o que estava acontecendo. De fato, ela adormece. Mas, então, uma rajada de vento se move por entre as árvores, um coco cai do coqueiro e acerta a cabeça da elefanta. Ela desperta e grita: "Ai!" Ao que o rato diz, solicitamente: "Oh, me desculpe. Eu machuquei você?"

Pode-se também especular que a discrepância entre o rato e o elefante, o homem e o elefante, descortina a discrepância fundamental entre o homem e a enormidade paquidérmica do universo. Nesse caso, a ambição da mente humana de compreender o universo é notadamente semelhante àquela do rato que deseja fazer amor com uma elefanta. Poder-se-ia pensar em uma metáfora melhor para a incongruência intrínseca do empreendimento filosófico?

Houve, certa vez, um congresso internacional de filósofos. Um filósofo indiano conversa com um americano: "Vocês ocidentais têm uma ideia completamente errada sobre o universo. Vocês acreditam que a terra é um globo girando em torno do sol. Isso é um erro. A terra é um disco plano, apoiado nas costas de um enorme elefante".

"Muito interessante", diz o americano. "Mas o que sustenta o elefante?"

"Há um segundo elefante embaixo do primeiro", diz o indiano.

"E o que sustenta o segundo elefante?"

"Ah, sim, há um terceiro elefante sustentando o segundo."

E, antes que o americano pudesse fazer outra pergunta, o filósofo indiano diz: "Meu bom camarada, é melhor aceitá-lo. Há elefantes *em todo lugar*"[22].

Karl Loewith caracterizou a filosofia do século XIX como a lenta decomposição da gigantesca carcaça do sistema hegeliano. A imagem não é muito encantadora, mas é pertinente. De acordo com Loewith, os três principais atores neste drama foram Marx, Kierkegaard e Nietzsche[23]. Desses três, Kierkegaard foi o que mais escreveu sobre o cômico, em observações espalhadas por toda a sua obra. O principal interesse de Kierkegaard, certamente, era religioso, e o seu foco particular estava na ironia como precursora da visão religiosa. A palavra *ironia* vem do grego para dissimulação: O irônico joga um jogo de faz de conta com o seu público. Ele sempre quer dizer algo diferente do que diz – mais do que diz, ou menos, ou, de qualquer maneira,

---

22. LOEWITH, K. *Von Hegel zu Nietzsche*. Frankfurt: Fischer, 1969.
23. CLIMACUS, J. *Concluding Unscientific Postscript*. Princeton, N.J.: Princeton University Press, 1941 [trad. de David Swenson].

algo diferente. Nesse sentido, quase toda a obra de Kierkegaard é um enorme exercício de ironia, um trabalho após o outro sob diferentes pseudônimos, cada pseudônimo representando uma posição diferente – um jogo de máscaras ou, se quiser, de pique-esconde, por trás do qual o autor se oculta e do qual ele esporadicamente se revela. Foi somente no final de sua obra, e na verdade de sua vida, que Kierkegaard emergiu das máscaras dos pseudônimos, com seus ataques passionais contra a Igreja estabelecida da Dinamarca, escritos em seu próprio nome.

Uma discussão importante sobre o cômico tem lugar no *Pós-escrito final não científico*, que apareceu sob o pseudônimo de Johannes Climacus[24]. Aqui estão duas formulações-chave:

> O que está na raiz tanto do cômico quanto do trágico... é a discrepância, a contradição, entre o infinito e o finito, entre o eterno e aquilo que se transforma[25].

O trágico é a contradição do sofrimento, o cômico é a contradição indolor[26]. As duas afirmações lembram as primeiras formulações filosóficas, anteriormente discutidas neste capítulo. A primeira afirmação relembra a descrição de Pascal, do homem como o ponto intermediário entre o infinito e o nada, e, assim como em Pascal, o contexto é claramente religioso. A incongruência é, por assim dizer, cósmica. É, precisamente, por esta razão que o cômico pode ser visto como uma espécie de antessala da fé religiosa.

Há uma certa ironia no fato de que a segunda afirmação seja seguida por uma longa nota de rodapé, um miniensaio sobre

---

24. Ibid., p. 82ss.
25. Ibid., p. 459.
26. Uma tradução inglesa do texto completo está em SYPHER, W. (ed.). *Comedy*. Garden City, NY: Doubleday, 1956.

a natureza do cômico. Deveriam os irônicos produzir textos ambíguos e colocar os seus pensamentos mais elaborados em notas de rodapé? Esta nota, na verdade, consiste em uma longa lista de piadas, cada uma delas contendo uma contradição que é supostamente indolor: uma criança de quatro anos de idade se volta para uma criança de três anos e meio e diz, condescendentemente: "Venha, meu cordeirinho". Um homem em um restaurante come salada com os dedos e, depois, diz ao garçom: "Ah, eu pensei que fosse caviar". Um padeiro diz a uma pessoa pobre: "Não, mãe, eu não posso lhe dar nada; há pouco, outra pessoa esteve aqui, a quem eu tive que mandar embora sem dar-lhe nada; nós não podemos dar a todo mundo". Essas histórias são realmente isentas de dor? Talvez, mas existem situações em que estas, e outras piadas semelhantes, poderiam iluminar realidades bastante penosas.

Por exemplo, a última piada do parágrafo anterior se assemelha a uma piada contada na Alemanha Oriental, na época do regime comunista:

> Um homem entra ao armarinho de um HO, que era o acrônimo das lojas do governo. Ele pede para ver algumas camisetas. "Sinto muito", diz o vendedor. "Você está no lugar errado. Você tem que ir para o andar seguinte. Lá, eles não têm camisetas. Aqui embaixo, não temos camisas".

Mas Kierkegaard não estava, essencialmente, interessado na natureza das piadas. Ele via o humor como o último estágio existencial antes da fé, como uma espécie fé incógnita. Essas são ideias que terão de ser retomadas no final deste livro. Por ora, basta indicar que Kierkegaard também está inserido, diretamente, no que pode ser chamado de escola da incongruência no tratamento filosófico do cômico.

Provavelmente, a obra filosófica mais importante sobre o cômico no século XX seja *O riso* (*Le rire*), de Henri Bergson, originalmente publicada em 1900[27]. Antes de chegar à sua tese central, Bergson discute uma série de questões importantes relacionadas ao fenômeno. Ele enfatiza que o riso é um fenômeno estritamente humano. Outros animais podem demonstrar sintomas parecidos com o riso, mas apenas os seres humanos verdadeiramente riem. De modo mais específico, somente os seres humanos riem porque alguém ou algo lhes parece engraçado (macacos podem sorrir, mas é improvável que eles o façam porque acabaram de escutar uma boa piada). Além disso, segundo Bergson, o riso é um fenômeno coletivo e, portanto, possui funções sociais (isso é discutível: certamente, há algo como um divertimento solitário – mas deixemos isso por ora). O mais importante é que Bergson discute um aspecto um tanto quanto intrigante do fenômeno: A textura emocional da experiência cômica. Para alguém rir de algo que lhe pareça engraçado, é preciso coibir qualquer outra emoção forte que se possa ter na situação, seja a piedade, ou o amor, ou o ódio. Em outras palavras, o cômico acontece em um setor estranhamente antisséptico da percepção, purgado de emoções e, deste modo, muito semelhante à mentalidade da contemplação teórica:

> O cômico exige algo como uma anestesia momentânea do coração. O seu apelo é à inteligência pura e simples[28].

Esta é uma observação importante. Ela pode facilmente ser transposta para a linguagem de Schutz, usada no capítulo anterior. A experiência do cômico ocorre em uma província fini-

---

27. Ibid., p. 64.
28. Ibid., p. 79.

ta de significado. Isso implica na abstração dos significados que, de outro modo, os mesmos eventos ou pessoas teriam na vida cotidiana. E, neste aspecto, pelo menos, ele se assemelha ao que Schutz denominava "postura teórica" – isto é, a abstração que deve ser feita quando se pretende submeter um fenômeno à análise intelectual.

Vejamos dois exemplos: Um indivíduo, de quem eu gosto muito, de repente cai de cara no chão. Se eu me permito rir da queda – isto é, se eu me deixo percebê-la como cômica – eu tenho que, por um momento, suspender os meus sentimentos de piedade ou preocupação, porque eles me impediriam de rir. Mas suponha que eu seja um médico. O meu interesse agora é diagnosticar a condição do meu amigo e, para tal, eu também devo desconsiderar os meus sentimentos pessoais. Em outras palavras, tanto o ato da percepção cômica quanto o diagnóstico médico exigem uma abstração da teia de significados e emoções que constituem o que Schutz nomeia de realidade suprema da vida cotidiana. E, pensando bem, rir da queda também poderia ser considerado uma espécie de diagnóstico. (Pode-se refletir aqui que a palavra grega, literalmente, significa "conhecer através" ou, se quiser, "ver através": para perceber o cômico, ou perceber uma condição médica subjacente, é preciso ver através da superfície dos eventos.)

Duas imagens ilustram, sucintamente, a tese central de Bergson. Uma é a queda, já excessivamente discutida, desde que Tales de Mileto caiu no seu poço. A outra é um brinquedo favorito das crianças, a caixa de surpresa. Nos dois exemplos, o que ocorre é uma espécie de automação. Algo vivo é reduzido a algo mecânico, e é precisamente essa redução que é percebida como engraçada. Bergson resume assim uma discussão sobre os vários gestos cômicos:

> As posturas, os gestos e os movimentos do corpo humano são risíveis na exata medida em que este corpo nos lembra uma simples máquina[29].

De outro modo, rimos quando a corporeidade bruta de um indivíduo esmaga as suas pretensões sociais ou morais: O filósofo cai num poço. O professor não percebe que o seu nariz está escorrendo. O profeta solta gases.

Bergson também se inclui na tradição da incongruência na interpretação do cômico, mas a sua definição de incongruência é mais restrita. Especificamente, a sua tese central é que a incongruência cômica é aquela entre a mente e o corpo, ou entre a vida e a matéria. Esta explicação tem um sentido mais amplo no contexto da filosofia da vida de Bergson, do *élan vital* que, para ele, define a humanidade, mas isso não deve nos ocupar aqui. A tese de Bergson avança consideravelmente na explicação do fenômeno, mas a sua universalidade pode ser questionada. Certamente, ela destaca muito bem um caso notável de incongruência cômica, mas o fenômeno não se esgota aí. Assim, para dar um exemplo importante, a abordagem de Bergson ajuda a compreender o enorme lugar ocupado pela sexualidade no universo do humor. O impulso sexual, mais do que qualquer outro, consiste na intrusão do puramente físico nas pretensões dos papéis sociais – o corpo sobre a mente, se não, precisamente, a matéria sobre a vida: o filósofo, no meio da exposição de um intrincado problema de epistemologia, tem uma ereção involuntária (da qual ele pode, inclusive, não estar consciente). Mas há grandes áreas do humor que não podem ser enquadradas neste esquema. Tome-se o humor político, por exemplo. Qualquer que seja

---

29. Ibid., p. 189ss.

a incongruência aqui, não é aquela entre a mente e o corpo, a vida e a matéria. O mesmo vale para o humor que se baseia nas supostas características de diferentes grupos étnicos e sociais.

Ainda assim, Bergson avançou com a discussão filosófica sobre o cômico, para além do ponto alcançado antes dele. A figura de Dom Quixote o fascinava, e ela incorpora bem as características do cômico, tal como Bergson as concebia. Dom Quixote percorre o mundo numa abstração constante da realidade da vida cotidiana (que é, claro, o mundo de Sancho Pança). Ele é uma espécie de sonâmbulo, inspirado pelo que Bergson chama de um "estranho tipo de lógica". Suas ações são surreais, sempre beirando o absurdo (do ponto de vista da realidade comum), mas elas também possuem um caráter singular de liberdade. Precisamente, elas são livres de comprovações empíricas: Nenhuma evidência é capaz de convencer Dom Quixote de que os cavaleiros nobres e as donzelas em perigo do seu mundo medieval são, na verdade, meros habitantes comuns do interior da Espanha. É justamente essa liberdade que faz de Dom Quixote um herói do cômico.

Bergson, ao contrário de muitos da sua profissão, compreendeu plenamente os limites da análise filosófica. Na conclusão do seu livro, ele evoca a imagem de uma criança brincando na praia, sobre a qual o recuo das ondas espalhava um resto de espuma:

> A criança [...] pega um punhado, e, no momento seguinte, se surpreende ao perceber que nada permanece em suas mãos, com exceção de alguns pingos de água. [...] O riso acontece da mesmíssima forma. Ele indica uma leve convulsão na superfície da vida social. [...] Ele também é uma espuma de base salina. Como a espuma, ele borbulha. Ele é a própria alegria. Mas, o filósofo que

agarrar um punhado para prová-lo, descobrirá que a substância é escassa e deixa um gosto amargo[30].

Por fim, três filósofos mais recentes serão brevemente analisados – um alemão, um francês e um americano. Cada um deles levou a discussão um pouco mais adiante.

Joachim Ritter, cujo ensaio sobre o riso foi publicado pela primeira vez em 1940, é às vezes citado como tendo demolido toda a noção do cômico como incongruência[31]. Ele enfatiza a grande variedade do riso, desde o sorriso gentil até a gargalhada barulhenta, e a variedade igualmente grande de fenômenos destinados a serem risíveis. O cômico, de fato, envolve a incongruência, mas o que é visto como incongruente é extremamente relativo e depende de como a realidade, como tal, é percebida. Em outras palavras, o cômico sempre depende do mundo da vida específico dentro do qual ele ocorre. Deste modo, não se consegue rir de piadas relativas a mundos da vida que não se compreende. É por isso que, por exemplo, é difícil para um leitor moderno encontrar humor nos episódios, supostamente cômicos, narrados por Cícero. As melhores piadas judaicas fracassam na China. E, aquilo que parece extremamente engraçado para um grupo de trabalhadores da construção, não diverte os membros do departamento de inglês de Harvard, e vice-versa.

Ritter está, certamente, bastante correto quanto à relatividade histórica e sociológica da incongruência cômica. Mas este inegável fato, em si mesmo, não invalida a noção de que o cômico consiste em uma percepção subjacente da incongruência, que transcende as relatividades de tempo e espaço. Por analogia,

---

30. RITTER, J. "Ueber das Lachen". In: *Subjektivitaet*. Frankfurt: Suhrkamp, 1974, p. 62ss.
31. JEANSON. *Signification humaine*.

é possível (para filósofos e outros) investigar as estruturas subjacentes da linguagem e o modo como ela simboliza a realidade, sendo plenamente ciente do fato de que há grande diversidade de linguagens humanas e que a realidade é simbolizada de maneira diferente, digamos, em chinês e em hebraico. O próprio Ritter parece retomar uma espécie de teoria da incongruência ao final do seu ensaio. O humor, diz ele, é um tipo de jogo. Porém, ele é também uma sorte de filosofia, que mostra os limites da razão diante da vastidão da realidade. O jogo, então, se torna sério, na verdade perigoso. De fato. Mas, se esta é uma percepção compartilhada por uma serva trácia e um filósofo alemão moderno, essencialmente uma percepção de incongruência, então, não devemos nos prender demais às relatividades enumeradas por Ritter.

A obra de Francis Jeanson sobre o riso foi publicada em 1950[32]. A sua abordagem é fenomenológica e existencial – isto é, uma abordagem que não reduz o fenômeno do cômico ao resultado de algum processo inconsciente ou mecânico (há uma farpa crítica aqui, contra a psicanálise), mas antes o trata em termos humanamente significativos (ou, como Jeanson afirma, "morais"). O riso é um ato intencional, no sentido fenomenológico de intencionalidade – ou seja, o riso sempre se direciona a um objeto. Mas ele o faz de uma maneira muito distinta. Ele é semelhante ao sonho, na medida em que contém um "reflexo

---

32. Logo depois da Segunda Guerra Mundial, David Rousset, que havia integrado a Resistência Francesa, publicou um livro sobre as suas experiências nos campos de concentração nazista. Eu não consigo localizar essa obra agora, mas eu me lembro de uma passagem interessante, na qual Rousset se pergunta o que ele teria aprendido com aquela experiência. Ele responde dizendo que ele aprendeu muito pouca coisa que ele não soubesse antes. Mas, dentre as poucas coisas que ele realmente *tinha aprendido*, estava a compreensão de que o cômico é um componente objetivo da realidade, não importa a circunstância, por mais miserável que seja, em que ele é encontrado.

espontâneo", através do qual a sua realidade é justificada no mesmo ato que a produz. Essa formulação relembra a ideia de Bergson do sonambulismo, usada para descrever as peregrinações cômicas de Dom Quixote. Mas o aspecto mais importante da análise de Jeanson é a sua descrição do poder emancipador do riso. Jeanson concorda com Hobbes sobre o fato de que o riso brota de um senso de superioridade. Mas este senso de superioridade não emerge, necessariamente, do desprezo, como Hobbes acreditava. Nem sempre se ri às custas de alguém, com o objetivo de rebaixá-lo. O riso pode surgir da consciência soberana de ser livre. O sorriso, portanto, é a forma suprema do riso, porque nele o sujeito expressa a sua liberdade e o seu domínio de si mesmo. Nesse sentido, vale a pena observar a data da publicação de Jeanson – logo após a libertação da França, quando o imaginário da Resistência estava bem vivo na mente dos franceses[33].

Uma das melhores formulações do problema filosófico do cômico é encontrada em uma obra publicada em 1961, por Marie Collins Swabey[34]. Ela enfatiza a importância de diferenciar as *circunstâncias* físicas, psicológicas e sociais que estimulam o riso, *do que ele é*. Em outras palavras, ela se recusa a abandonar a investigação filosófica sobre a essência do riso por causa da sua localização relativa no tempo e no espaço. Assim como Bergson, ela insiste em que o riso não é simplesmente uma expressão emocional, que não proporciona qualquer satisfação ao intelecto. Ao contrário, ela insiste no caráter cognitivo do cômico, na sua capacidade de melhorar a compreensão. Para esclarecer este

---

33. SWABEY, M.C. *Comic Laughter:* A Philosophical Essay. New Haven: Yale University Press, 1961.
34. Ibid., p. 162.

ponto, Swabey distingue o que ela chama de "riso cômico" de outros tipos de riso. Deste modo, podemos rir porque sentimos cócegas, ou por prazer, ou por constrangimento. Essas formas de riso não são do interesse de Swabey. Ele deseja explorar o riso característico causado pela percepção de que algo é engraçado – o riso cômico como distinto de qualquer outro tipo. A questão é, justamente, o que seria esta contribuição intelectual, ou cognitiva, do cômico.

Swabey ressalta que, desde o século XVIII, há um consenso generalizado de que a essência do cômico está na incongruência. Mas existem concepções diferentes sobre como definir esta incongruência (i. é, entre *o que* e *o que* se supõe que a incongruência reside) e, mais importante, sobre se a incongruência é percebida apenas subjetivamente ou se tem um referente objetivo. Swabey se posiciona fortemente em defesa deste último ponto de vista. A percepção de que um elemento particular da realidade é cômico tem sentido contra o panorama de uma perspectiva geral da realidade. Um evento específico é percebido como cômico em contraste com o contexto geral da realidade, implicitamente, não cômica. Podemos colocá-lo desta maneira (sem contrariar as intenções de Swabey, espero): A percepção do cômico é a percepção de algo que *escapa a* uma ordem geral das coisas. Ou ainda, dizer que algo é *incongruente* implica uma noção de *congruência*. Assim, a percepção do cômico depende (ou, se quiser, se alimenta) do desejo humano básico de ordenar a realidade. O riso cômico é, por assim dizer, o instinto filosófico em um tom menor.

O elemento cognitivo do cômico exclui o disparate ou o absurdo completos (embora, certamente, eles possam ocasionar o riso – mas não o riso cômico, no sentido dado por Swabey). Swabey discute essa capacidade cognitiva do cômico através das diferentes formas nas quais ele é expresso – a ironia e a sátira, a sagacidade e o humor (as suas várias definições não são objeto de preocupação neste momento). Em todas elas, contudo, a percepção do cômico é mais do que uma expressão meramente subjetiva de emoções ou de impulsos inconscientes. Este fato, provavelmente, encontra sua forma mais sofisticada naquelas expressões baseadas fundamentalmente na linguagem e nas quais (como, digamos, ao contar histórias espirituosas de cunho político) há o propósito deliberado de jogar luz sobre a realidade. Swabey também rejeita a noção de que a experiência cômica seja primordialmente hedonista, fundada em uma busca pelo prazer. É claro que o riso pode ser prazeroso, mas não é isso, em última instância, o que ele é:

> O amante do cômico é orientado para um alvo ao qual se atribui objetividade, algo além da subjetividade da experiência mesma. [...] A busca pelo cômico não se dirige apenas à experiência do cômico; o objeto do riso não é meramente o seu desfrute[35].

O riso cômico pode ser uma arma, como particularmente o é na ironia e na sátira, mas para além dessas funções sociais, há a intuição cômica de uma ordem de coisas, no interior da qual a vida humana pode fazer sentido:

Há ainda outro filósofo recente, cujo trabalho sobre o riso terá de ser levado em consideração. Ele é Helmut Plessner, uma das figuras influentes naquilo que, no continente europeu, é conhecido como antropologia filosófica. Mas a obra de Plessner se encontra na fronteira entre a filosofia e a biologia humana, e será mais proveitosamente examinada em outro capítulo. Para

---

35. Ibid., p. 247.

concluir este capítulo, é hora de nos perguntarmos se esta viagem a jato através da história da filosofia ocidental produziu algum resultado.

Na filosofia clássica e medieval, as discussões sobre o cômico são poucas e distantes entre elas e, onde acontecem, tendem a abordar a questão moral do riso (em geral, de uma maneira pejorativa). Os filósofos modernos, especialmente nos últimos duzentos anos, deram muito mais atenção a ele, porém, é possível dizer, com segurança, que os resultados não são impressionantes. Há também uma boa dose de repetição. Talvez isso não devesse nos surpreender. Os filósofos só são superados pelos teólogos na propensão a levar suas próprias teorias muito a sério, e a perspectiva cômica coloca, essencialmente, toda seriedade em questão. Mas há, provavelmente, uma razão mais profunda para este tratamento cauteloso do tema, além da tendência dos filósofos a enaltecer-se. A empresa filosófica, enquanto tal, produz constrangimento ao lidar com o fenômeno do cômico, o que pode ajudar a explicar a relutância de muitos filósofos em abordá-lo. A filosofia, afinal, consiste na incrível tentativa de envolver toda a realidade em uma ordem racional. O cômico, por sua própria natureza, escapa a este envolvimento. Se ele deve ser, de todo modo, intelectualmente apreendido, provavelmente o terá de ser por meio de alguma forma da razão do coração, nos termos de Pascal. É por isso que uma série de filósofos modernos incluiu o tema no campo da estética, embora a experiência estética seja notavelmente diferente da experiência do cômico. Assim que o filósofo tenta agarrar o cômico em suas mãos, ele vira espuma e parece evaporar, como na parábola de Bergson sobre a criança brincando na praia.

No entanto, ao menos duas ideias importantes podem ser extraídas deste estudo: A experiência do cômico é a percepção de algo que está objetivamente *lá fora*, no mundo, e não simplesmente (embora também o seja) uma experiência subjetiva determinada pelos relativismos da história e da sociologia. Em outras palavras, há um *componente cognitivo* nesta experiência. Nesse caso, o que é conhecido aqui? E essa é a segunda ideia, transmitida, com considerável coerência, de um filósofo para outro: a incongruência entre a ordem e a desordem, assim como entre o homem, que sempre almeja a ordem, e as realidades desordenadas do mundo empírico. Dito de outro modo, a incongruência percebida aqui revela uma verdade fundamental sobre a condição humana: *O homem se encontra em um estado de discrepância cômica com relação à ordem do universo*. É por isso que Dom Quixote é uma encarnação tão poderosa e duradoura do espírito cômico, muito além das circunstâncias particulares da Espanha, ao final do período feudal, que Cervantes pretendia satirizar.

Esse argumento é sucintamente colocado por Baudelaire, não um filósofo, mas um poeta, que se inspirou a filosofar em um notável ensaio sobre o cômico na arte, publicado em 1855:

> Já que [o riso] é essencialmente humano, ele é também contraditório, quer dizer, ele é, ao mesmo tempo, um sinal de infinita grandeza e de infinita miséria: infinita miséria em comparação com o Ser absoluto que existe como uma ideia na mente humana; infinita grandeza em comparação com os animais. É do choque perpétuo produzido por estas duas infinidades que o riso provém[36].

Baudelaire também chama o riso de "satânico". Essa palavra tinha um significado especial para a poesia de Baudelaire, mas

---

36. BAUDELAIRE, C. *The Essays of Laughter*. Nova York: Meridian, 1956, p. 117 [trad. de Gerard Hopkins].

ela também aponta para o caráter demoníaco, sinistro, do espírito cômico, que já se revelava no *frenesi* dionisíaco, nas origens da comédia grega. Mas Dionísio e Apolo estão profundamente relacionados. A desordem do primeiro carrega testemunho implícito da ordem do segundo, tal como os sacerdotes de Apolo, em Delfos, parecem ter compreendido. O cômico é *au fond* uma busca por ordem em um mundo desordenado. Este tema atravessa todas as formas de expressão do cômico, sejam ações, a representação visual, ou a linguagem.

A experiência cômica oferece um diagnóstico particular do mundo. Ele vê através das fachadas da ordem ideacional e social, e revela outras realidades, espreitando por trás das superficiais. A imagem da caixa de surpresa, evocada por Bergson, diz mais do que ele havia proposto. Primeiro, vê-se uma caixa comum, familiar e inofensiva. Aí, de repente, algo ou alguém absolutamente incomum salta para fora da caixa. Mas, imediatamente, fica claro que este *outro* algo, ou alguém, estava dentro da caixa o tempo todo. A caixa de surpresa revela que as coisas não são o que parecem. Há uma palavra germânica intraduzível para isso: *Doppelboedigkeit*. Ela é derivada do teatro, onde indica um palco com mais de um nível. Enquanto os atores encenam seus movimentos em um nível, ações muito diferentes e supostamente sinistras ocorrem no outro, abaixo da superfície. A estrutura divisória é frágil. Todo tipo de coisas inesperadas podem saltar lá de "baixo", assim como buracos podem, de repente, se abrir e fazer as coisas e as pessoas de "cima" desaparecerem no estranho mundo abaixo. O cômico evidencia que tudo o que é subestimado na vida cotidiana possui esse caráter de *Doppelboedigkeit*. Por isso, o cômico é sempre, potencialmente, perigoso. Como Kierkegaard observou muito claramente, isso explica a sua afinidade com a experiência religiosa.

O filósofo olha para o céu e cai num buraco. O acidente expõe o filósofo como uma figura cômica. Mas a sua queda é uma metáfora da condição humana enquanto tal. A experiência cômica se refere à mente imersa em um mundo aparentemente sem sentido. Ao mesmo tempo, ela sugere que, talvez, o mundo não seja sem sentido, afinal.

3 Monges que riem
Um brevíssimo interlúdio sínico

Todos os autores discutidos no capítulo anterior são extraídos da história da filosofia ocidental. Seria um grave erro concluir, a partir disso, que a reflexão sobre o cômico seja uma preocupação exclusivamente ocidental. O fenômeno do cômico, enquanto tal, é universal. Não somente todos os seres humanos riem (e, possivelmente, o fazem desde que o *Homo Sapiens* evoluiu a partir dos seus parentes símios), mas também não há nenhuma cultura humana estudada que não tenha um conceito do cômico. Em outras palavras, não apenas o riso, mas o riso cômico é universal. Muito provavelmente, o mesmo não pode ser dito com relação à reflexão sistemática sobre o cômico, seja por filósofos ou outros teóricos. Neste sentido, é ainda mais importante reconhecer que há casos além da civilização ocidental. Um exemplo claro é a civilização sínica.

Viajantes na Ásia Oriental – China, Japão, Coreia – rapidamente percebem que as pessoas nessa região riem em ocasiões nas quais os ocidentais, ou outros estrangeiros, não ririam. Os intérpretes da região elaboraram muitas explicações para este fenômeno. As pessoas riem para superar momentos de constrangimento social, para indicar deferência, ou para deixar claro que a situação é amigável. Esses fatos não são de interesse particular aqui. Os viajantes também logo observam que as pessoas, nesses países, acham divertidas coisas que eles próprios não achariam, e vice-versa. Qualquer americano ou europeu que tenha tentado apimentar uma palestra com piadas, em Tóquio ou Hong-Kong, o terá descoberto, para seu desalento. Esse conjunto de fatos concerne à sociologia comparativa do cômico e terá de ser considerado um pouco mais tarde. Mas a civilização sínica também produziu exemplos altamente intrigantes de filosofia cômica e, de fato, filósofos que dificilmente se distinguem dos comediantes. Quiçá a mais importante nessa questão seja a Tradição Taoista e os movimentos influenciados por ela.

Um colega, com extensa experiência no diálogo entre as religiões mundiais, observou que os parceiros mais difíceis neste tipo de exercício são os taoistas[1]. Não é, absolutamente, porque eles sejam intolerantes ou dogmáticos. Pelo contrário, deve-se ao fato de eles continuarem rindo, tratando aquelas cerimônias solenes de comunicação interconfessional como uma enorme piada. Os estudiosos do taoismo terão de determinar se a propensão cômica é intrínseca a esta tradição, ou se apenas caracteriza alguns dos seus protagonistas. Provavelmente, seu principal exemplo é Chuang Tzu, ou Mestre Chuang[2]. Ele morreu por volta de 280 a.C., e o livro que leva o seu nome, provavelmente, contém capítulos dos quais ele é o autor autêntico, e capítulos escritos por seguidores pertencentes à sua escola (essa espécie de plágio amigável, e mesmo reverente, não era, certamente, de maneira nenhuma exclusiva da China, como os estudiosos bíblicos, entre outros, o sabem muito bem). O livro, na verdade,

---

1. Devo esta observação a John Berthrong, quem também me apresentou ao Mestre Chuang. Eu expresso a minha gratidão entre espasmos de riso taoista.
2. Cf. HUGHES, E.R. (ed.). *Chinese Philosophy in Classical Times*. Londres: Dent, 1942, p. 165ss. • WU, K. *Chuang Tzu*: World Philosopher at Play. Nova York: Crossroad, 1982. • WU, K. *The Butterfly as Companion*. Albânia: Suny, 1990.

começa com o que só pode ser uma piada. É, sem dúvida, uma piada tipicamente chinesa, e um leitor estrangeiro-monstruoso precisa fazer algum esforço para compreendê-la. Mas uma piada ela é, de certa maneira, e poderia ser chamada, adequadamente, de uma piada filosófica:

> No Mar do Norte há um peixe, o seu nome é *Kun*, o seu tamanho eu não sei quantos *li*. [Um *li* é cerca de um terço de milha.] Por metamorfose, ele se transforma em um pássaro chamado *P'eng*, com uma parte traseira que eu não sei de quantos *li* de extensão. Quando ele se desperta e voa, as suas asas escurecem o céu como nuvens. Com o mar em movimento, o pássaro se transporta para o Mar do Sul, o Lago do Céu. Nas palavras de Ch'i Hsieh, um escrivão de coisas fantásticas: "Quando *P'eng* se transporta para o Mar do Sul, ele açoita a água por uma distância de três mil *li*, e sobe num furacão até uma altura de noventa mil *li*, e voa durante seis meses, até que pare para descansar! [...] Uma cigarra e um jovem pombo riram juntos de *P'eng*. A cigarra disse: 'Quando tentamos voar até o topo das árvores mais altas, às vezes não conseguimos chegar lá e somos puxados de volta para o chão, e é assim. Por que, então, deveria alguém subir noventa mil *li* para ir para o sul?!'"[3]

Pode um não sinólogo aventurar uma interpretação? Deve-se perguntar: Por que a cigarra e o pombo riem desse pássaro cósmico? Então, nos lembramos da caracterização de Hegel do efeito cômico, como uma discrepância entre esforço e resultado. Qual é o objetivo desse esforço enorme, diz a cigarra, quando tudo o que ele faz é mover o pássaro de um lugar para outro? A experiência não deve ser muito diferente daquela de

---

3. HUGHES. *Chinese Philosophy*.

voar do chão até o topo da árvore e, mesmo isso, dificilmente vale a pena. Há um verdadeiro *komische Aufloesung* hegeliano aqui: o mitológico peixe-pássaro realiza prodígios de metamorfose e aviação, mas o resultado de todo esse esforço monumental é insignificante. É melhor ficar onde se está (um clássico conselho taoista). A cigarra e o pombo riem e, com isso, estão dizendo: Para com isso, P'eng – nós nos recusamos a ficarmos impressionados!

A passagem mais conhecida do Mestre Chuang é a seguinte:

> Certa vez, Chuang Chou [este era o seu nome completo] sonhou que era uma borboleta, voando de um lado para o outro, tal qual uma borboleta, consciente de seguir as suas inclinações. Ela não sabia que era Chuang Chou. De repente, ele despertou; e, então, evidentemente, ele era Chuang Chou. Mas, agora, ele não sabe se ele é Chuang Chou, que sonhou que era uma borboleta, ou uma borboleta sonhando que é Chuang Chou[4].

Esta passagem ilustra bem o método do Mestre Chuang, de acordo com Kuang-ming Wu, quem contribuiu para a interpretação desse autor para os leitores de fala inglesa. O próprio Mestre Chuang alegou que o seu método era "sem método" (*wu fang*), mas isso pode ser entendido como um comentário irônico, assim como a história da borboleta é tanto uma ironia quanto um exemplo do método "sem método". E esse método é, essencialmente, cômico. Ele desconstrói a realidade naturalizada, revelando a sua fragilidade, e assim liberta a mente em direção a um novo olhar para o mundo. O segundo capítulo do livro de Mestre Chuang, frequentemente considerado ininteligível, segundo Wu, é na verdade uma paródia de diferentes escolas

---

4. Ibid., p. 184.

filosóficas, incluindo as confucianas. Eis como Wu caracteriza essa filosofia do cômico:

> O cômico está em uma justaposição de elementos incongruentes, como um nariz grande e um chapéu pequeno, calças pequenas e sapatos grandes, e coisas assim. Como a vida nos parece uma justaposição de incongruências, o cômico pode muito bem ser um modo adequado para abordá-la.

O humor e a ironia induzem o autorreconhecimento, que nos liberta da prisão do autocontentamento[5].

Outro exemplo do "sem método" cômico de Mestre Chuang deverá ser suficiente:

> Um homem de Sung, que comerciava chapéus cerimoniais, viajou para o Estado de Viet. Mas as pessoas de Viet cortavam o cabelo e tatuavam seus corpos, por isso os chapéus eram inúteis. Yao trouxe ordem para todas as pessoas sob o céu e trouxe a paz para todos entre os quatro mares. Ele foi até o distante Monte Kuyeh para visitar os Quatro Mestres. Após retornar à sua capital, na margem norte do Rio Fen, ele caiu no sono e se esqueceu totalmente do seu império[6].

O taoismo, certamente devido à sua própria natureza, nunca se tornou uma religião mundial. Mas o seu espírito penetrou muitas áreas da cultura chinesa e, através dela, outras partes da Ásia Oriental. Provavelmente, a sua consequência mais importante foi a sua influência na adaptação chinesa do budismo. Quando essa crença indiana foi inicialmente trazida para a China, os intelectuais chineses pensaram que ela fosse uma

---

5. WU. *The Buttlerfly*, p. 264, 374.
6. MAIR, V. (ed./trad.). *Wandering on the Way:* Early Taoist Tales and Parables of Chuang Tzu. Nova York: Bantam, 1994, p. 7.

variante do taoismo. Apesar de algumas semelhanças, este era, sem dúvida, um equívoco. Mas o budismo experimentou uma mudança profunda ao ser absorvido pela civilização sínica. A Escola Ch'an de Budismo, que se tornou Zen no Japão, exemplifica essa significação. Muitos pesquisadores, Kuang-ming Wu entre eles, têm argumentado que Ch'an/Zen é, precisamente, uma modificação do budismo no espírito do taoismo. E os seus monges são famosos por seu riso estridente.

O exercício mais característico nos monastérios Zen é o que, no Japão, é chamado de *koan*. Um *koan* é uma parábola ou um enigma trocado entre um mestre e seus discípulos, mas a solução nunca é direta ou racional. Soluções idênticas podem ser consideradas corretas ou falsas, dependendo da avaliação do mestre sobre o estado espiritual do discípulo. Ou a solução pode ser um ato violento ou um gesto obsceno. O *koan* é um desenvolvimento perfeito do "sem método" taoista. Muitos exemplos do *koan* podem ser descritos como piadas. O objetivo é sempre desconstruir a realidade e, assim, alcançar a iluminação libertadora.

Aquele que é, provavelmente, o *koan* mais famoso é atribuído a Hakuin Ekaku, um monge Zen que viveu de 1685 a 1768. Ele instruiu os seus discípulos a ouvir o som de uma só mão aplaudindo (*sekishu no onjo*), o que tem sido ensinado, desde então, como a essência da visão Zen da realidade[7]. Eis um típico *koan*, atribuído ao Mestre Yunmen:

> Pergunta: *Qual é a sua declaração a respeito de ir além dos budas e superar os ancestrais?*
>
> Resposta: *Um bolo de arroz com gergelim*[8].

---

7. Cf. TANAHASHI, K. *Penetrating Laughter:* Hakuin's Zen and Art. Woodstock, NY: Overlook, 1982.
8. Ibid., 84.

Ou o seguinte:

> Butei, imperador de Ryo, mandou chamar Fu-daishi para explicar o Sutra do Diamante. No dia marcado, Fu-daishi veio ao palácio, subiu em uma plataforma, golpeou a mesa diante dele, depois desceu e, ainda sem falar nada, foi embora. Butei se sentou imóvel por alguns minutos, ao que Shiku, que tinha visto tudo o que acontecera, foi até ele e disse: "Posso ser tão ousado, senhor, e perguntar se você compreendeu?"
>
> O imperador tristemente balançou a cabeça.
>
> "Que pena!", exclamou Shiku. "Fu-daishi nunca fora tão eloquente"[9].

O resultado libertador, pretendido por esse método, dá margem a bastante zombaria. A habilidade de não se levar a sério é um bom teste para saber se a verdadeira iluminação foi alcançada:

> Um monge perguntou ao Mestre Busshin: "O céu e o inferno existem?"
>
> "Não", disse o mestre sem hesitação.
>
> Algum samurai ouviu a conversa e, impressionado com a resposta de Busshin, o fez a mesma pergunta. Na hora, novamente sem hesitar, o mestre respondeu, "Sim".
>
> Ao ser acusado, pelo samurai, de ser contraditório, Busshin disse, "Bem, se eu disser a *você* que não há céu nem inferno, de onde viriam as esmolas?"[10]

Hakuin, o mestre em aplaudir com uma só mão, não era apenas um mestre Zen, mas também um pintor, calígrafo e poeta

---

9. STRYK, L. & IKEMOTO, T. (eds.). *Zen*. Chicago: Swallow, 1981, p. xxxii.
10. TANAHASHI. *Penetrating Laughter*, p. 121.

(frequentemente em linguagem vulgar). Aos setenta e um anos de idade, ele acrescentou o seguinte verso a um autorretrato nada lisonjeiro:

> Detestado por mil budas no reino de mil budas,
> odiado por demônios entre tropas de demônios,
> este cego malcheiroso e careca
> aparece novamente no pedaço de papel de alguém.
> Maldição![11]

Entre o taoismo e o Zen estão todos os componentes de uma filosofia cômica: O diagnóstico do mundo como um monte de incongruências. A desconstrução radical de todas as pretensões de grandeza e sabedoria. Um espírito de irreverência zombeteira. E, ao final, uma descoberta profunda de liberdade. A Estultícia de Erasmo, envolta em túnicas cor de açafrão, vagueia pela Ásia Oriental há muitos séculos.

---

11. Ibid., p. 19.

4 Homo Ridens
Fisiologia e psicologia

Se compreendemos plenamente o fenômeno do riso, teremos compreendido o mistério fundamental da natureza humana. Este mistério se refere a como a natureza humana é constituída por um corpo, parte e parcela da evolução biológica, e por essa entidade esquiva chamada, de diferentes maneiras, de mente, alma ou espírito.

Não há nenhuma dúvida que, independentemente do que mais seja e do que o provoque, o riso é um processo fisiológico:

> Como um fenômeno muscular, o riso é fácil de descrever. Ele consiste de contrações espasmódicas dos músculos zigomáticos maior e menor (faciais) e de relaxamentos súbitos do diafragma, acompanhados por contrações da laringe e da epiglote. O riso difere do sorriso, simplesmente, porque sorrir não interrompe a respiração[1].

É um processo reflexo controlado pelo "cérebro velho" (tálamo e hipotálamo), que comanda outras atividades reflexas e o comportamento puramente emocional, e não pelo córtex palial, que governa as faculdades cognitivas. Konrad Lorenz chamou o riso de um "reflexo de capitulação": Uma tensão vai se acumulando e, depois, é repentinamente liberada, momento no qual

---

1. HOLLAND, N. *Laughing*: A Psychology of Humor. Ithaca, NY: Cornell University Press, 1982, p. 76.

o organismo colapsa no ou, por assim dizer, se entrega ao riso. Esse processo fisiológico pode ser desencadeado por estímulos meramente físicos, dos quais as cócegas são bem conhecidas. Há também os efeitos do óxido nitroso ("gás do riso") e os sintomas de uma série de doenças (como a doença de Alzheimer e a esclerose múltipla).

Mesmo um rápido momento de reflexão apontará para um paradoxo profundamente enigmático: Como pode o mesmo processo fisiológico resultante das cócegas ser também disparado por uma sofisticada piada política? E o que a atividade do "cérebro velho" tem a ver com a faculdade altamente cognitiva que possibilita um indivíduo compreender uma piada política? Como afirmado acima, uma resposta plena a essas questões terá de esperar a solução final do mistério da natureza humana, mais precisamente, a solução do que muitos filósofos chamaram de o problema entre mente/corpo. Enquanto isso, contudo, um avanço mais modesto é necessário. É preciso reconhecer a diferença sobre a qual insistiu Marie Collins Swabey, uma das filósofas discutidas anteriormente – isto é, a diferença entre riso cômico e todas as outras formas de riso[2].

Os seres humanos riem quando sentem cócegas, quando se sentem espontaneamente felizes, quando se sentem repentinamente livres do medo e da tensão – ou quando compreendem um sutil exercício de sagacidade. Para o argumento deste livro, por certo, apenas a última ocasião para o riso é de real interesse. Mas, justamente por causa da sua proximidade com algumas questões fundamentais sobre a natureza humana, o riso cômico deve também ser comparado com aquelas outras formas de riso. Não é necessário dizer que esta comparação não encerrará

---

2. SWABEY, M.C. *Comic Laughter*.

o velho empreendimento filosófico de definir o homem, mas inserirá o caso do riso cômico em um contexto antropológico mais amplo. O *Homo Ridens* é intrigante porque ele se encontra na interseção do que há de mais e do que há de menos animal nos seres humanos.

Os animais riem? Aparentemente, esta é uma questão sobre a qual há algum desacordo. Macacos sorriem abertamente, e a fisiologia deste ato é semelhante à humana, já descrita. Os macacos sorriem quando estão envolvidos em rituais de saudação e de conciliação, este último assinalando que não há nenhum perigo real, ou que o conciliador *espera* que não haja nenhum perigo real. As semelhanças e as diferenças entre esses padrões de comportamento com os padrões humanos comparáveis são certamente interessantes, mas pouco acrescentaria, ao presente argumento, insistir neles. Uma coisa é bastante certa: Nenhum macaco jamais sorriu após ter ouvido uma piada política (ou, aliás, qualquer outro tipo de piada). De maneira consciente, então, a questão de se os animais riem ou não pode ser deixada para os zoólogos e outras partes interessadas. O caráter distintivo do riso humano, contudo, terá de ser considerado mais a fundo.

O riso é, claramente, um fenômeno que envolve tanto o corpo quanto a mente. Assim, ele aponta para o relacionamento curioso entre a subjetividade humana e a sua corporificação. O mesmo é válido para o choro, seu fenômeno análogo. A abordagem mais importante de ambos, no arcabouço de uma antropologia filosófica, foi feita por Helmut Plessner[3].

A obra de Plessner se situa em uma tradição do pensamento filosófico, na Europa Continental, sobre a natureza do homem,

---

3. PLESSNER, H. "Lachen und Weinen". In: *Philosophische Anthropologie*. Frankfurt: Fischer, (1941) 1970, p. 13ss.

da qual Max Scheler foi, provavelmente, o mais proeminente representante no século XX[4]. Scheler, que insiste na unidade da natureza humana contra qualquer versão do dualismo mente/corpo, caracterizou o homem como sendo diferente dos animais (ou, caso se prefira, dos *outros* animais) por, ao mesmo tempo, *ser* e *ter* um corpo. Um animal *é* o seu corpo, assim como o homem, mas o homem também *tem* o seu corpo como algo do qual ele pode subjetivamente se distanciar e conscientemente *fazer uso*, para este ou aquele propósito. Plessner incorpora esta caracterização, e enfatiza que essa relação peculiar com o corpo deve sempre ser mantida em um equilíbrio precário. Tanto no riso quanto no choro, este equilíbrio é perturbado. O controle que o indivíduo, normalmente, tem sobre seu corpo colapsa, de fato, o indivíduo desaba *de* rir ou chorar. Por um instante, ao menos, ele não mais *tem*, mas *é* o seu próprio corpo (na terminologia de Scheler). Contudo, não é o seu corpo, mas *ele* quem ri ou chora, e ele ri ou chora *por algo*. Em outras palavras, mesmo quando vítima deste colapso em uma condição corporalmente involuntária e incontrolável, o indivíduo conserva intencionalidade: Se perguntado, ele poderá dizer por que – isto é, sobre o que – ele está rindo ou chorando. O próprio colapso revela o homem como um "ser duplo", não apenas corporificado, mas também, de alguma maneira, existindo além dessa corporificação (embora deve-se ressaltar que Plessner, assim como Scheler, cuidadosamente se distancia de uma antropologia dualista, que colocaria a mente ou a alma em oposição ao corpo).

A categoria fundamental de Plessner para descrever esse aspecto peculiar da natureza humana é a "condição excêntrica"

---

4. SCHELER, M. *Die Stellung des Menschen im Kosmos*. Munique: Nymphenburger Verlagshandlung, (1928) 1949.

(*exzentrische Position*) do homem. O homem é "excêntrico" (*descentrado* talvez seja um termo melhor em inglês), porque o seu corpo é vivenciado tanto como uma *condição* quanto como um *objeto*. Normalmente, um indivíduo controla seu corpo e o utiliza não somente como um instrumento físico, mas também como um meio de expressão. Desse modo, as mãos, por exemplo, podem ser usadas para operar uma ferramenta ou uma arma, ou para realizar gestos que assinalam raiva, desejo, conciliação, ou o que se quiser. Os dois tipos de uso pressupõem consciência: o indivíduo, em qualquer dos usos de suas mãos, sabe o que ele está fazendo. Tal conhecimento cria uma distância entre ele próprio e as suas ações corporais. Essa distância constitui a sua excentricidade. Um animal não possui consciência e, portanto, não há o distanciamento; em comparação com o homem, ele é centrado. No riso e no choro, o controle habitual do homem sobre os usos do seu corpo é perdido. Ele "cai" no riso ou no choro. Mas isso ainda é muito diferente de um animal, que não pode cair em um estado corporal, porque ele nunca esteve fora dele, em primeiro lugar. E, ao contrário de um animal, um indivíduo humano sabe que ele está rindo ou chorando e, mais importante, ele pode dizer por que o está fazendo.

Plessner faz uma distinção importante entre o riso verdadeiro e o riso puramente reativo (como quando uma pessoa sente cócegas ou aspira gás do riso). O riso verdadeiro é *sobre* algo, o riso reativo não. Além disso, o riso verdadeiro está muito próximo do jogo, de fato, ele sempre tem um certo ar de brincadeira. O riso verdadeiro de Plessner, contudo, não é idêntico ao riso cômico de Swabey. Assim, pode-se rir por pura alegria ou alívio, e este será um riso verdadeiro na medida em que se pode, claramente, dizer por que se está rindo ("Porque estou muito aliviado com diagnóstico que acabei de receber do meu médico"). Nenhuma das explicações se relaciona com o cômico. Ainda assim, o riso cômico é uma forma muito importante de riso verdadeiro e, certamente, a de maior relevância aqui.

Plessner concorda com Bergson que o cômico sempre tem um referente humano. Se rimos dos animais ou de objetos inanimados, é porque eles nos lembram seres humanos. Plessner também concorda com o que tem sido, como mostrado antes, uma ideia permanente nos escritos dos filósofos modernos sobre o cômico – isto é, que o cômico se refere, essencialmente, à incongruência. Plessner acrescenta a noção de que a excentricidade do homem é a característica que permite a ele tanto perceber o cômico, como também ser objeto da percepção cômica. Somente o ser humano pertence a diferentes níveis de existência, e essa experiência múltipla da realidade é a base da percepção cômica. Este é um fato antropológico fundamental, que não pode ser reduzido a esta ou aquela situação histórica. Portanto, o cômico, enquanto tal, não é um fenômeno social, embora certamente os conteúdos e as ocasiões da percepção cômica variem socialmente em enorme grau: o que é engraçado de um lado dos Pirineus, não o é, absolutamente, do outro (parafraseando Pascal com ironia, literalmente). Posto de outra maneira, o objeto do riso e os momentos apropriados para rir são socialmente relativos, mas a incongruência subjacente à experiência cômica se funda em uma realidade antropológica que transcende todas as variações sociais. Como tal, por certo, ele é universal (ou, caso se prefira, uma constante transcultural).

A posição excêntrica do ser humano o permite perceber o mundo, ao mesmo tempo, limitado e aberto, familiar e estranho, expressivo e sem sentido. Poderíamos afirmar que Plessner inclui o cômico no que Scheler denominou de "a abertura para o mundo" distintiva do homem. Além disso, tanto o riso quanto o choro colocam o indivíduo em situações marginais ou fronteiriças (*Grenzlagen*), nas quais o equilíbrio habitual da sua existência é perturbado. Porém, essas situações não são, de maneira nenhuma, raras ou extraordinárias. A ocorrência comum, corriqueira, desses fenômenos expõe o homem como um ser, essencialmente, marginal.

Plessner escreveu um ensaio curto e elegante sobre o sorriso, em complemento à obra maior sobre o riso e o choro[5]. Ele enfatiza a diferença entre o sorriso e o riso, apesar do fato de que, em várias línguas (embora não em inglês), os dois estejam etimologicamente relacionados (*subridere* em latim e *sourire* em francês, com termos cognatos em outras línguas românicas, todas denotando um "sub-riso"; *laecheln* em alemão, que significa "pequeno riso"). Se Plessner estiver correto, essa etimologia é enganosa: O sorriso não é uma subcategoria do riso, embora relacionado a ele, e, tal como com o riso, pode-se distinguir o sorriso cômico de outras formas do fenômeno. A diferença fundamental é que, diferentemente do riso, o sorriso é uma expressão *controlada*; não há nenhum "colapso": "No riso e no choro, o homem é vítima de seu espírito, ao sorrir ele o expressa"[6]. O sorriso, mesmo em meio à vergonha ou à tristeza, indica que um indivíduo, de algum modo, permanece acima das circunstâncias, "como se ele levasse o beijo de uma deusa na testa". Assim, ainda que de maneiras muito diferentes, se não opostas, tanto o riso quanto o sorriso revelam atributos essenciais da humanidade. E, certamente, ambos podem ser respostas à experiência do cômico.

No curso da evolução, quando o homem riu ou sorriu pela primeira vez? Podemos supor que tenha sido no momento em

---

5. PLESSNER, H. "Das Laecheln". In: *Philosophische Anthropologie*, p. 175ss.
6. Ibid., p. 185 [trad. minha].

que o homem, inicialmente, emergiu como homem. Somos tentados a insistir na ideia e fantasiar: Essa criatura, ainda bastante parecida com um símio, rindo descontroladamente, talvez porque um dos seus semelhantes sofreu uma queda espetacular. Esse momento, infelizmente, não é recuperável. Mas, talvez, ele possa ser vislumbrado, com base na teoria de que o processo evolutivo é, de algum modo, replicado no desenvolvimento de cada indivíduo. A primeira vez que uma criança sorri ou ri é, certamente, uma experiência muito comum – geralmente, para o imenso deleite dos pais da criança. O riso das crianças tem sido estudado detalhadamente por psicólogos, e é de algum interesse para a compreensão do tema deste livro[7].

O sorriso de uma criança é um sinal essencial da interação social. É um gatilho (um *Ausloeser*, de Lorenz) para a resposta parental, a primeira forma de diálogo entre a criança e os adultos responsáveis por ela. No início, ela não diferencia os indivíduos a quem dirige o sorriso, indicando contentamento, da mesma forma que o grito infantil expressa desconforto. Logo, no entanto, o sorriso designa o reconhecimento de indivíduos específicos, mais comumente, é claro, da mãe. Normalmente, ele é uma resposta visual, embora recém-nascidos cegos sorriam ao ouvir uma voz familiar. O desenvolvimento do riso é posterior e carrega significados bastante diferentes. Ele é um sintoma de alívio, da tensão ou do medo superados. No desenvolvimento psicológico da criança há uma progressão gradual do primeiro sorriso ao sorriso de constrangimento, o riso de alegria, o riso em uma situação cômica, o riso em grupo, o riso agressivo para

---

[7]. GREIG, J.Y.T. *The Psychology of Laughter and Comedy*. Nova York: Cooper Square, (1923) 1969, passim. • McGHEE, P. "Human Development: Toward a Life Span Approach". In: McGHEE, P. & GOLDSTEIN, J. (eds.). *Handbook of Humor Research*. Vol. 1. Nova York: Springer, 1983, p. 190ss. • LEMPP, R. "Das Lachen des Kindes". In: VOGEL, T. (ed.). *Vom Lachen*. Tübingen: Attempto, 1992, p. 79ss.

alguém estranho e, finalmente (um clímax algo deprimente), o riso de *Schadenfreude*. A cronologia dessa progressão foi, exaustivamente, estudada por psicólogos e não precisa ser motivo de preocupação aqui. O que é relevante, contudo, é que, a cada etapa, o riso exprime uma experiência de alívio (*Entlastung*), tanto físico quanto psicológico.

Há um consenso generalizado entre os psicólogos infantis de que essa experiência de alívio é a principal causa do riso cômico. Transculturalmente, ao que parece, as crianças pequenas reagem rindo a duas brincadeiras que os adultos fazem com elas quase instintivamente: o pique-esconde e a caixa de surpresa (esta última, na verdade, um aprimoramento do primeiro, por meio de um dispositivo mecânico). O efeito do pique-esconde é primitivo. O adulto olha para a criança, geralmente sorrindo, depois se esconde por alguns segundos, e daí reaparece. A caixa de surpresas segue a mesma sequência. A criança está aflita pelo sumiço do rosto familiar, aliviada por seu reaparecimento. A resposta é o riso. A percepção do tempo é importante. Se o desaparecimento durar muito, a criança ficará ansiosa e começará a chorar, e o reaparecimento, nesse caso, não vai desencadear o riso; a criança deverá ser confortada, consolada. Em outras palavras, o ato do desaparecimento deve permanecer dentro dos limites da brincadeira; o caráter lúdico se perde se o ato é alongado demais; ele deixa, então, de ser cômico e se torna sério. A fórmula é, mais ou menos, assim: prazer/uma interrupção do prazer/ansiedade crescente/alívio catártico. Um psicólogo, escrevendo na década de 1920, talvez na primeira onda de excitamento freudiano, chegou até a comparar essa experiência cômica primitiva com um orgasmo[8].

---

8. O supracitado J.Y.T. Greig – autor cujo gênero permanece indefinido – foi escrivão da Armstrong College na Universidade de Durham. É tentador imaginar como a sua hipótese terá sido recebida em uma universidade britânica provinciana, nos anos de 1920.

Seja como for, a brincadeira do pique-esconde é apenas o começo, embora ela sugira muito a respeito da psicologia do que vem depois. Um verdadeiro sentido do cômico, na criança, depende da sua internalização da realidade dos adultos. As categorias de Schutz, empregadas anteriormente, podem ser úteis mais uma vez. No mundo de um adulto há uma clara demarcação entre o que Schutz denomina de a realidade suprema – a realidade da vida concreta, cotidiana, que se compartilha com a maioria das pessoas, a maior parte do tempo – e as províncias finitas de significado (que incluem os mundos do sonho e da fantasia), para as quais ele escapa periodicamente. No mundo infantil, essas linhas de demarcação são muito mais fluidas. Os sonhos e as fantasias se misturam com o mundo real, entrelaçando-se a ele. Dito de outra maneira, a criança não pode, ainda, diferenciar os vários níveis da existência e, portanto, não consegue compreender a incongruência entre eles – aquela incongruência que é constitutiva da experiência cômica. À medida que a criança começa a vivenciar esses níveis, a verdadeira experiência cômica se torna possível. O teatro de marionetes, muito querido pelas crianças onde ele existe, é uma boa ilustração disso. De um modo fisicamente óbvio, os eventos retratados nele são separados da vida real. O que acontece lá seria realmente muito assustador, se fosse na vida real – os bonecos golpeiam a cabeça uns dos outros, dizem coisas terríveis uns aos outros, até desaparecem no nada. Esse mundo da fantasia possui um certo aspecto de realidade (precisamente, a realidade fugidia de uma província finita de significado), e a criança que o assiste experimenta um *frisson* de ansiedade. Mas a realidade das marionetes é, de fato, finita, a ansiedade é controlada por este conhecimento, e há um alívio da ansiedade real pelo próprio fato desta limitação. A transição de um nível de existência para outro é percebida como incongruente e, *ipso facto*, cômica. Pode ser facilmente observado que algumas crianças são muito novas para isso: Elas não compreendem que os acontecimentos do teatro de marionetes não devem ser levados a sério, elas ficam *realmente* assustadas e, ao invés de rir, elas choram. Muito provavelmente, as crianças se diferenciam, individualmente, quanto à cronologia desse desenvolvimento. A maioria dos psicólogos parece concordar que, na maioria das crianças, um sentido plenamente formado do cômico se estabelece aos cinco ou seis anos de idade, quando as crianças conseguem, elas mesmas, fazer piadas e divertir-se com isso[9]. Embora esse desenvolvimento ocorra espontaneamente, parece que as crianças também podem ser educadas para a compreensão cômica. Pais com um agudo senso de humor podem, obviamente, incentivar os seus filhos a adquiri-lo. Às vezes, este incentivo pode ser irritante para os outros, presos na armadilha dessa família de comediantes tão motivados. Alguém poderá facilmente se lembrar de situações nas quais teve que sentar-se para assistir, digamos, uma criança de seis anos contar, indefinidamente, uma série de piadas infantis, para o aplauso incondicional dos seus pais orgulhosos.

Um psicólogo estabeleceu a distinção entre o que ele chama de riso "sociopositivo" e riso "socionegativo"[10]. Há o riso inofensivo, que estimula a solidariedade em um grupo, e o riso malicioso,

---

9. Eu me sinto constrangido, contudo, a relatar o que se segue (embora me pareça apropriado que essa vanglória de avô deva ser mantida fora do texto e modestamente confinada a uma nota de rodapé): Quando minha neta Diya tinha três anos de idade, ela fez a sua primeira piada totalmente genuína. Ela estava descendo as escadas, orgulhosamente exibindo um vestido novo. Seu pai lhe disse: "Olá, minha bela!" Ela sorriu (ela sabia o que estava fazendo) e respondeu: "Olá, minha fera!"
10. LEMPP. "Das Lachen des Kindes".

à custa de alguém que é, assim, ao menos momentaneamente, excluído do grupo. A criança progride do primeiro para o segundo tipo. Talvez, a inabilidade inicial da criança para se engajar no humor malicioso seja uma das razões pelas quais a infância é chamada de inocente. De qualquer maneira, para o bem ou para o mal, o riso cômico pode ser de ambos os tipos. O mesmo psicólogo sugeriu que é possível preservar a capacidade de riso inocente na vida adulta, e que isso pode ser de grande ajuda para satisfazer às exigências da vida. A sabedoria popular, há muito tempo, sustenta que essa capacidade (mais ou menos, o que é geralmente chamado de senso de humor) é benéfica para a saúde. Como será discutido brevemente, há alguma evidência corroborando esta visão.

Deixando de lado a fisiologia do riso e o desenvolvimento biográfico do senso cômico, a principal questão psicológica diz respeito aos *usos* da experiência cômica. Em outras palavras, a questão se refere às *funções* psicológicas da experiência cômica. No que se segue, a categorização empregada é aquela sugerida por Avner Ziv, um psicólogo israelense que conseguiu escrever sobre este tema de uma maneira lúcida e, de fato, espirituosa, que evita o estilo esotérico do qual muitos dos seus colegas psicólogos são dependentes[11].

Ziv começa a sua lista com a função agressiva (destarte em respeito a uma tradição de interpretação do cômico, que vai de Platão a Hobbes na filosofia ocidental, como foi indicado anteriormente). A psicologia moderna sugere que essa visão austera

---

11. ZIV, A. *Personality and Sense of Humor*. Nova York: Springer, 1984. No decorrer do livro, faço uso extensivo do argumento de Ziv. Citando, mais uma vez, o lendário Rabino Meir de Vilna: "Se encontrar alguma coisa boa, não se envergonhe de aproveitá-la!"

não é totalmente falsa[12]. Ziv cita Stephen Leacock: "O selvagem que quebrou a cabeça do seu inimigo com um machado e gritou, 'Ha, ha' foi o primeiro humorista". Experiências que buscam demonstrar do que as pessoas riem, de fato, revelam que uma ocasião comum para o riso cômico se relaciona com o desprezo, a humilhação e a ridicularização de um indivíduo ou de um grupo inteiro de pessoas. Claro, este é o caso, principalmente, da ironia e da sátira, as formas mais agressivas de humor, mas a hostilidade também está presente em outras formas da experiência cômica. Dito de maneira simples, o humor pode ser usado como uma arma. Ziv faz referência a uma velha instituição árabe, o *hidja*. Ela data dos tempos tribais e se refere à prática de recitar poesias satíricas, humilhando o inimigo na véspera da batalha. Mas essa forma de humor não é exclusiva dos guerreiros beduínos.

O uso agressivo do humor pode variar desde as agressões físicas comicamente definidas (brincadeiras, pegadinhas), as representações visuais (como a caricatura), até os atos verbais, que vão em uma escala desde uma observação sarcástica *ad hoc* a uma peça de Aristófanes. O seu protótipo verbal é a piada humilhante. O objetivo pode ser humilhar a um grupo, uma instituição, um sistema de crenças. Uma versão clássica disso (embora moralmente repreensível) é o que, na América, se denomina de piada polaca, ridicularizando este grupo étnico como sendo, supostamente, imbecil. Há variantes transculturais – piadas frísias na Alemanha, piadas belgas na França, piadas irlandesas na In-

---

12. Ibid., p. 4ss. • GRUNER, C.R. *Understanding Laughter*. Chicago: Nelson Hall, 1978. • LA FAVE, L. et al. "Superiority, Enhanced Self-Steem, and Perceived Incongruity". In: CHAPMAN, A. & FOOT, H. (eds.). *Humor and Laughter:* Theory, Research and Applications. Londres: Wiley, 1976, p. 63ss. • ZILLMAN, D. "Disparagement Humor". In: McGHEE & GOLDSTEIN. *Handbook*. Vol. 1, p. 85ss.

glaterra, piadas sobre os Newfie no Canadá (referindo-se aos habitantes de Terra Nova), piadas portuguesas no Brasil, piadas *Van der Merwe* contadas por sul-africanos de fala inglesa (referindo-se aos seus compatriotas de fala africana). Esta não é uma lista completa. A inclinação para a malícia etnocêntrica é, claramente, universal. Outros tipos de piadas depreciam um grupo por supostos traços, além da imbecilidade – cobiça, preguiça, promiscuidade sexual, frigidez sexual e assim por diante. Exemplos desses casos seriam, respectivamente, piadas dirigidas contra judeus, afro-americanos, porto-riquenhos, BASPs. Um ponto a ser destacado é que, por mais deploráveis que os sentimentos expressados nessas piadas possam ser, de um ponto de vista moral, eles podem, não obstante, ser considerados engraçados; na verdade, o próprio fato de que essas piadas possam ser julgadas moralmente ofensivas pode aumentar o seu encanto, como um prazer proibido. Nenhum propósito útil seria alcançado dando exemplos desta variedade de humor agressivo aqui (os leitores não terão nenhuma dificuldade, coitados, em relembrar exemplos da sua própria experiência). Ao invés disso, as piadas que expressam agressividade, sem conotação étnica, podem servir de ilustração.

Categorias profissionais com *status* elevado – como advogados e psiquiatras, na América – são alvos preferidos da agressividade cômica:

> Foi anunciado pelo Instituto Nacional de Saúde que, no futuro, os advogados substituirão os ratos nas experiências conduzidas sob os auspícios do INS. Isso tem três vantagens. Uma: Há mais deles. Duas: Não há nenhum risco de que alguém se afeiçoe a eles. E três: Há coisas que os ratos não farão[13].

---

13. Dizem as más línguas, em Washington, que esta era uma das piadas favoritas do Presidente Ronald Reagan.

> Em um edifício com vários consultórios de psiquiatras, dois deles frequentemente se encontram no elevador, chegando ou saindo. Uma noite, eles desciam juntos e um deles diz para o outro: Tem uma pergunta que eu quero lhe fazer há muito tempo. Há uma coisa que eu não compreendo. No final do dia, eu estou completamente exausto, desgrenhado; eu mal consigo sair do consultório. Você, por outro lado, parece tão bem-disposto e animado como quando você chega pela manhã. Eu não entendo. Na nossa profissão, em que se tem de escutar, todos os dias, essas histórias terríveis. [...] Ao que o outro psiquiatra responde: Quem escuta?!

Agressividade contra instituições (essa vem da Itália, onde, provavelmente por força de uma longa familiaridade, o respeito pela Igreja Católica Romana e seus dignitários não é muito grande, há muito tempo):

> Isso aconteceu por volta da virada do século, quando os padrões morais estavam ainda bastante intactos. Uma jovem mulher solteira, pouco antes de entrar em trabalho de parto, disse ao médico de plantão: "Por favor, você precisa me ajudar. Se eu voltar para casa, na minha aldeia, com esta criança, meu pai vai me matar".
>
> O médico disse a ela para não se preocupar. No mesmo hospital, o arcebispo de Bolonha estava passando por uma apendicectomia. Quando ele acordou da anestesia, o médico se sentou ao seu lado e lhe disse: "Sua eminência, aconteceu um milagre. Você deu à luz a um filho". O arcebispo se choca, e nega a possibilidade. O médico insiste, dizendo que o arcebispo, como príncipe da Igreja, não pode negar a possibilidade de milagres. Finalmente, o arcebispo se rende e aceita a criança.
>
> A criança cresce no palácio do arcebispo e se torna um rapaz robusto. No seu aniversário de dezoito anos, o

arcebispo o chama e diz a ele o seguinte: "Meu filho, hoje você atingiu a maioridade e chegou o momento de você saber sobre as suas origens. Você cresceu acreditando que eu era o seu pai. Isso é uma mentira. Eu sou sua mãe. O seu pai é o arcebispo de Pisa".

Agressividade contra um sistema de crenças: Por exemplo, na União Soviética, circulava um gênero de piadas chamado "Questões à Rádio Yerevan", supostamente respondendo perguntas dirigidas a uma estação de rádio fictícia, na Armênia soviética. As piadas, inteligentemente, atacavam as bases da ideologia comunista.

Pergunta: *O que é o capitalismo?*

Resposta: *A exploração do homem pelo homem.*

Pergunta: *O que é o comunismo?*

Resposta: *O inverso.*

Pergunta: *Sabemos que o regime czarista era muito ruim. Como é possível que ele fosse mais popular do que o governo soviético?*

Resposta: *Ele governava menos.*

Ou, por exemplo, este ataque americano contra um sistema de crença religiosa tipicamente americano:

Um padre católico, um rabino e um praticante da Ciência Cristã se encontram no inferno. Eles se perguntam como chegaram lá. O padre católico diz: "Bem, era tarde, numa noite fria de inverno. A minha governanta me trouxe uma xícara de chá e um lanche. Eu não pude resistir à tentação, agarrei-a luxuriosamente – e, então, houve um estrondo e aqui estou". O rabino disse: "Eu estava em uma festa. Na mesa do bufê, eu vi sanduíches de presunto deliciosos. Eu não pude resistir à tentação. Eu peguei um dos sanduíches, ouvi um estrondo e aqui estou". O praticante da Ciência Cristã diz, "Eu não estou aqui".

Dependendo de quem conta essas piadas, podem haver sentimentos de inferioridade ou ressentimento, que são descarregados rebaixando as pessoas e as instituições responsáveis por eles. Mas, independentemente de quem conte as piadas, há o efeito hobbesiano do sentimento de superioridade em relação àqueles que são alvo das piadas, a degustação de um momento de triunfo. Mas há também uma evasão (na linguagem freudiana, sublimação) do tabu contra as ações agressivas, um tabu que, de uma maneira ou de outra, necessariamente existe em toda sociedade humana. Em outras palavras, leva-se um golpe verbal, antes que de um golpe físico. Este é, quase sempre, o caminho menos arriscado, e não apenas em regimes repressivos.

Se o tabu contra a agressão é um dos pilares de qualquer ordem social, outro, igualmente importante, é o tabu contra a sexualidade ilícita. E se o humor é usado, subliminarmente, para evadir o primeiro, é igualmente funcional para burlar o último[14]. É claro, foi pensando na sexualidade que Freud criou o conceito de sublimação, em primeiro lugar. Ele ocupa um importante lugar no que se poderia chamar de modelo hidráulico da psique, elaborado por Freud – um sistema invisível de bombas, impulsos libidinais reprimidos sendo bombeados para baixo, emergindo novamente em formas estranhamente distorcidas. Não é necessário dizer que não temos que aceitar este modelo psicológico, na sua inteireza, para achar úteis algumas ideias brilhantes de Freud. A sua obra mais relevante, para o

---

14. ZIV. *Personality*, p. 15ss.

presente estudo, é o longo ensaio *Os chistes e sua relação com o inconsciente*, publicado pela primeira vez em 1905[15].

Há, na verdade, muito pouco sobre sexualidade nessa obra, a menos que se conheça o contexto freudiano mais amplo. (Há, se podemos dizê-lo, pouco interesse de compensação sexual.) O objetivo principal da obra é um desdobramento da descoberta de Freud, inicialmente surpreendente, da semelhança entre as piadas e os sonhos. Ela foi escrita alguns anos depois da publicação de *A interpretação dos sonhos*, uma das obras seminais na emergente definição da psicanálise. A teoria de Freud sobre o humor é, essencialmente, uma extensão da sua teoria dos sonhos.

O humor é concebido por Freud como uma subcategoria do cômico (sobre o qual ele tem poucas coisas originais a dizer). Caracteriza-se por uma abordagem lúdica da realidade, pela descoberta de semelhanças e conexões ocultas, por aproximar o que normalmente é separado e por dar sentido ao que, geralmente, é percebido como absurdo. Exceto o elemento da ludicidade, todas essas qualidades são tão características dos sonhos quanto do exercício do humor. E ambos, os sonhos e as piadas, são marcados também por uma grande economia de esforço, pela contração e pela brevidade. Nesse sentido, Freud cita uma famosa frase de Apolônio, de Shakespeare (*Hamlet*, II: 2): "A brevidade é a alma do humor". Tanto nos sonhos quanto nas piadas, todas essas características em comum servem a uma função psicológica básica: os pensamentos reprimidos são empurrados para o inconsciente, do qual eles ressurgem sob vários

---

15. FREUD, S. "Wit and Its Relation to the Unconscious". In: BRILL, A.A. (trad./ed.). *The Basic Writings of Sigmund Freud*. Nova York: Modern Library, (1905) 1938, p. 633ss. *Wit* é a tradução de Brill do alemão *Witz*. A palavra alemã pode significar, igualmente, humor ou piada. Outros tradutores ingleses deram o título, à obra de Freud, de "Jokes and Their Relation to the Unconscious". As duas traduções fazem justiça à intenção de Freud. A piada é a forma mais sucinta de humor.

disfarces. Este ressurgimento disfarçado é, por certo, aquilo a que o conceito de sublimação se refere. Aplicado ao humor, poderíamos apropriadamente chamá-lo de uma psicologia expandida do jogo da caixa de surpresa. A sua técnica fundamental Freud nomeia de "condensação com formação substitutiva". Há, caracteristicamente, ambiguidade, duplo significado e jogo de palavras. Um dos exemplos de Freud se refere ao, então recente, caso Dreyfus, na França: "Essa garota me lembra a Dreyfus. O exército não acredita na sua inocência". (Essa piada, certamente, exemplifica tanto a "condensação" quanto a "formação substitutiva". É menos claro o que foi reprimido aqui.) Há uma preponderância de piadas judaicas nos exemplos de Freud. Isso pode ser diretamente associado à sua condição social. Isso também levou a especulações sobre a relação ambígua de Freud com o judaísmo e com a cultura judaica, mas esse é um tema que não pode ser desenvolvido aqui[16].

Na perspectiva freudiana, o mecanismo psicológico subjacente, tanto nos sonhos quanto nas piadas, é a gratificação ou a realização de desejo substitutivas: "O humor nos proporciona os meios para superar restrições e acessar fontes de prazer, de outro modo, inacessíveis"[17]. Mais uma vez, sem necessariamente acolher todo o esquema freudiano, isso é claramente correto em relação a muitas, se não todas, as piadas sexuais. A sexualidade tem um lado obscuro, ameaçador. Na piada sexual, essa ameaça é neutralizada, se torna inofensiva. Considere-se os medos análogos da impotência e da frigidez (as duas primeiras piadas são contadas por Ziv):

---

16. Cf. CUDDIHY, J.M. *The Ordeal of Civility*. Nova York: Basic Books, 1974. Cuddihy argumenta que, o que Freud realmente estava afirmando (e reprimiu!), era o conflito entre a civilidade moderna e o Yiddishkeit, ou a cultura judaica, resumido na fórmula lapidar "o id é o yid". Talvez. *Se non e vero...*
17. FREUD. "Wit and Its Relation", p. 698.

Um homem pergunta para a mulher com quem ele acaba de fazer amor: Você já se perguntou como é esta experiência para um homem?

A mulher: Você já?

Um homem, na mesma circunstância: Eu machuquei você?

A mulher: Por que a pergunta?

O homem: Você se mexeu.

Ou o medo da homossexualidade:

Um urso ataca um caçador no bosque. O caçador atira e erra. O urso quebra o seu rifle em dois, sodomiza o caçador, depois vai embora. O caçador está furioso. No dia seguinte, ele está de volta ao bosque, com um novo rifle. Novamente, o urso ataca, de novo o caçador erra, mais uma vez ele é sodomizado. O caçador, agora, está fora de si. Ele vai capturar esse urso, nem que seja a última coisa que ele faça. Ele pega um fuzil de assalto AK-47, e volta para o bosque. Novamente, o urso ataca e, acreditem ou não, outra vez o caçador erra. O urso quebra o fuzil, gentilmente abraça o caçador com as suas patas e diz: "Ok, diga a verdade agora. Não se trata realmente de caçar, não é?"

Ou o medo da perda da potência sexual com o envelhecimento:

Um homem velho está fazendo uma caminhada quando se depara com um sapo. O sapo se dirige a ele: "Este é o seu dia de sorte. Eu sou um sapo falante e fui mandado aqui especialmente para você. Basta uma ordem sua, eu me transformarei em uma bela mulher e farei tudo o que você quiser".

O homem pega o sapo, o coloca no bolso e continua a sua caminhada.

Depois de algum tempo, o sapo fica inquieto: "Ei, você aí. Não ouviu o que eu disse?"

O velho diz: "Sim, eu te ouvi. Mas eu acho que, na minha idade, ao invés de uma bela mulher, eu prefiro ter um sapo falante".

O humor pode ser empregado como uma forma de rebeldia contra a autoridade. A maioria das piadas políticas tem esta função. Mas Freud argumenta que há uma rebelião mais profunda; aquela contra a razão. Ela implica uma espécie de infantilização, um retorno ao que Freud chama de o "velho domicílio" da infância, no qual os desejos se tornam magicamente reais e a brincadeira (incluindo o jogo de palavras) constitui grande parte da vida. Brincar é, de certa maneira, tornar-se novamente criança por alguns instantes e isto é, em si mesmo, uma fonte de prazer.

Por suas próprias razões teóricas, Freud estabelece uma distinção clara entre o cômico (que se "encontra") e o humor (que se "produz"). Esta é uma distinção útil. Mas Freud também afirma que "O humor é... a contribuição da esfera do inconsciente para o cômico"[18]. Esta é uma formulação muito mais ambígua. Em todo caso, Freud contribui para uma teoria do cômico. A sua descoberta dos paralelismos entre os sonhos e as piadas pode ser, muito facilmente, separada do seu modelo hidráulico e, inclusive, da sua teoria do inconsciente. Isso se encaixa, perfeitamente, à compreensão de Schutz dos sonhos e do humor como províncias finitas de significado. O humor cria uma realidade separada, iluminada por poderes mágicos, com as suas

---

18. Ibid., p. 782.

próprias regras, algumas das quais Freud identificou corretamente. E, ainda que não estejamos convencidos de que todas as piadas (ou sonhos, aliás) expressam uma realização de desejo, muitas, de fato, sublimam anseios, incluindo os sexuais, que são normalmente frustrados pela sociedade.

Assim, temos o que Avner Ziv denomina de função social do cômico[19]. Isso envolve muitas questões de institucionalização macrossocial (tais como a comédia, o carnaval, os bobos da corte, os palhaços de circo). Elas serão tratadas no próximo capítulo e podem ser deixadas de lado por ora. Mas os psicólogos estudaram, principalmente, a dinâmica microssocial do humor – isto é, o modo como o humor opera em pequenos grupos – e isso deve ser analisado aqui.

Como já mencionado, o sorriso e o riso desempenham um papel crucial na primeira socialização. Eles continuam a exercer um importante papel nas relações sociais adultas, sinalizando tipicamente a cordialidade, o relaxamento, a solidariedade. Mais especificamente, a evocação do riso cômico é um meio comum através do qual os indivíduos buscam aceitação pelos outros. A maioria dos indivíduos faz isso em um momento ou outro. Há também o personagem específico do palhaço ou do comediante do grupo, um indivíduo a quem foi atribuída, explícita ou tacitamente, a tarefa de fazer todos rirem. Às vezes, essa atribuição é buscada deliberadamente, às vezes ela é infligida sem o consentimento ou mesmo contra a vontade do indivíduo. Esse personagem é quase universal, nos mais variados grupos e em diferentes culturas. O humor funciona de maneira sociopositiva,

---

19. ZIV. *Personality*, p. 26ss. • CHAPMAN, A. "Social Aspects of Humorous Laughter". In: CHAPMAN & FOOT. *Humor and Laughter*, p. 155ss. • CHAPMAN, A. "Humor and Laughter in Social Interaction". In: McGHEE & GOLDSTEIN. *Handbook*. Vol. 1, p. 135ss.

aumentando a coesão do grupo. A fórmula aqui funciona, mais ou menos, assim: Aqueles que riem juntos, permanecem juntos. Um recém-chegado, em qualquer grupo, é aconselhado a descobrir, rapidamente, do que as pessoas neste grupo riem – e, tão importante quanto, quais os temas são considerados inadequados para fazer graça. Quase inevitavelmente, contudo, o humor também possui aspectos socionegativos. Ele demarca as fronteiras do grupo e, *ipso facto*, define o outro.

Essa função do humor, de demarcar fronteiras, se torna muito clara no caso das chamadas piadas internas. Considere-se as duas seguintes variantes de um recente gênero de piadas intelectuais americanas:

> O que acontece quando você cruza um Unitarista com uma Testemunha de Jeová?
>
> Uma pessoa que vai de casa em casa, e não sabe por quê.
>
> O que acontece quando você cruza um mafioso com um desconstrucionista?
>
> Alguém que te faz uma oferta que você não consegue entender.

Tente contar a primeira piada para alguém sem qualquer conhecimento da religião norte-americana, a segunda para alguém que não seja familiarizado com a teoria literária pós-moderna. Outro exemplo:

> Um colega judeu estava de férias no Oeste, conheceu essa garota aborígene americana, se apaixonou, casou com ela e a levou de volta para Nova York. Depois de um ano, ela volta para casa, de visita.
>
> "Você está feliz?", seus amigos perguntam. "Oh, sim, muito feliz."

"Ele está tratando você bem?"

"Oh, sim, ele é ótimo."

"E a família dele? Nos disseram que os judeus não gostam muito que seus filhos se casem com estranhos. Como a família dele se sente ao ver o seu filho casado com uma garota aborígene?"

"Oh, bem. Eles têm sido maravilhosos comigo. Eles inclusive me deram um novo nome. Eles me chamam Sentada Shiva."

Para achar essa piada engraçada, é preciso conhecer o ritual de luto judaico, sentar *shiva* (ou shive), e, em um salto para a cultura americana nativa, associá-lo ao histórico guerreiro chefe, Touro Sentado. Tente contar essa piada a algum visitante alemão, inclusive um que fale muito bem o inglês.

O humor pode também ser usado para suavizar as relações hierárquicas. Ziv conta a história de como um supervisor respondeu a um funcionário que, mais uma vez, faltou ao trabalho: "Não esqueça que a sua avó já morreu duas vezes". Essas manobras jocosas são, hoje em dia, recomendadas muito seriamente como "ferramentas administrativas". Mas o humor também pode ser usado (de maneira socionegativa) como um instrumento de controle social dentro de um grupo. Aqui, o indivíduo que diverge das ou não corresponde às normas do grupo é exposto ao ridículo. Este uso menos amigável do cômico é comum nas oficinas de treinamento executivo japonesas, elemento importante da iniciação sádica pela qual esta instituição se tornou conhecida.

Há também o que Ziv chama de função defensiva do humor[20]. Esta não é, na verdade, uma categoria separada. Ela é

---

20. ZIV. *Personality*, p. 44ss.

outra variante de sublimação, já discutida em termos de reduzir a ansiedade causada pela agressividade e pela sexualidade. Porém, mais genericamente, o humor pode ajudar a controlar medos relacionados a qualquer ameaça, não importa qual seja o caso. Ziv descreve uma experiência que ele conduziu com crianças pequenas. Eram mostrados a elas dois vídeos curtos, um bastante inofensivo, fofinho, o outro bastante assustador. Aos vídeos seguia-se um período de brincadeiras, depois do qual era dito às crianças que, antes de irem para casa, elas poderiam ver um dos dois vídeos outra vez. A grande maioria das crianças escolheu o segundo, o vídeo assustador. A experiência, argumenta Ziv convincentemente, evidencia o prazer que, tanto as crianças quanto os adultos, obtêm dos filmes de terror, dos passeios de montanha-russa e de outras experiências que provocam um *frisson* de terror, sem que sejam *realmente* ameaçadoras. O prazer vem do alívio do medo, um alívio que, dadas as circunstâncias, pode ser antecipado com segurança. Contudo, o humor também funciona para conter o medo provocado por eventos que são, de fato, ameaçadores. O humor na guerra, em hospitais e em outras circunstâncias nas quais a morte, ou um ferimento grave, é uma possibilidade real, é um fato bem conhecido. Podem não haver ateus nas trincheiras, como o Cardeal Spellman observou durante a Segunda Guerra Mundial, mas há uma profusão de humoristas.

Um gênero de piadas, que ilustra essa função defensiva, é aquele chamado, de diferentes maneiras, de humor negro, humor macabro, ou piadas mórbidas. Algumas dessas piadas se referem a medos específicos, outras estão relacionadas, mais genericamente, ao medo da morte, como nos dois exemplos seguintes, respectivamente:

Um médico acaba de receber dois laudos de laboratório, de dois dos seus pacientes, um deles diagnosticado com Aids, o outro com Alzheimer. Desafortunadamente, o laboratório esqueceu de colocar os nomes nos laudos, de maneira que o médico não sabe qual é qual. Na mesma hora, a esposa de um dos pacientes telefona. Ela está muito preocupada com o seu marido, quer saber o resultado dos exames. O médico hesita por um momento e diz: "Eis o que sugiro. Mande-o sair para dar uma caminhada. Se ele voltar, não faça amor com ele".

Uma criança: Posso brincar com vovó?

A mãe: Não, eu não vou abrir o caixão pela terceira vez.

As pessoas cujas profissões, regularmente, as confrontam com a morte ou com perigos físicos agudos são, particularmente, inclinadas ao humor macabro. Os agentes funerários são um caso exemplar:

Um agente funerário tinha acabado de arrumar o cadáver para inspeção. Ele chama a viúva e pergunta a ela se o seu marido lhe parece bem.

"Sim, bem", ela diz. "Só uma coisa: Acho que o meu marido deveria vestir o seu terno azul para esta ocasião, o que eu dei para você."

"Sem problema", diz o agente funerário. "Vai demorar só um minuto." E, realmente, apenas um minuto depois, o agente funerário chama a viúva de volta para a sala de inspeção.

"Está tudo bem agora?", ele pergunta.

"Sim, muito bem", diz a viúva. "Mas, me diga, como você pôde trocá-lo tão rapidamente?"

"Oh, isso foi fácil. Apenas troquei as cabeças."

O alívio proporcionado pelo humor defensivo é psicológico. Mas há também evidências no sentido de que o humor está relacionado com a saúde do corpo e que ele ajuda os indivíduos a se recuperarem de uma doença física, como Kant sugeriu na sua discussão sobre o cômico[21]. Nem todo o humor faz isso. Há o riso doentio, muito provavelmente associado ao humor socionegativo. Mas o riso positivo, essencialmente inofensivo, parece estimular a saúde. Assim, descobriu-se que os pacientes internados no hospital se recuperam mais rápido quando eles conseguem ver a sua situação com humor. Uma valorização do cômico parece estar diretamente relacionada com a vontade de viver e com a capacidade de lidar com a doença. Além disso, o humor facilita a interação entre os pacientes e a equipe do hospital, assim como as relações entre os diferentes escalões desta última. Além disso, o humor tem sido usado, deliberadamente, como uma ferramenta terapêutica, especialmente por psicoterapeutas[22]. Isso pode envolver várias formas de brincadeira, mas também a ironia ou a sátira. Estas últimas, argumenta-se, podem favorecer a percepção: o paciente ri e, *ipso facto*, ganha uma nova perspectiva da sua própria condição.

Um psicoterapeuta contou a seguinte história:

> Um dos seus pacientes se queixava sempre da infidelidade flagrante de sua mulher. Regularmente, ela convidava o seu amante para casa, eles faziam amor no sofá da sala, sem se importar se o marido estava em casa ou não, eles inclusive deixavam a porta aberta enquanto faziam isso. O terapeuta vinha sugerindo ao homem que ele deveria

---

21. ROBINSON, V. "Humor and Health". In: McGHEE & GOLDSTEIN. *Handbook*. Vol. 1, p. 109ss.
22. MINDESS, H. "The Use and Abuse of Humor in Psychotherapy". In: CHAPMAN & FOOT. "Humor and Laughter", p. 331ss.

começar a se impor. Então, um dia, o homem chegou para a sua sessão, parecendo muito satisfeito consigo mesmo. "Bem, hoje eu efetivamente segui o seu conselho. Eu realmente me impus."

"O que você fez?"

"Eu insisti para que eles fechassem a porta!"

Nessa hora, o terapeuta perdeu a sua frieza profissional e começou a rir descontroladamente. No primeiro momento, o paciente ficou ofendido, depois começou a rir também. Isso, de acordo com o terapeuta que contou a história, marcou uma virada positiva no curso da terapia.

Nessa história, ver o sentido do humor (de fato, uma piada extraída da vida real) teve um impacto cognitivo. Isso nos leva ao que, no contexto do presente argumento, é a mais interessante das funções listadas por Ziv, aquela que ele denomina de função intelectual[23].

Com cerca de quatro meses de idade, as crianças riem quando sentem cócegas. Com cerca de oito meses, elas riem do jogo de pique-esconde. Com cerca de um ano, elas riem do comportamento inadequado de um adulto, tais como o adulto beber da mamadeira da criança, engatinhar, ou fazer caretas. Cada etapa deste desenvolvimento envolve uma ampliação da capacidade cognitiva, inclusive a primeira. Pois, embora as cócegas sejam, como afirmado anteriormente, um gatilho para um reflexo fisiológico, é digno de nota que, não somente as cócegas devam ser feitas por outra pessoa (não é possível fazer cócegas em si

---

23. ZIV. *Personality*, p. 70ss. • SCHUTZ, T. "A Cognitive-Developmental Analysis of Humor". In: CHAPMAN & FOOT. *Humor and Laughter*, p. IIss. • SALS, J. "Cognitive Processes in Humor Appreciation". In: McGHEE & GOLDSTEIN. *Handbook*. Vol. 1, p. 39ss.

mesmo), mas também que, para a maioria das crianças, essa pessoa deve ser familiar. Mais importante, o fazedor de cócegas deve, com o seu comportamento, indicar que é uma brincadeira, que ele não tem nenhuma intenção agressiva; se a criança estiver realmente assustada, o mesmo movimento de cócegas não será capaz de provocar o riso. Aproximadamente aos dois anos de idade, as crianças se envolverão sozinhas em elaborados jogos de faz de conta, incluindo jogos de palavras e estruturas de incongruência complexas, frequentemente acompanhados de sorrisos e risadas[24]. A cada etapa desta evolução cômica deve haver, quaisquer que sejam os seus diferentes níveis de sofisticação, o ato cognitivo de distinguir o que é faz de conta do que é real. Após a discussão do capítulo anterior, sobre como os filósofos abordaram a experiência cômica, não surpreende que os psicólogos tenham apontado que esse ato cognitivo envolve a percepção da incongruência: "Um dos primeiros sinais da diversão [está] fundado na incongruência. A incongruência é a base para a compreensão dos aspectos intelectuais do humor"[25].

A experiência cômica, já nas crianças pequenas, oferece uma libertação da tirania do princípio de realidade, uma libertação da razão em direção a uma zona particular de liberdade. Freud viu isso muito corretamente. Mas, devido a sua preocupação com os mecanismos do que concebeu como o inconsciente (uma entidade irracional por excelência), ele não foi capaz de reconhecer que a experiência cômica possui uma função cognitiva, ou intelectual, decisivamente importante. Esta função depende da capacidade de pensar em mais de uma dimensão. Ela é, por certo, mais visível na sagacidade, a mais intelectual

---

24. PIAGET, J. *Play, Dreams and Imitation in Childhood*. Londres: Macmillan, 1951, passim.
25. ZIV. *Personality*, p. 71ss.

das formas do humor, mas ela está sempre presente, ao menos potencialmente, em todas as manifestações do cômico. As descobertas psicológicas neste sentido corroboram plenamente a tese filosófica de Marie Collins Swabey.

A contribuição mais interessante para a psicologia cognitiva do humor foi feita por um não psicólogo. Arthur Koestler, mais conhecido por seus brilhantes romances sobre a loucura ideológica do século XX, interessou-se cada vez mais, nos seus últimos anos, pelos processos de descoberta científica e também pela psicologia do pensamento criativo. Toda a primeira parte da sua principal obra sobre este último tema é dedicada ao humor[26]. Ele afirma que três atividades criativas são intimamente relacionadas, encarnadas, respectivamente, no bufão, no sábio e no artista: os atos de criação no humor, na descoberta científica e na arte inovadora. Ele alega, ademais, que as fronteiras entre estas três formas de criatividade são fluidas. A característica comum a todas elas é "a percepção de uma situação ou ideia... em duas estruturas de referência internamente consistentes, mas geralmente incompatíveis"[27]. Isso é exemplificado por duas piadas que ele conta (elas são reformuladas aqui). A primeira também é contada por Freud, em seu ensaio sobre o humor:

> O marquês encontra a sua esposa na cama com um bispo. Ele não diz nada, mas vai até a janela e abençoa as pessoas que passam por ali. Quando sua esposa lhe pergunta o que ele acha que está fazendo, ele responde: "Ele está desempenhando a minha função; eu vou desempenhar a dele"[28].

---

26. KOESTLER, A. *The Act of Creation*. Nova York: Macmillan, 1964, p. 27.
27. Ibid., p. 35.
28. Esta é uma anedota contada por Chamfort, sobre a corte de Luís XIV. As piadas realmente viajam!

A outra piada, por sua vez, zomba da psicanálise freudiana:

Duas senhoras judias estão conversando.

"Meu filho está na psicanálise", diz a primeira. "Parece que ele tem Complexo de Édipo."

Ao que a outra senhora responde: "Ah, Édipo, Shmédipo. O que é mais importante, ele ama a sua mãe."

As duas piadas justapõem estruturas de referência normalmente incompatíveis, no primeiro caso, a lógica da honra marital com a lógica da divisão do trabalho, no segundo, o edifício conceitual da psicanálise com o mundo do senso comum da maternidade judaica.

O termo cunhado por Koestler para o ato cognitivo distintivo envolvido aqui é "bissituação". Ele se refere à capacidade de associar, de aproximar dois (ou mais) aspectos da realidade, até então, dissociados. Em alemão, há duas construções verbais que, apropriadamente, expressam essa façanha: *mitdenken* (pensar com) e *zusammendenken* (pensar junto). Quando esta ação é bem-sucedida, ela promove uma catarse – a experiência de "eureca!" ou, se preferirmos, a experiência do "*aha!*" Esta é a estrutura de qualquer ato criativo, mas especialmente aquele da descoberta intelectual – seja pelo humorista, pelo cientista, ou pelo artista inventivo. Koestler sugere aqui o que Thomas Kuhn, em sua obra sobre as revoluções científicas, nomeou de "mudança de paradigma": a ciência, de fato, progride pela acumulação gradual de dados empíricos, como convencionalmente afirmado, mas os grandes avanços na ciência vêm repentinamente com um salto de uma estrutura teórica para outra, nova. A tese principal de Koestler é que o ato de entender uma piada é, exatamente, o mesmo de resolver um problema científico (ou, aliás, qualquer tipo de problema intelectual). Esse é um acontecimento catártico. Mas a catarse emocional depende de uma percepção cognitiva. No caso da sátira, a percepção cômica se confunde com a ciência social.

Outras diferenciações são possíveis – entre humor voluntário e involuntário, entre humor formal e informal. Há alguns dados, não muito esclarecedores, sobre quais tipos de pessoas riem de que tipos de humor. Mas, diretamente relacionada à função intelectual do humor, está a distinção entre humor criativo e humor receptivo, o que nos leva à questão: Quem são os comediantes?[29] Tanto os comediantes amadores quanto os profissionais tendem a ser pessoas criativas – nas palavras de Ziv, pessoas com "a capacidade de ver além do óbvio". Os dados indicam que elas tendem a ser mais homens do que mulheres (que, por sua vez, são melhores no humor receptivo – isto é, elas estão mais dispostas a rirem das palhaçadas dos comediantes). Isso, quase certamente, não diz nada sobre as habilidades criativas dos dois sexos, baseando-se, mais provavelmente, em papéis socialmente definidos de gênero. Os dados americanos apontam para uma prevalência de judeus entre os comediantes profissionais, fato que pode ser facilmente associado ao que Thorstein Veblen chamou de "preeminência intelectual" dos judeus. Ambas as formas de preeminência podem ser explicadas pelas causas análogas de uma cultura judaica de aprendizagem muito antiga, afiadas nas sutilezas da argumentação talmúdica e na marginalidade social dos judeus nas sociedades cristãs, que estimularam a perspectiva cética, potencialmente sarcástica, do outro. As descobertas, um tanto dispersas, sobre os comediantes profissionais também

---

29. ZIV. *Personality*, p. 130ss. • POLLIO, H. & EDGERLY, J. "Comedians and Comic Style". In: CHAPMAN & FOOT. *Handbook*, p. 215ss. • CHARNEY, M. "Comic Creativity in Plays, Films and Jokes". In: McGHEE & GOLDSTEIN. *Handbook*. Vol. 11, p. 33ss.

indicam um histórico familiar de pobreza, marcado pelo conflito parental. O humor, nessas circunstâncias, é cultivado, desde cedo, como um mecanismo de defesa. Muito provavelmente, a pergunta – Quem são os comediantes? – é melhor respondida em termos sociológicos do que psicológicos. A questão, então, se torna: Como o cômico é institucionalizado? Este é, precisamente, o próximo tema a ser abordado.

5 Homo Ridiculus
Construção social do cômico

A chave para um entendimento do lugar do cômico na sociedade é a sua profunda afinidade com a religião e a magia.

A ordem social, quando funciona bem, envolve o indivíduo em uma teia de hábitos e significados que são experimentados como evidentemente reais. Como discutido antes, isso é o que Alfred Schutz chamou de a realidade suprema da vida cotidiana. Apesar da aparência de solidez, a ordem social é sempre vulnerável a rupturas. Essas rupturas são causadas, entre outras coisas, pela intrusão de *outras* realidades. O sagrado é uma dessas intromissões. O cômico é outra. As duas têm muito em comum, razão pela qual os santos e os loucos carregam, frequentemente, uma semelhança incômoda. Qualquer tratamento sociológico do cômico deve atentar para esta afinidade, a princípio, aparentemente estranha. Isso foi sugerido por Anton Zijderveld, um dos pouquíssimos sociólogos que abordaram sistematicamente o fenômeno cômico[1]. Ao discutir a natureza do cômico, Zijderveld usa o termo *fascinans*, que Rudolf Otto, na obra clássica

---

1. Cf. ZIJDERVELD, A. *Reality in a Looking-Glass:* Rationality through an Analysis of Traditional Folly. Londres: Routledge & Kegan Paul, 1982, p. 39ss. Esse texto é muito útil. Cf. tb. a obra anterior de Zijderveld (*Humor und Gesellschaft:* Eine Soziologie des Humors und des Lachens. Graz: Styria, 1976) e a bibliografia comentada sobre a sociologia do humor editada por ele em *Current Sociology* (31, inverno/1983, p. 3). Há uma plausibilidade mítico-poética no fato de que Zijderveld ensine sociologia em Rotterdam, na universidade que carrega o nome de Erasmus.

O sagrado, empregou para descrever a estranha ambiguidade de atração e pavor que tipicamente acompanha as experiências religiosas. O cômico, quando se manifesta com força plena, provoca um fascínio igualmente ambíguo. E, claro, também a magia (que difere da religião por ser, caracteristicamente, praticada por indivíduos, ao invés de grupos sociais).

Tanto o sagrado quanto o cômico constituem o que Schutz nomeou de províncias finitas de significado – ilhas, por assim dizer, dentro do tecido da realidade cotidiana. Eles, simultaneamente, seduzem e provocam ansiedade. Se lhes for permitido assumir o controle, eles ameaçam a realidade normal. A pessoa que não tem senso de humor ou, em todo caso, que não é capaz de entender a graça de uma determinada piada ou observação engraçada, se sente irritada, talvez até com raiva. Ela foi passada para trás, como se diz na expressão inglesa, e este fato revela a vulnerabilidade da sua normalidade naturalizada. Mas a pessoa que, *de fato*, entende a graça e que corretamente ri de uma história ou ação engraçada, também não consegue sustentar o riso por muito tempo sem que certa ansiedade se desenvolva. Algumas piadas podem ser muito agradáveis; um bombardeio de piadas, ininterrupto, deixará de ser agradável. A dimensão ameaçadora do cômico, então, virá à tona. Tal como o sagrado, o cômico deve ser contido, domesticado, caso a sua potencial ameaça à ordem social deva ser impedida de realizar-se.

No caso do cômico, pode-se observar uma progressão gradual da ameaça, do humor inofensivo ou inocente à inversão grotesca de todas as normas aceitas. A progressão vai de uma piada leve até a sátira mordaz. Para visualizar esta gradação, poderíamos rastreá-la, digamos, desde o divertimento suave de uma pintura de Norman Rockwell até o humor selvagem de um Goya ou Daumier. Há, finalmente, o que tem sido convencionalmente chamado de loucura, na qual o mundo inteiro é virado de cabeça para baixo. É por isso que Zijderveld usa a metáfora do espelho em sua análise da loucura tradicional. Em seu efeito especular, a normalidade do mundo social não é apenas distorcida, mas também intensamente iluminada.

Tanto o sagrado quanto o cômico podem ser contidos no espaço, ou no tempo, ou em ambos. Há lugares sagrados e períodos sagrados. No caso do cômico, contudo, a contenção no tempo é muito mais importante do que a contenção no espaço. Podem haver, de fato, lugares que foram designados como locais próprios para apresentações cômicas. Muito evidentemente, um edifício pode ser chamado de cabaré ou mesmo ter o nome de Ópera Cômica. Outros lugares, embora também cumprindo diferentes funções, podem vir a ser definidos como locais nos quais se pode esperar ouvir piadas ou conversas espirituosas, como nos salões da Paris oitocentista, ou nas cafeterias da Europa Central em épocas mais recentes. Porém, a cafeteria não se equipara a uma catedral. Esta última é, em si, um espaço sagrado, a primeira é um espaço que não é propriamente cômico, mas que oferece uma ocasião para o cômico. A diferença é interessante e não muito fácil de explicar. Talvez uma explicação possa ser buscada no caráter excessivamente fugidio da experiência cômica. O tempo alisa todas as experiências, incluindo a experiência do sagrado. Este é o processo que Max Weber denominou de rotinização: O extraordinário se torna banal com a repetição, de fato, se torna rotina. O cômico está particularmente sujeito a este processo. É por isso que não é possível ficar contando, de maneira eficaz, as mesmas piadas para as mesmas pessoas:

> Um indivíduo, recentemente encarcerado, tem o seu primeiro horário de exercício no pátio da prisão. Um

prisioneiro grita: "Trinta e quatro!" Todos riem. Outro prisioneiro grita: "Vinte!" Novamente, todos riem. Assim continuam por um tempo. Então, o novo prisioneiro pergunta a um detento mais antigo o que está acontecendo ali. "Sabe", diz o antigo detento, "a maioria de nós está aqui há bastante tempo. Todos nós sabemos as piadas uns dos outros. Aí, demos a elas números e, ao invés de contar as piadas, só gritamos os números". O novo prisioneiro acha uma excelente ideia. Ele quer tentar também. Então, ele grita: "Quarenta e um!" Ninguém ri. "Quinze!" Ninguém ri. E assim por diante. "O que eu fiz de errado?", pergunta o prisioneiro. "Não estava contando piadas numeradas?" Sim, disse o velho detento, "mas a questão é *como* você as conta".

Como foi discutido em um capítulo anterior, o cômico aparece, mais comumente, em intrusões frequentes, porém breves na interação social cotidiana. Para que essas intrusões sejam percebidas como realmente cômicas há a necessidade do que os sociólogos chamam de uma definição da situação. Essas definições não somente determinam os momentos adequados para as intrusões cômicas; elas também definem os parâmetros do que pode ser tratado comicamente. Dito de outra maneira, haverá sempre sinais, convencionalmente entendidos, anunciando o aparecimento do cômico. Eles podem ser verbais. Uma piada pode ser introduzida pela expressão: "Já ouviu essa?", uma observação sarcástica por algum preâmbulo de desarme como: "Espero que você não se ofenda se eu disser..." Porém, mais comumente, o sinal será não verbal: Uma mudança de entonação. Um sorriso conspiratório. Uma espécie de riso antecipatório. Ou uma piscadela. Não é necessário dizer que estes sinais vão variar de acordo com os grupos e as configurações sociais. Uma piscadela, em um grupo, pode sinalizar uma piada, em outro, uma tentativa de sedução. Em uma reunião de vendedores, a expressão: Já ouviu essa?, pode anunciar uma piada; em uma assembleia de políticos, ela pode servir como introdução à última fofoca sobre o governador ou os bastidores do poder. Os parâmetros do humor aceitável vão variar entre vendedores, executivos, trabalhadores da construção ou freiras em clausura. Há, por assim dizer, uma microssociologia do cômico aqui, em grande parte já discutida no capítulo anterior[2]. Mas tais sinais são também institucionalizados através de sociedades inteiras, permitindo, ao menos em princípio, uma macrossociologia do humor. Assim, existe algo como um senso de humor nacional que, geralmente, se diferencia, ademais, por região, etnia e classe. Em relação ao que foi dito anteriormente, sobre a necessidade de conter ou domesticar o poder potencialmente explosivo do cômico, pode-se acrescentar que há diferenças de grau, nesse sentido, em diferentes configurações sociais. Assim, por exemplo, podemos comparar o humor comedido, discreto, das elites BASP americanas com a sagacidade e o surrealismo do humor dos judeus americanos. Talvez os judeus estejam mais preparados do que os BASPs para enfrentar a vulnerabilidade intrínseca da ordem social; eles, certamente, têm a experiência histórica para tanto.

Na medida em que o cômico, geralmente, invade a vida social cotidiana em ocasiões breves e mesmo espasmódicas, é tanto mais importante que as pessoas saibam exatamente quando rir e do que rir. Todo estudante de sociologia nos Estados Unidos aprendeu a famosa afirmação de W.I. Thomas, "Se as pessoas definem uma situação como real, ela é real em suas consequências". Thomas não discordaria de uma paráfrase: Se as pessoas

---

2. Sobre a microssociologia do humor, cf. ZIJDERVELD. *Humor*, p. 67ss.

definem uma situação como cômica, ela será cômica em seus efeitos. Ao ser socialmente definida, a situação cômica é, ao mesmo tempo, contida. Agora, ele é permitido e mesmo espera-se que alguém ria; quando o momento cômico tiver passado, pode-se (talvez com algum alívio) retomar a interação "séria". Novamente, haverá sinais desta transição. Eles podem ser verbais: "E agora, falando sério..." Mais frequentemente, eles serão não verbais. A entonação muda outra vez, o sorriso desaparece, nada de piscadelas. Mas estes sinais não são simplesmente *ad hoc* inventados toda vez pelos participantes em uma interação particular. Ao contrário, os sinais são difundidos através de grupos sociais ou sociedades inteiras, e as pessoas os aprendem no processo de socialização, juntamente com o resto do sistema simbólico socialmente construído. O termo "cultura do riso" foi usado para indicar este fenômeno[3]. A noção de "cultura cômica" é, provavelmente, preferível.

Uma cultura cômica pode ser descrita, de maneira muito simples, como sendo as definições de situações, papéis e conteúdos aceitáveis cômicos, em qualquer grupo social ou sociedade. Mais uma vez, é possível diferenciar os aspectos micro e macrossociológicos do fenômeno. Há culturas cômicas *en miniature*, no interior das famílias, grupos de amigos, ou de outras pessoas em contínua interação face a face. E também há as culturas cômicas de regiões, subculturas diversas (tais como as étnicas, religiosas ou profissionais), e sociedades inteiras.

A cultura cômica das famílias é frequentemente inventada pelos filhos mais novos. O pequeno Johnny ou a pequena Jeannie disseram algo muito bonitinho aos três anos de idade

---

3. Cf. BAUSINGER, H. "Lachkultur". In: VOGEL, T. (ed.). *Vom Lachen*. Tübingen: Attempto, 1992, p. 9ss. Bausinger não cunhou este termo. Ele é uma tradução alemã do russo de Mikhail Bakhtin, cuja interpretação do carnaval será discutida em breve.

e, desde então, a família inteira ri enlouquecidamente toda vez que essa história é citada ou aludida. Qualquer um de fora da família pode ter dificuldade em perceber o humor, mas este é, justamente, o ponto: o estranho é precisamente identificado como tal por sua incapacidade de compreender a cultura cômica interna ao grupo. Nesse sentido, a cultura cômica desempenha a mesma importante função social de todos os sistemas simbólicos: ela estabelece a fronteira entre os de dentro e os de fora. A cultura cômica é, ao mesmo tempo, inclusiva e exclusiva. O mesmo é válido para todos os grupos próximos que não as famílias. Haverá um estoque comum de experiências às quais os seus membros fazem referência ou alusão em um código que os outros não conhecem. Se o estranho pretende, eventualmente, ser incluído no grupo, ele terá de aprender esse código. Isso pode ser um processo de aprendizagem difícil e longo. Saber quando e do que rir é uma parte importante do processo pelo qual o estranho é, por assim dizer, naturalizado entre os membros do grupo e, indiretamente, internaliza a sua história. Assim como na piada sobre os detentos no pátio da prisão, não basta gritar os números; é preciso saber *como* contar as histórias engraçadas. Um exemplo interessante é o que acontece no casamento, pelo menos nas sociedades modernas. Os cônjuges vêm não apenas de diferentes famílias, mas também, muito frequentemente, de contextos sociais bastante diferentes. Eles começam a construir um mundo comum de significados que pode ser chamado de conversa marital continuada[4]. Nesse processo, eles internalizam, muitas vezes de uma maneira um tanto modificada ou reinterpretada, as histórias pré-maritais um do outro. Isso

---

4. Cf. BERGER, P. & KELLNER, H. "Marriage and the Construction of Reality". In: BERGER, P. (ed.). *Facing Up to Modernity*. Nova York: Basic Books, 1977, p. 5ss.

inclui os episódios supostamente divertidos. Depois de alguns anos, cada cônjuge consegue contar as histórias engraçadas do passado do outro tão bem, ou mesmo melhor, do que aquele a quem elas originalmente aconteceram. Casais de longa data, tal como os detentos no pátio da prisão, podem rir enquanto emitem, uns aos outros, sinais codificados e simbólicos que são completamente incompreensíveis para as outras pessoas.

Poderíamos continuar falando, indefinidamente, sobre as culturas cômicas macrossociológicas e há, de fato, muitos livros a respeito – livros sobre o humor da América do Sul ou de diferentes regiões da Alemanha, dos irlandeses americanos ou afro-americanos, de médicos e advogados, ou inclusive de nações inteiras[5]. Embora possa ser divertido dar exemplos dessas variações aqui, pouco avançaríamos no argumento deste livro. Deve ser destacado, contudo, que há, muitas vezes, diferenças consideráveis entre uma cultura cômica empiricamente observável e os mitos populares a respeito dela. Desse modo, é provavelmente correto afirmar que as culturas cômicas das cidades grandes, cosmopolitas (como Nova York, Paris ou Berlim antes do nazismo) sejam mais sagazes e espirituosas do que as culturas cômicas de suas respectivas províncias. Mas há também estereótipos cômicos que, provavelmente, têm pouca base empírica. Assim, no folclore iraniano, três cidades foram associadas a diferentes figuras cômicas: Rasht com as mulheres promíscuas e seus estúpidos maridos traídos, Tabriz com os

---

5. Como um exemplo deste gênero, cf. SCHOEFFLER, H. *Kleine Geographie des deutschen Witzes*. Goettingen: Vandenhoeck & Ruprecht, 1955. Editado e comentado por ninguém menos do que o filósofo Helmut Plessner (cuja obra sobre o riso e o choro foi discutida anteriormente), este livro aborda as principais regiões de fala germânica e dá exemplos do humor supostamente distintivo de cada uma delas. Há obras semelhantes, em todo caso, sobre a maioria, se não todos, os países ocidentais.

loucos bucólicos, e Isfahan com os especialistas em tiradas espirituosas[6]. É improvável que esses estereótipos tenham muito a ver com as culturas cômicas reais dessas localidades. Outra observação deve ser feita aqui: Sempre há uma distinção entre a cultura cômica das ruas e aquela da comédia formal – digamos, entre aquilo do que os parisienses comuns riem, enquanto relaxam em Les Halles, e do que riem os seus compatriotas altamente educados, enquanto assistem a uma apresentação na Opéra Comique. A distinção é aquela entre o cômico no mundo da vida e o cômico na ficção[7]. Na maioria dos casos, este último deve estar enraizado no primeiro ou ele não teria graça, ou seria completamente incompreensível. A exceção seriam as elites esteticamente esotéricas, que cultivam um senso de humor idiossincrático e que, deliberadamente, rejeitam aquilo que as outras pessoas acham engraçado.

Deixando de lado o imperativo de conter a ameaça que o cômico potencialmente reserva para a ordem social, os usos ou funções sociais do cômico são basicamente as suas funções psicológicas em larga escala. Elas podem ser convenientemente incluídas na tipologia de Avner Ziv discutida no capítulo anterior. Há a função mencionada de estabelecer fronteiras: Uma cultura cômica delineia as fronteiras do grupo e, *ipso facto*, identifica os que são excluídos dele. Uma clássica piada judaica resume a questão elegantemente:

Um judeu, comentando sobre uns e outros: "*Nebbich!*"
Um pagão, ao ouvi-lo: "O que significa *nebbich* exatamente?"

---

6. Devo a Ali Banuazizi este exemplo.
7. Cf. a coleção de ensaios curtos sob o título "Das lebensweltliche und das fiktionale Komische". In: PREISENDANZ, W. & WARNING, R. (eds.). *Das Komische*. Munique: Fink, 1976, p. 362ss.

O judeu: "Você não sabe o que significa *nebbich*? *Nebbich!*"

E, então, há a agressão e a sublimação de tabus. Intimamente relacionada com isso está a rebeldia contra a opressão. Os exemplos dados no capítulo anterior funcionam igualmente bem aqui. O que deve ser fortemente enfatizado é o que Ziv denomina de função intelectual do cômico. Como já argumentamos em várias passagens anteriores deste livro, a faculdade cômica nos seres humanos, independentemente do que mais possa ser, é também uma faculdade cognitiva. Ela provoca percepções objetivas, distintas da realidade. Se isso é válido filosófica e psicologicamente, é também, por certo, uma verdade sociológica. As percepções cômicas da sociedade, frequentemente, oferecem perspectivas brilhantes desta última. Uma boa caricatura ou uma boa piada podem ser, muitas vezes, mais reveladoras de uma realidade social particular do que vários tratados sociais científicos. Assim, o cômico pode ser, amiúde, compreendido como uma espécie de sociologia popular. Considere-se o fenômeno do capitalismo norte-americano e o seu efeito na cultura americana – a onipresença da competição, os excessos do consumismo, o sucesso econômico como um valor dominante. Tais aspectos foram examinados e criticados por diferentes pontos de vista, não somente pela esquerda ideológica. Teorias complexas e grandes obras ilegíveis poderiam ser citadas. Ao invés disso, é possível contar as três piadas seguintes:

> Dois homens de negócio estão num safári. De repente, eles ouvem tambores ao longe. O seu guia nativo grita: "Um leão está vindo para cá!", e rapidamente desaparece no mato. Um dos homens de negócio se senta no chão e calça um tênis de corrida. "O que você está fazendo?", pergunta o outro, "Você não pode correr mais do que o

leão". "Eu não preciso correr mais do que o leão", diz o primeiro. "Eu só tenho que correr mais do que você."

Um homem de negócios americano está na Índia. Um colega indiano quer lhe vender um elefante: "Preço especial para você: mil dólares, isso é tudo".
"Veja, eu moro em Chicago, em um apartamento conjugado de um só cômodo, no trigésimo andar de um prédio. O que eu faria com um elefante?"
"Ok, ok. Oitocentos dólares."
"Não, já lhe disse."
"Ok, ok. Setecentos dólares."
"Olha, vou lhe dizer outra vez. Eu moro em um apartamento de um cômodo, no trigésimo andar..."
"Ah, você é um negociador durão? Faço a minha última oferta: *dois* elefantes por oitocentos e cinquenta."
"Bom. Agora estamos conversando!"

Dois sócios no polo de moda de Nova York estão enfrentando a falência. Eles decidem que um deles cometeria suicídio, o outro recolheria o seguro e salvaria o negócio. Eles tiram a sorte. O perdedor chora um pouco, escreve um bilhete para sua mulher, depois sobe no telhado e se joga. O seu sócio observa pela janela. Enquanto o suicida cai, ele olha pelas janelas dos seus concorrentes nos andares de cima. Quando ele passa pela janela do seu sócio, ele grita as suas últimas palavras na Terra: "Corte os veludos!"

A experiência do cômico é uma experiência humana universal. As culturas cômicas podem variar enormemente. Alguns cientistas sociais, especialmente antropólogos, tentaram fazer generalizações sobre o caráter transcultural de algumas manifestações do cômico. Entre eles, em duas gerações diferentes, estão dois renomados intelectuais britânicos: A.R. Radcliffe-Brown e Mary Douglas.

Embora ele não tenha cunhado a expressão, Radcliffe-Brown popularizou o conceito de "relação jocosa"[8]. Ela é definida da seguinte maneira: "Uma relação entre duas pessoas na qual a uma delas, por costume, é permitido e, em alguns casos, obrigatório provocar e ridicularizar o outro, a quem, por sua vez, exige-se que não se ofenda"[9]. Há duas versões disso, simétrica e assimétrica. Em uma relação jocosa simétrica, as duas pessoas podem rir uma da outra, seja ao mesmo tempo ou em ocasiões diferentes. Em uma relação jocosa assimétrica, uma pessoa é o comediante, a outra deve sempre ser o homem sério. Radcliffe--Brown dá exemplos da África (o seu campo original), da Ásia, da Oceania e da América do Norte. Relações jocosas são encontradas, por exemplo, entre parentes afins e entre avós e netos. Alguns casos envolvem tribos e clãs inteiros. Essas relações evidenciam, sempre, o que Radcliffe-Brown chama de uma "peculiar combinação de afabilidade e antagonismo". A sua teoria sobre a função destas relações é resumida da seguinte maneira: "Tanto a relação jocosa que constitui uma aliança entre clãs ou tribos quanto aquela entre parentes por casamento são modos de organizar um sistema definido e estável de comportamento social no qual componentes conjuntivos e disjuntivos [...] são mantidos e combinados"[10]. Ou, caso se prefira: "Se você não pode mais golpeá-los com um facão, acerte-os com uma piada!"

---

8. RADCLIFFE-BROWN, A.R. *Structure and Meaning in Primitive Society*. Nova York: Free, 1968, p. 90ss. Esses ensaios foram originalmente publicados na década de 1940.
9. Ibid., p. 90.
10. Ibid., p. 95.

Radcliffe-Brown pertencia à chamada escola funcionalista da antropologia social britânica (que, mais tarde, floresceu no chamado estrutural-funcionalismo da sociologia norte-americana) e a sua discussão da relação jocosa padece das limitações desta escola. A principal limitação se evidencia no conceito frequentemente usado por Talcott Parsons, o mais influente sociólogo americano que continuou do ponto onde Radcliffe-Brown e seus parceiros pararam – o conceito de "manutenção do sistema". Os fenômenos sociais são analisados nos termos da sua contribuição para a estabilidade da ordem social, para a manutenção do sistema. Essa abordagem foi corretamente criticada por superestimar o caráter racional sistêmico das sociedades humanas. Mary Douglas, em seu ensaio sobre o cômico, critica Radcliffe-Brown por ser, ao mesmo tempo, demasiado abstrato e demasiado obsessivo com a ordem sistêmica[11].

Douglas também usa materiais etnográficos variados, embora a maioria venha da África. Apoiando-se nas teorias do cômico de Bergson e também de Freud, ela vê a piada como "um ataque ao controle", com "um efeito subversivo sobre a estrutura de ideias dominante". Os aspectos escatológicos do humor oferecem uma boa ilustração disso. Porém, não há nenhuma intenção aqui de, realmente, derrubar as estruturas de controle. Ao contrário, o cômico é uma "brincadeira sobre a forma", uma relativização momentânea que é prazerosa em si mesma, assim como permite a sublimação de desejos proibidos. De modo a preservar esse caráter inofensivo do humor, as situações cômicas devem ser assinaladas como tais: Já ouviu essa?, e coisas assim. Há um paradoxo aqui: Piadas são antirri-

---

11. DOUGLAS, M. *Implicit Meanings*. Londres: Routlege & Kegan Paul, 1975, p. 90ss.

tuais, porém o ato de contar piadas é, ele próprio, fundado em ritos. Pode-se dizer que fazer piadas ritualiza os antirritos. Nas palavras de Douglas: "A mensagem de um rito convencional é que os padrões ordenados da vida social são inescapáveis. A mensagem de uma piada é que eles são escapáveis. Uma piada é, por natureza, um antirrito"[12].

Douglas se aproxima aqui da dimensão de contenção, destacada neste capítulo, embora ela não chegue exatamente lá. Em todo caso, a piada proporciona um alívio das classificações e hierarquias sociais, um relaxamento das fronteiras, "uma suspensão temporária da estrutura social". Ela pode ser também uma forma de purificação ritual, como nos casos em que a piada é usada para expurgar um infrator de certos crimes sexuais. A discussão de Douglas sobre o fenômeno cômico se aprofunda quando ela descreve o piadista como um grande relativizador, na verdade, como "uma espécie de místico menor". Pode-se também dizer que o piadista é uma espécie de mágico menor. Ele acena a sua varinha mágica e, ao menos por um momento, os ásperos contornos da realidade social se dissolvem e a imaginação pode preencher o espaço vazio aberto. Douglas enumera uma série de "deuses-piadistas" – o grego Proteu, o hindu Ganesha, o iorubá Legba (que persiste, em formas sinistras, no Vodu haitiano). Ela, então, alega que "não é muito ousado sugerir" que algumas culturas africanas, através dos seus ritos de fazer graça, desenvolveram a sua própria filosofia do absurdo. Esses ritos buscam expressar o insondável, com frequência em formas altamente poéticas. Nesse contexto, Douglas se refere à obra de Victor Turner sobre o

---

12. Ibid., 103.

culto de Chihamba entre os Ndembu, da Zâmbia[13]. Se Douglas estiver certa (e, provavelmente, ela está), cultos como o de Chihamba representam a universalização da visão de Erasmo acerca do domínio da Senhora Loucura.

Thomas Luckmann, em seu livro *A religião invisível*, que se tornou um clássico da sociologia da religião, faz uma distinção muito útil[14]. Ele diferencia religiões institucionalmente difusas e institucionalmente específicas. Ao longo de boa parte da história, a religião não era delegada à instituições especializadas; ao contrário, ela se difundia por todas as instituições sociais – de parentesco, políticas, econômicas. Somente em algumas sociedades existem instituições definidas, especificamente, como religiosas; a Igreja cristã é uma delas (enormemente importante, é claro, no desenvolvimento da civilização ocidental). Uma distinção semelhante pode ser feita em relação ao cômico. Na maior parte do tempo, ele está disperso por todo o espectro das instituições sociais, eclodindo virtualmente em todo lugar, sem uma institucionalização específica própria. Há casos frouxos de institucionalização, que poderiam ser chamados de estágios intermediários. Um caso assim seria a "designação", por consentimento tácito, de um indivíduo para ser o comediante em um pequeno grupo (este caso foi discutido, anteriormente, como um exemplo da microssociologia do cômico). Mas também existem papéis e conjuntos de papéis especificamente institucionalizados com a atribuição de representar o cômico. O mais importante desses papéis é aquele do louco; derivações dele, às vezes de forma altamente organizada, podem ser encontradas

---

13. Cf. TURNER, V. *Chihamba, the White Spirit*. Manchester: Manchester University Press, 1962.
14. LUCKMANN, T. *The Invisible Religion*. Nova York: Macmillan, 1967.

em diferentes versões, desde a comédia elegantemente estilizada até o mundo caótico do carnaval[15].

Em seu uso moderno, os termos *louco* e *loucura* se referem à estupidez ou à insanidade. Tradicionalmente, nas línguas europeias, os termos tinham um significado mais amplo. A loucura tradicional, na descrição de Anton Zijderveld, estava "além da sanidade e da insanidade". Analisando os relatos sobre a loucura na Idade Média e no Renascimento, poderíamos, claramente, classificar alguns dos seus adeptos, hoje, como mentalmente retardados ou psicóticos. Mesmo naquela época, era reconhecido que alguns loucos eram lerdos ou doidos. Mas uma interessante distinção era feita, entre os loucos "naturais" e "artificiais". Os primeiros estavam destinados a bancar o louco por algum defeito congênito; os últimos *escolhiam* bancar o louco como resultado daquilo que, hoje, seria chamado de uma escolha profissional. Na França havia uma expressão maravilhosa que define este último caso: tal indivíduo era o *fou en titre d'office* – um louco oficialmente certificado, por assim dizer – um louco *ex officio*. Alguns desses indivíduos, claramente, não eram loucos, mas apenas estúpidos. Eles estavam desempenhando um *papel social* institucionalmente definido. Se alguns deles, por acaso, era mentalmente retardado ou psicótico, este fato era, estritamente falando, irrelevante para o desempenho do papel. O personagem representava e, na verdade, reproduzia uma perspectiva específica da realidade – precisamente, aquela da loucura.

---

15. A obra sociológica definitiva sobre o louco é a de Anton Zijderveld, anteriormente citada: *Reality in a Looking-Glass*. Para obras históricas muito úteis, cf. SWAIN, B. *Fools and Folly*. Nova York: Columbia University Press, 1932. • WELSFORD, E. *The Fool:* His Social and Literary History. Gloucester, Mass.: Peter Smith, (1935) 1966. • WILLEFORD, W. *The Fool and His Scepter*. Evanston, III.: North-western University Press, 1969. Menos relevante para os presentes propósitos, mas com alguns dados interessantes, é uma obra de outro sociólogo, Orrin Klapp: *Heroes, Villains and Fools*. Englewood Cliffs, NJ: Prentice-Hall, 1962.

Era uma perspectiva surreal, de ponta-cabeça. Ele encarnava, muito claramente, os aspectos principais do cômico analisados por filósofos e psicólogos – a incongruência, por um lado, a sublimação e uma estranha espécie de libertação, por outro.

Na civilização ocidental as raízes do louco remontam à Antiguidade clássica, especialmente ao culto dionisíaco e à sua adaptação romana posterior, o festival de Saturnália. As raízes mais prováveis estão na Idade Média, especificamente nos diversos tipos de "folclore itinerante" (denominado *fahrendes Volk*, em alemão) que congestionaram as estradas da Europa durante séculos. Eles eram um bando heterogêneo – peregrinos, pregadores, eruditos, menestréis, bandoleiros –, mas também todo tipo de animadores – músicos, malabaristas, acrobatas. O louco medieval era um amálgama de todos eles, frequentemente vestido nos trajes de qualquer um, reconhecível apenas pelo papel que desempenhava. Os loucos itinerantes eram, com frequência, de origem monástica, indivíduos (geralmente homens, embora houvesse alguns casos de freiras renegadas) expulsos dos seus monastérios em punição por suas ofensas, pelo desejo de se libertarem da disciplina monástica, ou por circunstâncias econômicas. Um termo francês para esses fugitivos monásticos era *goliards*. Eles constituíam uma mistura bizarra de vagabundagem, crime, sabedoria e diversão, vivendo de suas espertezas, relegados às margens da sociedade, sempre em movimento. De forma levemente irônica, poderíamos aplicar a eles o rótulo de "intelectuais flutuantes", que Karl Mannheim cunhou para um fenômeno muito mais recente (Mannheim dirigiu esta expressão aos intelectuais modernos que, muito raramente, são flutuantes; os *goliards* se encaixam muito melhor na sua ideia).

Uma boa parte da literatura *goliard* sobreviveu, assim como outros relatos da loucura medieval e renascentista. Zijderveld a descreveu como "uma realidade transbordante e grosseiramente alegre" e como "um mundo de liberdade fora dos limites da Igreja e da sociedade"[16]. Nesse mundo marginal, o louco gozava de uma estranha liberdade (em alemão, *Narrenfreiheit*). Em palavras, canções e em atos, a ele era permitido ridicularizar as autoridades religiosas e seculares (embora, obviamente, houvesse ocasiões em que algumas autoridades perdiam a paciência e reprimiam o louco). Um tema-chave da loucura era a inversão. Ela era expressa, literalmente, na linguagem e em rituais – expressões latinas pronunciadas de trás para a frente, cerimônias católicas realizadas em ordem invertida. Porém, mais comumente, tudo era virado de cabeça para baixo nas encenações da loucura – todas as diferenciações sociais (incluindo o gênero) e hierarquias (inclusive as da Igreja) eram demolidas, parodiadas e viradas de ponta-cabeça. Na Idade Média tardia, em uma síntese curiosa, a loucura se fundiu com a morte, tal como expresso na "dança da morte" (*Totentanz*) carnavalesca. Zijderveld observou que a loucura e a morte apareciam aqui como os "foliões gêmeos". A loucura, que relativizava e subvertia toda ordem social, enfim prefigurava a morte, que elimina a ordem social de uma vez por todas.

A loucura como um fenômeno cultural generalizado começou a desaparecer no início do período moderno. Zijderveld explica esse fato nos termos daquilo que Max Weber denominou de racionalização. É muito provável que ele esteja certo nessa explicação. Neste caso, a principal culpada é a burguesia emergente, a classe mais racional e séria. Mas, na medida em que a loucura começou a desaparecer das ruas, ela foi imortalizada na

---

16. ZIJDERVELD. *Reality*, p. 52.

literatura[17]. Em 1494, foi publicado o livro de Sebastian Brant: *A nau dos insensatos* (*Das Narren Schyff*). Aqui, seguindo uma longa tradição eclesiástica, a loucura foi entendida e condenada como pecado. Mas não muito depois, em 1515, veio a publicação, em alto-alemão, de uma coleção de histórias sobre o grande louco e pregador de peças Till Eugenspiegel, "uma espécie de cabide no qual todos os tipos de histórias engraçadas sobre pegadinhas, truques e chistes podiam ser convenientemente pendurados"[18]. *O elogio da loucura*, de Erasmo, publicado em 1511, foi provavelmente o primeiro tratamento *positivo* dado à loucura na literatura europeia (ainda que, como foi mencionado antes, Erasmo insistisse em afirmar que ele não queria realmente dizer aquilo, que não era "a sério" – não se deve acreditar nele). Deve-se dizer, contudo, que, neste ponto, Erasmo é mais representativo de uma perspectiva medieval do que (como geralmente é sustentado) de uma visão de mundo moderna[19].

Ao mesmo tempo, a loucura se profissionalizou. Tanto como literatura quanto como uma profissão, a loucura saiu das ruas. Nesse movimento, ela perdeu não apenas o seu enraizamento na cultura popular, mas também a sua marginalidade. A institucionalização mais importante dessa mudança foi o papel do bobo da corte[20]. A loucura estava agora confinada nas cortes

---

17. Cf. KOENNEKER, B. *Wesen und Wandlung der narrenidee im Zeitalter des Humanismus*. Wiesbaden: Franz Steiner, 1966.
18. ZIJDERVELD. *Reality*, p. 83. Os antecedentes de *Till Eugenspiegel* têm preocupado gerações de pesquisadores literários. Muitas das histórias podem ser remetidas à Idade Média, de onde elas vieram para a Europa na figura que os turcos chamavam de Nasreddin Hodja. Algumas podem ser, em última instância, remetidas à Pérsia e à Índia. Mais uma vez, o louco se revela como uma figura amplamente transcultural, se não universal.
19. Sobre o lugar do livro de Erasmo na evolução de *Narrenidee*, cf. KOENNEKER. *Wesen und Wandlung*, p. 248ss.
20. ZIJDERVELD. *Reality*, p. 92ss.

do *Ancien Régime*, o último bastião de uma antiga cultura não burguesa. Aqui também havia os bobos "naturais" (entre eles, os anões, por quem a aristocracia, especialmente as mulheres, tinha uma afeição estranha e frequentemente lasciva). Mas a maioria dos bobos da corte desempenhava o seu papel *en titre d'office*. Alguns deles eram profissionais altamente sofisticados, muitas vezes exercendo considerável poder. Eles eram conhecidos não somente por sua sagacidade (que, naturalmente, era a precondição-chave da sua profissão), mas também por sua astúcia política e malícia pessoal. Sem nenhuma base externa de apoio, o bobo da corte era totalmente dependente da boa vontade do monarca que o sustentava e, sem dúvida, eram essa dependência e a consequente lealdade total que valorizavam o seu papel perante o rei. Não é preciso dizer que a boa vontade do monarca não era algo em que se podia confiar. Assim, a função de bobo da corte era muito precária. Mas, mesmo quando ele podia gozar dos favores do rei, a vida do bobo da corte não era muito invejável. Ele tinha de andar por aí com um traje ridículo e, enquanto exercitava o seu talento, ficar sempre alerta às mudanças de humor e aos preconceitos do seu senhor. Em certo sentido real, ele era uma espécie de animal de estimação. De fato, em algumas cortes, os bobos tinham que dormir no canil. As cortes europeias possuíram bobos desde o século XVI até o século XVIII, mas o declínio da instituição começou por volta de 1700.

Zijderveld resume esse período final da seguinte maneira: "Primeiro, as monarquias absolutistas podiam viver sem os seus bobos parasitas, depois, a sociedade da qual eles viviam como verdadeiros parasitas podia viver sem esses monarcas. Nesse sentido, o declínio do bobo da corte foi o prelúdio do declínio do absolutismo e, assim, o prelúdio da Revolução de 1789"[21]. Este, certamente, foi o momento em que a Deusa da Razão usurpou o trono da Senhora Loucura. Ou assim o parece. Olhando para os dois séculos desde essa usurpação pode-se muito bem concluir que a nova divindade racional produziu loucuras mais destrutivas do que jamais se havia imaginado, quando Estultícia vagava pelas ruas e se exibia orgulhosa nos palácios da Europa.

O argumento de Zijderveld é que a loucura morreu com o triunfo da racionalidade moderna, e que qualquer tentativa de ressuscitá-la é fútil. Ele pode ser muito pessimista quanto a isso. Outra vez, a analogia com a religião é útil. Uma razão pela qual Thomas Luckmann estabeleceu a distinção entre religião institucionalmente difusa e religião institucionalmente específica foi para se contrapor à visão, difundida entre os sociólogos naquela época (na década de 1960), de que o declínio das igrejas era equivalente ao declínio da religião. Em sentido contrário, Luckmann insistiu na importância constante de uma "religião invisível", difusa por muitos setores da sociedade e não confinada em instituições especificamente religiosas. O mesmo pode ser o caso da loucura. As encarnações institucionais da loucura, como os *goliards* ou os bobos da corte, podem ter desaparecido. Mas a loucura quase certamente persiste, em formas institucionalmente difusas, e pode emergir nos lugares mais inesperados. Mas também há continuidades institucionais. Deixemos de lado, por ora, o desenvolvimento do teatro cômico e seus comediantes profissionais, que discutiremos brevemente em outro momento. Também deixemos de lado o teatro popular, como o vaudevile e o cabaré burlesco na América, nos quais muitos elementos da loucura tradicional

---

21. Ibid., p. 126.

reaparecem em disfarces inesperados. Podemos focar, ao invés disso, em uma instituição distintamente moderna – o circo e seus palhaços[22].

O circo, como uma instituição, surgiu no final do século XVIII, assim coincidindo, mais ou menos, com a morte do bobo da corte. Ele era uma instituição enfaticamente não aristocrática, em um primeiro momento frequentado pela burguesia e, depois, assumindo um apelo muito mais popular. Ele começou com uma arena para exibições equestres, fundada por um tal de Philip Astley, nos subúrbios de Londres, em 1768. Em um picadeiro circular, ele encenava proezas de equitação, acrobacias no cavalo, intercalando-as com esquetes cômicas. A última delas, naturalmente, tornou-se domínio do palhaço, uma figura na linha de sucessão apostólica direta do bobo medieval, passando pelos arlequins e pierrôs do teatro formal no início do período moderno. Em um intervalo de vinte e cinco anos, agora batizado de circo, a invenção de Astley foi introduzida em toda a Europa e a América do Norte. E sobrevive desde então.

Eis uma descrição do palhaço de circo, que data de 1802: "aparência rústica, com um olhar vago ou contemplativo, braços pendentes, porém com os ombros levantados, os dedões dos pés voltados para dentro, um andar cambaleante com um passo pesado, grande lentidão de raciocínio e nítida estupidez mental e na conduta"[23]. Sua figura pouco se alterou desde então. Nem o grosso do seu repertório, com suas quedas estilizadas, jogos de pique-esconde e façanhas de invulnerabilidade mágica. Uma cena de palhaço prototípica envolve o seu antagonista, uma figura séria, correndo atrás dele com um martelo

---

22. Cf. TOWSEN, J. *Clowns*. Nova York: Hawthorn, 1976.
23. Ibid., p. 88ss.

ou alguma outra arma. O palhaço se esquiva, executando manobras evasivas versáteis, apesar da sua aparente falta de jeito e, quando ele é finalmente pego, golpeado na cabeça e jogado ao chão, ele sempre salta e se levanta novamente, ileso e invencível. Como o bobo, o palhaço é um mágico. E, tal como o mundo da loucura, o mundo do circo cria um oásis de encantamento no interior da realidade da racionalidade moderna. A maioria dos adultos modernos, ao menos aqueles com algum grau de educação "superior", não se diverte facilmente com as peripécias do palhaço de circo. As crianças invariavelmente sim. Isso é revelador. Pois ainda que, como Max Weber acreditava, o mundo moderno seja um mundo de desencantamento radical, toda geração de crianças recria o jardim encantado do qual, se supõe, a Deusa da Razão deveria libertar o homem. As crianças imediatamente se identificam com o palhaço e com o seu mundo. Poderíamos sugerir a tese de que elas sabem algo que os mais velhos se esqueceram.

Na história do circo, assim como em outras manifestações da cultura cômica, pode-se observar uma dialética entre as formas culturais populares e superiores. O palhaço de circo, enquanto tal, é raramente objeto de atenção dos críticos culturais sérios, embora alguns dos grandes virtuoses entre os palhaços de circo o foram – como Grock (1880-1959), um palhaço suíço que dominou os circos europeus por muitos anos, e Oleg Popov, a estrela do Circo de Moscou no começo dos anos de 1950. Há apenas um passo de distância entre essas figuras de circo e os atores cômicos e mímicos, como Charles Chaplin, Marcel Marceau e Jean-Louis Barrault. A carreira de Chaplin no desenvolvimento do cinema sugere, por si só, que o anúncio da derrocada final do louco foi prematuro.

Tampouco o louco é um papel exclusivo da civilização ocidental[24]. Há relatos de bufões oficiais nas cortes dos Incas e do *shogun* Tokugawa. Palhaços (*vidusaka*) aparecem em peças da Índia antiga, e esta convenção teatral persiste no drama japonês contemporâneo[25]. Palhaços cerimoniais foram estudados em algumas culturas africanas[26]. Possivelmente, os casos mais interessantes de loucura ritual, fora da civilização ocidental, venham das várias culturas nativas americanas. Aqui, encontram-se loucos cerimoniais que devem se engajar naquilo que é agradavelmente chamado de comportamento contrário. Isso inclui o travestismo, falar de trás para frente, o deboche de rituais sagrados e atos repugnantes (como beber urina). A semelhança com as práticas medievais europeias, descritas anteriormente, é impactante. O louco também ocupa um lugar na mitologia nativa americana. A descrição mais conhecida de um destes casos é o relato de Paul Radin sobre o chamado ciclo trapaceiro dos índios Winnebago[27]. O trapaceiro mítico é Wakdjunkara, um louco em sua forma clássica, cujas façanhas remetem fortemente ao Till Eugenspiegel e aos seus antecedentes prováveis na Idade Média.

Essas manifestações transculturais do personagem do louco são especialmente interessantes porque é improvável que

---

24. Cf. ZIJDERVELD. *Reality*, p. 131ss.
25. Clifford Geertz discutiu isso em várias obras sobre a cultura japonesa, mas, para uma descrição vívida recente sobre o teatro cômico em Bali, cf. JENKINS, R. *Subversive Laughter*. Nova York: Free, 1994. Jenkins, professor na Emerson College, tem o mérito de também ser graduado na Ringling Brothers Clown College (Faculdade de Palhaços Irmãos Ringling), na Flórida. O seu livro afirma que este fato o ajudou a ganhar a empatia dos comediantes em Bali, e em todos os lugares.
26. Cf. GORER, G. *Africa Dances*. Londres: John Lehmann, 1949, p. 125.
27. RADIN, P. *The Trickster:* A Study in American Indian Mythology. Nova York: Philosophical Library, 1956.

todos eles possam ser explicados por empréstimos culturais. Os difusionistas culturais podem especular que o louco foi inventado, digamos, na Índia e que daí partiu em todas as direções. Para que fique claro, muito provavelmente houve alguma difusão (certamente no caso de Till Eugenspiegel). Contudo, é abusar do poder explicativo da teoria difusionista supor que ela possa dar conta de fenômenos que se estendem da Europa medieval até o Japão de Tokugawa, da África Oriental até as planícies da América do Norte – tudo isso antes do desenvolvimento das comunicações modernas. Uma interpretação mais funcionalista se insinua. Parece plausível que a loucura e os loucos, assim como a religião e a mágica, atendam a algumas necessidades profundamente enraizadas na sociedade humana. Os traços transculturais comuns do fenômeno sugerem o que essas necessidades possam ser: a violação de tabus, o deboche de autoridades e símbolos sagrados e profanos, inversões de linguagem e ação, e uma obscenidade ubíqua. Todas elas foram satisfatoriamente resumidas no termo nativo americano de comportamento contrário. Qual poderia ser a função *social* disso? Claramente, há funções psicológicas em larga escala, como foi observado anteriormente. Zijderveld usa a expressão "hipótese da válvula de segurança" para descrevê-las: a sociedade permite a manifestação cuidadosamente circunscrita de impulsos proibidos e, ao fazê-lo, evita a ruptura da ordem social "a sério". Há certamente algum sentido aí. Para além disso, contudo, a ordem social é fortalecida ao permitir um lugar, dentro dela, para os contratemas, contramundos. Zijderveld cita o sociólogo holandês W.F. Wertheim, que descreveu o fenômeno da loucura como um "contraponto à melodia principal", e assim contribuindo, em última instância, para a integração da sociedade[28]. Isso é, provavelmente, o mais longe que as explicações funcionalistas podem nos levar. Tal como Mary Douglas criticou A.R. Radcliffe-Brown, não é longe o bastante. Zijderveld compreende isso. Ele vê na loucura o elemento da magia, o caráter místico de um contramundo que assombra o mundo da vida cotidiana, assim colocando-o em risco. Esse caráter quase mágico, quase religioso do cômico é intrínseco à sua própria natureza e, enquanto tal, universal. Ele assombra todas as sociedades, e todas as sociedades devem encontrar meios de se proteger dele. Por isso, não deveria surpreender que o louco apareça em tantos lugares.

A comédia formal tem sido, desde Aristófanes, uma manifestação importante da alta cultura na civilização ocidental[29]. Porém, a comédia, tal como encenada para a aristocracia ou a burguesia, nunca mais se inspirou na cultura cômica da população em geral e, por sua vez, influenciou esta última (especialmente, é claro, desde o advento da mídia moderna de comunicação de massa). Os loucos medievais reaparecem em novas formas nas peças de Shakespeare (e não somente naquelas classificadas como comédias), no *Dom Quixote*, de Cervantes e, provavelmente a sua transformação mais elegante, na *commedia dell'arte*, em particular aquelas de Arlequim e Pierrô que, por sua vez, ajudaram a moldar o personagem do palhaço de circo. O homem velho sujo, com calças largas, Pantaleão ou Arlequim, ganhou uma encarnação norte-americana no comediante do teatro burlesco e da feira rural. Pesquisadores literários comprometidos, se se esforçarem o bastante, provavelmente conseguiriam retraçar algumas das piadas obscenas que deleitavam o

---

28. Cf. ZIJDERVELD. *Reality*, p. 146ss.
29. Cf. GREINER. *Komoedie*.

público nessas localidades americanas, de cultura enfaticamente popular, até as orgias verbais dos *goliards*.

O teatro, como uma estrutura física e uma organização social, é o cenário para a comédia formal. Ele inclui ambos, os atores e o público, em uma interação contínua. O público é uma parte essencial do evento, criando uma antifonia na *performance* e o riso como resposta. Assim, a comédia, fiel às suas origens cultuais, constitui uma espécie de cerimônia, mesmo nas suas versões mais modernas. O mesmo é válido para o cabaré e as *performances* dos comediantes de *stand-up*. O elemento cerimonial, certamente, é perdido quando um leitor solitário submerge no texto escrito de uma comédia, assim como é perdido quando a comédia é transmitida pelas mídias modernas do rádio, do cinema ou da televisão. Contudo, há pouca dúvida de que a experiência cômica seja dissolvida como resultado disso. Pela mesma razão, a tarefa do criador da comédia (o autor ou o ator cômicos) se torna mais difícil na ausência de uma plateia. É elucidativo que os produtores de comédias televisivas tenham descoberto ser útil convidar plateias para o estúdio durante as filmagens, e transmitir o riso da claque quando a comédia vai ao ar.

O teatro sempre foi um lugar mágico. Esta qualidade já foi apontada repetidas vezes. É um lugar onde qualquer coisa pode acontecer, um lugar de mistério e fascínio. A mágica do teatro, por certo, se expressa tanto na tragédia como na comédia, e é intrínseca à catarse aristotélica que, idealmente, se engendra em ambas. A catarse da comédia, como observado anteriormente, é diferente da catarse da tragédia. Embora às vezes em tons bastante suavizados, ela reitera a catarse primordial da orgia dionisíaca. O teatro, como uma instituição, contém rigorosamente esse elemento caótico – no espaço, no tempo e pelas restrições da forma artística. O teatro moderno é um edifício: o que é plausível no seu interior não é possível fora dele. A apresentação cômica é programada para certas horas, em determinados dias: no restante do tempo, a sua realidade fantástica pode ser posta de lado. A comédia, tal como encenada no teatro, segue regras e convenções muito específicas: Isso garante que nem "tudo pode acontecer". Quando a peça termina, deixa-se o prédio e, sentindo-se de alguma forma renovado, volta-se ao "tempo padrão" (termo de Alfred Schutz) e às atividades rotineiras da vida social cotidiana.

Bernhard Greiner, um historiador da comédia, sugeriu que a comédia é constituída por um ato de "duplicação" (*Dopplung*). Isto é, a comédia institui um contramundo ao mundo da vida cotidiana. A tragédia, certamente, faz o mesmo. Pode-se argumentar, contudo, que a duplicação da comédia é mais radical. A tragédia, afinal, sempre está baseada em realidades verdadeiras da condição humana.

Consequentemente, a suspensão necessária da dúvida (que os fenomenólogos chamam de *epoché*) deve ser mais radical no caso da comédia. O herói trágico incorre em culpa, seus esforços para evitar o destino são fadados ao fracasso, as consequências de suas ações são ironicamente perversas e, no final, ele geralmente morre. O drama trágico comprime e estiliza esses eventos de uma maneira que requer uma certa *epoché*, porém todos esses componentes da trajetória trágica estão, de fato, presentes nas realidades empíricas da vida humana. Diferentemente, o herói cômico é eternamente inocente, ele triunfa sobre todas as adversidades, as consequências irônicas das suas ações se revelam sempre a seu favor e, no final, ele geralmente se casa ou vence no amor. Entrar *neste* contramundo certamente requer uma *epoché* mais radical. O autor e o ator cômicos devem seduzir o público para esta *epoché*, uma tarefa indiscutivelmente mais difícil do que a de seus colegas encarregados de produzir tragédias. A suspensão da dúvida ou da descrença, distintiva do cômico, é exigida pelas obras mais acabadas de Shakespeare ou Molière, assim como o é pela opereta mais insignificante ou os episódios mais vulgares contados pelo comediante do teatro popular.

A *commedia dell'arte* foi a reapropriação mais completa do elemento dionisíaco e da sua magia no teatro moderno[30]. É virtualmente impossível perceber isso apenas lendo os seus textos. Há uma conexão muito próxima entre palavra e ação, que o texto escrito não consegue reproduzir. Pode-se tentar uma aproximação dessa experiência através de imagens, como os famosos quadros de Antoine Watteau. A *commedia delll'arte* era encenada em formas bastante rígidas, de caráter quase litúrgico. Havia personagens fixos, vestuários e máscaras determinados, movimentos estereotipados e enredos esquemáticos. Porém, no interior dessas formas, havia uma grande variabilidade, através de improvisações tanto nas falas como nas ações. O que era apresentado para o público era a magia de um contramundo rico e densamente povoado. Os personagens principais se apresentam como figuras mítico-poéticas atemporais, liderados por Arlequim (originalmente, *Arlechino*), o louco arquetípico que começou sua carreira como um caipira rústico e trôpego, e que transformou-se, na França, em Pierrô, um filósofo espirituoso. Desde então, os loucos e os palhaços se alternam entre estes dois personagens prototípicos. E, depois, havia a Colombina, a namorada atrevida do Arlequim (os dois foram imortalizados na música como Papageno e Papagena, na *Flauta mágica*, de Mozart); o já citado Pantaleão; seguidos por *Dottore* [O Doutor],

---

30. Cf. ibid., p. 69ss.

a encarnação atemporal do falso especialista; *Capitano* [O Capitão], um homem de ação, *macho* e orgulhoso, cujos esforços são invariavelmente frustrados (ele foi, em sua origem, descrito como um espanhol); e os criados ardilosos (*zanni*), aos quais o Arlequim originalmente pertencia (ele reaparece no personagem de Sancho Pança, de Cervantes, e como Leporello na ópera *Don Giovanni*, de Mozart). Se fôssemos seguidores de Jung (uma possibilidade não recomendada aqui), diríamos que essas figuras são arquétipos emergindo dos níveis mais profundos do inconsciente coletivo da civilização ocidental; os não seguidores de Jung ainda podem se maravilhar com o seu duradouro fascínio.

A *commedia dell'arte* apoiava-se em três fontes: a *commedia erudita* (comédia formal) do Renascimento, os dramas populares e as tradições do carnaval. A dialética entre a cultura cômica superior e a popular pode ser claramente observada aqui. E, assim como ocorre com as formas mais populares da comédia, a *commedia dell'arte*, nas suas improvisações, proporcionava ocasiões para a sátira afiada, contra todo o tipo de autoridade. Isso causava frequentes complicações políticas, como quando o *Théâtre Italien*, em Paris, foi temporariamente fechado, em 1697. Muitos anos mais tarde, durante o período pós-napoleônico de repressão política, o ator e autor cômico vienense Johann Nestroy deu uma elegante forma a esta tradição da sátira. Ele foi apenas temporariamente impedido de praticá--la, com a proibição de todas as improvisações pelo órgão de censura. Todos os Estados policiais devem se preocupar com a improvisação. Porém, a alternância da estilização formal e da improvisação espontânea é uma das verdadeiras essências da comédia. A caracterização de Greiner da *commedia dell'arte* poderia ser aplicada à comédia em geral: "Nada neste mundo é certo, tudo pode ser revelado como ilusão de um momento para o outro. Tal mundo só é tolerado se apenas o momento for importante. Os acontecimentos anteriores não devem ter sido congelados no triste 'tesouro da experiência', os acontecimentos futuros não devem ser antecipados como possíveis ameaças. Assim, esta forma de teatro alivia o peso da vida"[31].

Finalmente, uma construção social diferente do cômico deve ser analisada. Aqui, há contenção somente no tempo. Ela é espacialmente livre, com formas relativamente indefinidas de comportamento e discurso, e sem nenhuma barreira separando os atores e o público. Nela, mesmo em tempos modernos, estamos mais próximos do *komos* dionisíaco. O termo genérico para esta instituição é o *carnaval*[32]. Ele é originalmente uma construção europeia, mas absorveu elementos culturais muito diferentes (como nos carnavais do Brasil e do Caribe). Há também manifestações análogas em culturas não ocidentais.

Originalmente, o termo *carnaval* (literalmente, adeus à carne) se refere às festividades na terça-feira anterior à Quarta-feira de Cinzas, a última expressão da *joie de vivre* antes do período de jejum da Quaresma. A data do evento, no interior do ano da Igreja cristã, é elucidativa. A celebração selvagem de todas as alegrias da carne já é ofuscada pela melancolia iminente da Quaresma, a vida é celebrada na sombra da morte. O uso genérico do termo foi empregado pelo intelectual russo Mikhail Bakhtin (de quem falaremos mais a seguir). É útil, na medida em que o espírito do carnaval não se limita ao *Mardi*

---

31. Ibid., 73 [trad. minha].
32. Cf. ZIJDERVELD. *Reality*, p. 60ss.

Gras. Inúmeros festivais se caracterizam pela mesma irrupção da loucura. Notadamente, havia a Festa dos Loucos, celebrada na Europa Ocidental, no Ano-novo, e organizada pelo baixo clero (a mesma população rancorosa da qual os *goliards* eram recrutados). Havia outras celebrações, a maioria delas no período entre o Natal e o Dia de Reis. Todos esses eventos eram planejados e conduzidos por organizações que constituíam, por assim dizer, comissões e fraternidades de loucos. Esta forma de organização social sobrevive até hoje, como, por exemplo, em Nova Orleans, onde esses grupos estão intimamente relacionados ao sistema de *status* geral, tanto nas comunidades brancas quanto nas negras.

Para tentar compreender o sentido desses eventos, a seguinte descrição é útil. Ela é retirada de uma declaração da Faculdade Teológica de Paris, em 1444. A declaração, que descreve a Festa dos Loucos, pretendia pôr um fim a estas práticas (no que ela fracassou):

> Os sacerdotes e os funcionários podem ser vistos vestindo máscaras e semblantes monstruosos nas horas de ofício. Eles dançam no coro vestidos de mulher, gigolôs ou menestréis. Eles cantam canções libidinosas. Eles comem pudins pretos na mesa do altar, enquanto o padre reza a missa. Eles jogam dados lá. Eles incensam o lugar com fumaça fedorenta nas solas de sapatos velhos. Eles correm e pulam pela igreja, sem um rubor de vergonha própria. Finalmente, eles dirigem pela cidade e seus teatros, em carroças e carros maltrapilhos; e despertam o riso dos seus pares e dos espectadores em apresentações infames, com gestos indecentes e versos obscenos e impudicos[33].

---

33. Ibid., p. 61s.

Uma das interpretações mais influentes do carnaval é a do já citado Mikhail Bakhtin, em um livro escrito em 1940[34]. O objetivo do livro é inserir Rabelais na história da "cultura popular do humor". As suas expressões mais importantes, segundo Bakhtin, estavam nos eventos rituais genericamente classificadas sob o termo *carnaval*, em composições verbais de diversos tipos (incluindo paródias) e em uma variedade de palavrões, blasfêmias e cantigas populares. Em todas essas expressões, Bakhtin detecta um idioma comum, que se desenvolveu durante séculos, desde os rituais cômicos da Antiguidade clássica. Este idioma é o "riso carnavalesco". Ele era, e continua sendo, caracterizado por um profundo igualitarismo (hierarquias oficiais ignoradas ou viradas de ponta-cabeça). Ele era festivo; não individual, mas o "riso de todas as pessoas"; universal em seu alcance, reconhecendo todo o mundo como loucura; ambivalente, na medida em que era, ao mesmo tempo, depreciativo e triunfante. Bakhtin também usa a expressão "realismo grotesco" para descrever este idioma. Ele ridicularizava todas as pretensões idealistas e enfatizava as funções corporais mais grosseiras: "O riso degrada e materializa"[35].

Isso, em parte, se entende como se o espírito do carnaval fosse uma espécie de materialismo dialético precoce. Deixan-

---

34. BAKHTIN, M. *Rabelais and His World*. Cambridge, Mass.: MIT, 1968 [trad. Helen Iswolsky]. Bakhtin, recentemente, foi redescoberto como um suposto precursor da Teoria Literária Contemporânea. Seja como for, houve uma "escola Bakhtin" na Rússia, na década de 1920, alinhada com a chamada análise do discurso de Ferdinand de Saussure e Roman Jakobson. Isso tudo é apenas marginalmente relevante para o argumento deste capítulo (embora insira em um contexto mais amplo a análise de Bakhtin acerca do idioma cômico). O livro citado, apesar de ter sido escrito em 1940, não foi publicado até os anos de 1960, por causa das dificuldades políticas do autor. Não é difícil compreender por que as autoridades stalinistas não estavam nada satisfeitas com o argumento de Bakhtin sobre a natureza rebelde do carnaval e do riso cômico em geral.

35. Ibid., p. 20.

do de lado a questão de se Bakhtin realmente acreditava nisso, ou se estes tons marxistas forneciam um viés protetor contra os censores stalinistas da época, essa interpretação quase revolucionária do carnaval é muito pouco convincente. Como Zijderveld aponta na sua discussão dos mesmos fenômenos, raramente havia aqui a intenção de destituir as autoridades, seculares ou eclesiásticas. Isso, contudo, não invalida a precisão das descrições de Bakhtin, nem a força profundamente subversiva do cômico dionisíaco, embora essa subversão deva ser compreendida em um sentido metapolítico. Isso está, na verdade, muito bem expresso na formulação de Bakhtin da concepção renascentista do riso:

> O riso tem um significado filosófico profundo, ele é uma das formas essenciais da verdade acerca do mundo como um todo, acerca da história e da humanidade, ele é um ponto de vista peculiar em relação ao mundo; o mundo é visto de uma nova maneira, não menos (e talvez mais) profunda do que quando é visto de uma perspectiva séria. Portanto, o riso é tão admissível na grande literatura, tocando em questões universais, quanto a seriedade. Alguns aspectos essenciais do mundo são acessíveis somente através do riso[36].

Este riso é, de fato, subversivo, mas em um sentido muito distante de qualquer teoria marxista da consciência revolucionária.

Bakhtin também enfatiza o que, repetidamente, tem sido apontado nas discussões precedentes aqui – que a cultura do riso na Idade Média e no Renascimento criaram um contramundo:

> Ele [o riso medieval] constrói o seu próprio mundo em oposição ao mundo oficial, a sua própria igreja em

---

36. Ibid., p. 66.

oposição à Igreja oficial, o seu próprio Estado em oposição ao Estado oficial. O riso celebra as suas missas, professa a sua fé, celebra casamentos e funerais, escreve os seus epitáfios, elege reis e bispos. Mesmo a menor paródia medieval é sempre construída como parte do mundo cômico em sua totalidade[37].

Pode-se acrescentar que essa duplicação é característica de todas as criações do espírito cômico, embora raramente com a força ou a plenitude do carnaval tradicional. Este tipo de riso é libertador (o supracitado *Narrenfreiheit*). Ele permite vitórias, ainda que temporárias, sobre o medo, incluindo o medo da morte (note-se, mais uma vez, como a dança da morte do período medieval tardio incorporou os símbolos e os gestos do carnaval). O tratamento grotesco, obsceno e escatológico do corpo é uma parte intrínseca desta superação do medo – os aspectos mais vulneráveis, menos espirituais da existência humana são magicamente tornados inofensivos nessas paródias. Neste contexto, não é irrelevante observar que Rabelais estudou, e depois ensinou, Medicina na Escola Médica de Montpellier, onde havia grande discussão a respeito do poder terapêutico do riso. É daí que Rabelais extraiu o seu conceito de "médico feliz". Talvez seja possível também fantasiar sobre a possibilidade de um sociólogo feliz, que incorpora uma visão cômica rabelaisiana na sua compreensão da precariedade da sociedade.

O carnaval pode ser entendido como o estágio final na progressão do cômico, desde a breve interrupção da ordem social até a construção plena de um contramundo. Essas intrusões cômicas são temporárias, mas elas estão sempre lá como possibilidades ameaçadoras, ao mesmo tempo libertando os indivíduos e

---

37. Ibid., p. 88.

deixando os guardiões da ordem bastante nervosos. As instituições que contêm e canalizam as intrusões cômicas estão disponíveis para a análise sociológica, embora só tenha sido possível discutir algumas delas, e ainda assim apenas superficialmente, neste capítulo. Não obstante, o caráter básico dessas instituições não foi, até agora, de alguma forma, esclarecido.

Ao contrário do pessimismo de Zijderveld, a loucura não desapareceu do mundo moderno, assim como a religião e a magia também não. Formas institucionais específicas aparecem e desaparecem, mas a experiência cômica se funda em uma necessidade antropológica e inventará novas formas de expressão, sempre que as anteriores tenham se tornado obsoletas. O cortejo de todas as figuras da loucura persiste, literalmente nos carnavais contemporâneos (Veneza, Colônia, Nova Orleans, mais profusamente no Rio de Janeiro), mas também na inesgotável imaginação cômica. O cortejo dos loucos marcha com os séculos, em todos os continentes. Eis um pensamento consolador: O cortejo não terminará enquanto durar a história humana.

6 Interlúdio
Breves reflexões sobre o humor judaico

Não é por acaso (como os marxistas costumam dizer) que muitas das piadas citadas nos capítulos anteriores eram judaicas. As melhores piadas são judaicas. Este é um fato bem conhecido, em todo caso, entre os americanos com ensino superior, independentemente de sua origem étnica ou religiosa. A educação universitária é relevante apenas na medida em que o humor judaico tende para um alto nível de sofisticação; para o que quer que seja que uma educação universitária possa ser útil atualmente (essa é uma questão muito controversa, que não pode ser perseguida aqui), ela de fato conduz à aquisição de um certo grau de sofisticação. Pelo menos desde os anos de 1950, o humor judaico, tanto em sua forma explícita quanto no que poderia ser chamado de uma certa infiltração secreta (o tom é judeu, ainda que o conteúdo não o seja), se tornou um ingrediente fundamental da cultura cômica norte-americana. Não é só porque muitos escritores interessantes e comediantes profissionais são judeus. Mais significativo é o fato de que uma sensibilidade, distintamente judaica, estabeleceu-se na cultura em geral. Assim, por exemplo, os estudantes universitários das regiões Meio-Oeste e Sul, de ascendência gentia sem misturas, aprenderão a usar expressões ídiches, ou mesmo uma entonação ídiche, quando quiserem parecer espirituosos. O humor tem sido um importante elemento na influência cultural dos judeus na América.

Esse desenvolvimento é interessante em si mesmo. E, certamente, várias obras exploram a evolução histórica do humor judaico. Não deve ser o propósito aqui investigar estas obras, ou analisar a maneira como as influências judaicas moldaram a cultura americana recente. Contudo, o caso do humor judaico é importante também na medida em que ele ajuda a elucidar a dinâmica pela qual uma cultura cômica é socialmente construída, e estas breves reflexões pretendem contribuir para esta explicação.

Quaisquer que tenham sido as raízes mais remotas do humor judaico, por exemplo, na literatura talmúdica, suas origens mais aproximadas podem ser encontradas na cultura ídiche da Europa Oriental, tanto em seu folclore quanto nas suas expressões literárias mais sofisticadas. Estas últimas são representadas por autores clássicos como Sholem Aleichem ou Yitzchak Leibush Peretz, mas essa literatura se inspirava na pulsante vitalidade da cultura ídiche, tal como vivenciada pelas pessoas comuns. Ela floresceu dentro dos limites do *shtetl* e permaneceu impenetrável para o mundo gentio exterior (não que muitos tivessem algum interesse em acessá-la). Mas, com a vinda da emancipação, no século XIX, essa cultura irrompeu dos seus confins seculares e transformou-se em uma síntese muito mais complexa. Em alguma medida, isso ocorreu em vários centros metropolitanos para os quais migraram muitos judeus, tanto na Europa Oriental quanto na Europa Ocidental. Foram, especialmente, nas cidades da antiga monarquia austro-húngara que uma cultura cômica singular se desenvolveu, uma cultura cômica que não podia ser separada dos seus componentes judaicos. A cafeteria, no momento em que ela emergiu como uma instituição urbana estratégica nessa região, era o principal lugar dessa cultura cômica. Ela floresceu com particular esplendor nas três grandes capitais, Viena, Budapeste e Praga, mas era encontrada também em centros urbanos menores, como Zagreb, Brno e Czernowitz. Aí, em uma atmosfera noturna peculiar, permeada pelo aroma de muito café e muitos cigarros, cultivou-se uma forma de humor tão impenetrável para o estrangeiro quanto a cultura cômica do *shtetl*. Agora, contudo, os incluídos e os excluídos não eram mais identificados somente nos termos da etnia e da religião, pois muitos gentios participavam plenamente desses intercâmbios esotéricos. De forma desoladora, e na virtual ausência de interlocutores judeus vivos, ecos tímidos desta cultura cômica peculiar ainda podem ser ouvidos nessa região hoje em dia. Isso é evidência do poder de sobrevivência imbatível do povo judeu que – mesmo quando a selvageria nazista destruiu a maior parte da cultura judaica na Europa – encontrou novas encarnações na América e em Israel. A cultura cômica de Israel, por sua própria natureza, é uma questão intrajudaica. Foi na América que um grande número de gentios foi arrastado para o mundo mágico do humor judaico.

O caráter singular do humor judaico não é explicado por seus objetos. Certamente, há algumas ausências notáveis. Assim, o humor judaico quase não contém escatologia e, notavelmente, muito pouca sexualidade (mesmo as piadas envolvendo situações sexuais são geralmente sobre outra coisa, como dinheiro ou a complexidade das relações familiares). Pode-se dizer que o humor judaico está a uma grande distância do barulhento riso carnavalesco sobre o qual Mikhail Bakhtin se debruça. Mas o mesmo também é válido para outras culturas cômicas (p. ex., a dos irlandeses). Os compiladores de uma antologia do humor judaico descrevem os seus objetos da seguinte maneira:

"A comida (comer é sagrado), a família, os negócios, o antissemitismo, a riqueza e sua ausência, a saúde e a sobrevivência"[1]. Contudo, com a exceção óbvia do antissemitismo, estes temas aparecem também em outras culturas cômicas. Há uma questão de forma. O humor judaico moderno, na Europa assim como na América, refinou a forma da piada. Enquanto o cômico, como tem sido vigorosamente afirmado ao longo deste livro, é um fenômeno humano universal, a piada, como uma forma de criatividade cômica, não o é. Há culturas com ricas tradições cômicas nas quais as pessoas raramente, ou nunca, contam piadas (este parece ser o caso, p. ex., na Ásia Oriental). Para o presente propósito, a piada pode ser descrita simplesmente como uma história muito curta com um toque cômico no final (o gancho). O humor judaico, há muito tempo, tem criado uma abundância de piadas. Sem dúvida, isso tem raízes profundas na história cultural judaica, remetendo à época talmúdica e à propensão rabínica de atestar um ponto de vista ao contar uma história, geralmente curta. Mais uma vez, contudo, a piada não é uma forma exclusivamente judaica de expressão cômica. Ela tem raízes na cultura cômica medieval e renascentista; as suas origens estão, provavelmente, no Oriente Médio (como nas histórias de Nazreddin Hodja), possivelmente na Índia.

O caráter distintivo do humor judaico não reside tanto em seu objeto ou na sua forma expressiva. Antes, ele está na sua sensibilidade peculiar, no seu tom. *C'est le ton qui fait la musique.*

---

1. NOVAK, W. & WALDOKS, M. (eds.). *The Big Book of Jewish Humor*. Nova York: Harper Perennial, 1990, p. xx. Esse é um livro muito refinado, misturando textos literários com uma rica seleção de piadas e provérbios engraçados. Com relação às piadas, certamente alguém com um pouco de educação cômica vai se deparar com velhas conhecidas; assim como o novo prisioneiro no pátio da prisão, ele será tentado a gritar os números. Mas, aqui como lá, é uma questão de *como* contar as piadas; Novak e Waldoks o fazem muito bem.

É um tom afiado, incisivo. Ele é fortemente intelectual, o que explica a sua associação com a urbanidade e a sofisticação. Ele também tem uma dimensão surrealista, que ficamos tentados a chamar de religiosa, em sua origem. Um exemplo deve servir aqui. O negócio foi citado como um tema frequente do humor judaico. Mais especificamente, um tema comum nas piadas judaicas é a perspicácia superior dos negociantes judeus (ironicamente, o mesmo tema que aparece de um modo pejorativo nas piadas gentias, é uma ocasião para a autocongratulação nas piadas judaicas – não é apenas uma questão de *como* as piadas são contadas, mas também *por quem* e *quando*!). Este tema tampouco é exclusivo. Ele era comum no humor americano, desde muito antes que ele fosse infiltrado pela sensibilidade judaica. Havia a figura cômica do mascate ianque, um esperto malandro urbano que sempre levava a melhor sobre os caipiras do campo e outras pessoas com um tino inferior para os negócios. Eis uma história sobre este personagem, que data de antes de 1800:

> Um comandante ianque está bebendo em uma taberna londrina quando alguns locais tentam, sem sucesso, atraí-lo para um jogo de cartas. Ele recusa, e eles se afastam. O dono pede a ele que pague a bebida de todos, como se supõe ser o costume londrino quando alguém recusa um convite para jogar cartas. O ianque faz uma expressão de surpresa, saca algumas moedas de prata, e então pede outra garrafa. Enquanto o dono vai buscá-la, o ianque rabisca a soma, supostamente devida, no balcão e, embaixo, escreve: "Eu lhe deixo um punho ianque para a suas lâminas londrinas", e sai correndo pela porta[2].

---

2. Cf. ROURKE, C. *American Humor*. Garden City, NY: Doubleday-Anchor, 1953, p. 17. Fiel à venerável tradição de contar piadas, eu reproduzi o episódio com as minhas próprias palavras.

Há humor aqui, de uma certa qualidade intelectual (a palavra *blade*, no inglês daquela época, significava um caráter esperto, assim como o fio de uma navalha). Ele dificilmente se compara, contudo, à sagacidade das piadas judaicas sobre o mesmo tema. Podemos relembrar aqui a piada, contada no capítulo anterior, sobre o empresário do polo de moda, em Nova York, que comete suicídio para que o seu sócio possa receber o seguro e cujas últimas palavras, ao atravessar a janela do sócio, consistem de recomendações para cortar gastos. Ou vejamos a seguinte piada:

> Dois sócios no ramo da moda enfrentam uma crise. Eles possuem uma enorme quantidade de camisas listradas no estoque e nenhum comprador. Então, felizmente, um comprador de fora da cidade aparece e encomenda mil camisas. Há apenas um detalhe, ele diz: ele precisa obter a confirmação do escritório central; mas, a menos que ele mande um telegrama até o final da semana para cancelar, a encomenda está de pé. Os sócios estão muito ansiosos. Os dias se passam. Na sexta-feira, pouco antes do fim do expediente, o garoto da Western Union entrega um telegrama, os sócios ficam pálidos. Com força de vontade, um deles rasga o envelope e grita para o seu sócio: "Abe, ótimas notícias! A sua irmã morreu!"[3]

Há alguma maneira de explicar esse estilo cômico tão peculiar? Uma explicação exaustiva pode estar fora de alcance, mas algumas sugestões são possíveis. Duas podem ser feitas com alguma segurança, baseadas nos dois fatores históricos da marginalidade e da intelectualidade judaicas. Com mais cau-

---

3. Esta piada está registrada em NOVAK & WALDOKS. *Jewish Humor*, p. 188. Eu contei aqui a minha própria versão.

tela, pode-se destacar alguns aspectos do judaísmo como uma tradição religiosa.

Na civilização ocidental, os judeus foram um grupo marginal durante muitos séculos. Muito provavelmente, isso contribuiu para uma certa visão aguçada sobre a sociedade e sobre si mesmos. Quando veio a emancipação, essa marginalidade não desapareceu totalmente, mas se tornou mais matizada. De uma maneira muito curiosa, os judeus eram tanto incluídos quanto excluídos das sociedades europeias que lhes deram a cidadania. Pode-se admitir a hipótese de que é precisamente essa ambivalência, de ser ao mesmo tempo incluído e excluído, que alimenta um olhar desiludido e cético da sociedade. Assim o clássico sociólogo norte-americano, Thorstein Veblen, explicou a contribuição extraordinária que os judeus deram à vida intelectual do Ocidente, desde a emancipação. Ele caracteriza o intelectual judeu moderno como "um cético por força das circunstâncias"[4]. Contudo, na sociologia do século XX, os dois textos que esclareceram este ponto com maior precisão são dois ensaios que, embora ambos tenham sido escritos por judeus, não analisam a situação judia enquanto tal. São os ensaios sobre o papel social do estrangeiro de Georg Simmel e Alfred Schutz[5]. Simmel, de fato, cita o que ele chama de o exemplo clássico da história judaica na Europa, mas o seu objetivo era delinear o tipo social do estrangeiro de um modo geral, transcultural. O estrangeiro encarna uma peculiar "unidade de proximidade e

---

4. Apud ensaio "The Intellectual Pre-Eminence of Jews in Modern Europe". In: LERNER, M. (ed.). *The Portable Veblen*. Nova York: Viking, 1948, p. 467ss. [O ensaio foi publicado pela primeira vez em 1919.] Veblen sabia do que estava falando no que se refere à marginalidade. Criado em um enclave étnico norueguês no Meio-Oeste, ele não aprendeu inglês até ir para a escola. De uma maneira muito básica, ele se sentiu tanto incluído quanto excluído da sociedade americana durante toda a sua vida.

5. WOLF, K. (trad./ed.). *The Sociology of Georg Simmel*. Glencoe, Ill.: Free, 1950, p. 402ss. • SCHUTZ, A. *Collected Papers*. Vol. II. Haia: Nijhoff, 1964, p. 91ss.

afastamento", e esta condição leva a uma postura particular de distanciamento e objetividade. Desta forma, o estrangeiro vê muitas coisas que o nativo, que as naturaliza, não percebe, ou o faz com muito menos nitidez. Schutz, conscientemente, escreveu o seu ensaio sobre o estrangeiro como um adendo ao texto de Simmel. Ele destaca, particularmente, que o mundo naturalizado do estrangeiro é muito mais precário do que aquele do nativo. Ele também menciona a objetividade que deriva do aprendizado, como forasteiro, das regras do jogo ditadas pelo grupo local. Além disso, contudo, como Schutz incisivamente enfatiza, há a "sua própria [do estrangeiro] experiência amarga dos limites de 'pensar como de costume', que o ensinou que um homem pode perder o seu *status*, as suas regras de orientação e mesmo a sua história, e que o modo de vida normal é sempre muito menos garantido do que parece"[6].

A peregrinação dos judeus através da história ocidental, como forasteiros/incluídos, percorre um longo caminho para explicar a sua preeminência intelectual (para usar a expressão de Veblen) na cultura moderna. Ela também ajuda a explicar o caráter distintivo da cultura cômica judaica moderna, abrangendo desde o seu florescimento em ídiche até o seu renascimento surpreendente na América. Como afirmado anteriormente, o cômico invade e subverte as estruturas naturalizadas da vida social. Ele revela as suas incongruências e a sua vulnerabilidade fundamental. Esta perspectiva se apresenta mais imediatamente para o estrangeiro. É uma perspectiva profundamente perturbadora e, de fato, perigosa. Essa é, pelo menos, uma das razões que explicam por que a consciência judaica moderna se encontra em

---

6. SCHUTZ, A. *Collected Papers*. Vol. II, p. 194. Simmel escreveu o seu texto muito antes da Segunda Guerra Mundial. Schutz escreveu sobre o estrangeiro depois de ter vindo para a América refugiado do nazismo; a "experiência amarga" era a sua própria.

constante perturbação. O ditado ídiche de que é *shver tsu zein a yid* (difícil ser judeu) é encontrado inclusive em alguns dos produtos mais esotéricos do espírito judeu moderno. Infelizmente, a mesma perspectiva cética, implicitamente perigosa, sobre a sociedade e todas as suas obras, também alimentou a mentalidade antissemita. Em todo caso, encontramos aqui, mais uma vez, a duplicação [*Dopplung*] da percepção, que Bernhard Greiner propôs como a essência da comédia.

Os judeus tiveram de sobreviver nessa situação ambivalente e muito do humor judaico foi posto a serviço desta sobrevivência. Isso engendrou uma versão distintamente judaica de humor mórbido ou humor negro. As seguintes piadas podem servir de exemplos:

> Três judeus, inadvertidamente, se perderam próximos ao harém do sultão e viram de relance as suas belas donzelas, em roupas sumárias, descansando no jardim. Os judeus foram pegos e levados diante do sultão. Ele ordena que eles sejam punidos com grandes quantidades de frutas enfiadas em seus traseiros. Contudo, já que eles tinham ficado perdidos na área proibida inadvertidamente, o sultão, em um gesto de misericórdia, deixou que eles escolhessem as frutas. O primeiro escolheu uvas, o segundo bananas. Os carrascos do sultão começam o doloroso processo de enfiar enormes quantidades dessas frutas nos seus respectivos traseiros. De repente, o primeiro homem começa a rir. "Qual é a graça?", pergunta o segundo. "Veja", diz o primeiro, "aí vem Moshe com seus melões!"[7]

---

7. Eu não faço ideia de quando ou onde eu ouvi esta piada. Dado o seu contexto, o meu "faro para piada" sugere que ela deva ser de origem sefardi. Pensando bem, o conceito de faro para piada [*Witznase?*] merece ser melhor desenvolvido. Não aqui, não agora...

Sob um regime tirânico qualquer, três judeus estão prestes a serem fuzilados. O oficial encarregado da execução oferece a eles um último cigarro. O primeiro aceita, assim como o segundo. O terceiro recusa. Ao que o segundo se vira para ele e diz: "Moshe, não crie problemas!"

E a seguinte piada americana, recente, não possui nenhuma referência judaica explícita. Porém, pode-se argumentar que ela tem um certo sabor judaico – precisamente o tom que foi mencionado anteriormente:

Um médico conversa com seu paciente: "Eu tenho uma boa notícia e uma má notícia. Qual delas você quer ouvir primeiro?"

"Primeiro a má notícia."

"Bem, a má notícia é que o raio-X mostra claramente um tumor."

"Então, qual é a boa notícia?"

"A boa notícia é que estou saindo com a técnica do raio-X."

Ainda que a marginalidade seja um fator causal na gênese do humor judaico, ele não pode ser o único. Há outros grupos marginais, na Europa e em outros lugares, que não desenvolveram nada remotamente parecido com a cultura cômica judaica – os ciganos, por exemplo, ou os mascates nômades. Outro fator importante, quase certamente, foi a peculiar tradição intelectual judaica, especialmente tal como ela se desenvolveu desde o período talmúdico. Essa tradição, por certo, está fundada no próprio caráter do judaísmo rabínico e na centralidade da lei neste último. Outras tradições religiosas, certamente, se preocuparam bastante com a lei – o catolicismo romano com o seu desenvolvimento da casuística, ou o islã com as suas diferentes escolas jurídicas de interpretação da *shari'ah*. Mas é provavelmente justo afirmar que o judaísmo é incomparável, entre as religiões mundiais, pelo lugar central atribuído ao raciocínio legal, pelos infinitos esforços intelectuais para compreender e refinar as exigências da *halacha*. Os escritores cristãos frequentemente interpretaram mal esse hábito, como um árido legalismo, ignorando a fervorosa paixão religiosa que vibra nessas disputas, uma paixão fundada no compromisso de discernir e seguir a vontade de Deus em todas as áreas da vida humana. Em todo caso, o judaísmo rabínico é, acima de tudo, uma religião legalista, uma lei que deve ser permanentemente estudada, discutida e aplicada a novas situações. Nenhuma outra tradição religiosa chamou o seu local sagrado de *shul* [escola], ou fez do estudo e da erudição *a* vocação religiosa fundamental. Uma anedota cita um famoso rabino sendo questionado, por um dos seus discípulos, sobre como Deus se ocupa na eternidade. "Ele estuda", respondeu o rabino. A resposta, podemos supor, era só meio irônica.

O estudo talmúdico desenvolveu um método intelectual específico, o *pilpul*, uma forma de raciocínio dialético. Professores e estudantes interagem em um processo de perguntas e respostas, definindo e redefinindo um problema de ordem legal, citando autoridades do passado, tentando encontrar soluções que façam justiça a novas situações. Não há dúvida de que esse estilo cognitivo singular (para usar outra expressão de Schutz) persistiu quando as mentes judaicas se voltaram para problemas seculares. É um estilo cognitivo que estabelece refinadas distinções, relacionando coisas e desconstruindo-as novamente – um estilo cognitivo que se revelou bastante adequado às exigências da modernidade[8]. O mesmo estilo cognitivo pode ser detectado no humor judaico. A questão de se algumas passagens talmúdicas eram intencionalmente cômicas deve ser deixada para os especialistas. Mas é difícil evitar a suspeita de que alguns desses antigos rabinos estivessem rindo enquanto debatiam o que um autor recente chamou de "problemas estranhos e bizarros" no Talmude – por exemplo, o problema do número de migalhas trazidas por um rato ou uma ratazana para uma casa, limpa para a Páscoa, que invalidaria a limpeza, ou a questão de se um *golem* (um ser artificial criado pela mágica) está autorizado a participar na oração comunal[9]. Seja como for, pode-se sugerir que as mentes, apuradas por essa metodologia, eram preparadas para o humor judaico. Os hábitos do *pilpul* podem ser detectados, ainda, em piadas judaicas modernas. A seguinte é um exemplo perfeito:

> Um judeu está sentado em um vagão de trem no velho oeste. Um homem consideravelmente mais jovem, claramente também judeu, junta-se a ele e se senta à sua frente após um cumprimento superficial. Quando o trem começa a se mover, o homem mais novo diz: "Com licença, você poderia me dizer que horas são?"

---

8. Cf. BERGER, P.; BERGER, B. & KELLNER, H. *The Homeless Mind:* Modernization and Consciousness. Nova York: Random House, 1973, esp. a discussão sobre a abstração e a "componencialidade". À medida que a modernização avança e aumenta o número de pessoas que se tornam "desabrigadas" na sua consciência, elas se tornam, *ipso facto*, mais abertas à sensibilidade cultural judaica. Nesse sentido, poderíamos parafrasear a afirmação do Papa Pio XI: "Todos nos tornamos judeus". Isso pode contribuir bastante para explicar a influência dos judeus e das questões judaicas na cultura americana contemporânea.

9. STEINSALTZ, A. *The Essential Talmud*. Nova York: Basic Books, 1976, p. 235. Poderíamos mencionar também o problema que, recentemente, colocou um professor americano em apuros: Se um homem cai de uma janela, cai sobre uma mulher e tem relações sexuais com ela – ele é culpado de estupro? As feministas que acusaram o professor de assédio sexual por levantar este problema em aula, definitivamente, *não* estavam rindo.

O homem mais velho não responde.

"Com licença, por favor, você poderia me dizer que horas são?" O homem mais velho olha pela janela. O homem mais novo ficou bastante irritado: "Olha aqui, eu te fiz uma pergunta perfeitamente civilizada. Por que você não me responde?"

O homem mais velho diz: "Tudo bem, eu vou lhe dizer. Se eu lhe disser que horas são, vamos começar uma conversa. Você descobrirá coisas sobre mim. Você descobrirá que eu sou um rabino na cidade X, que eu tenho duas filhas, uma delas solteira. Você vai querer ver fotografias da minha família. Você descobrirá que a minha filha solteira é muito bonita. Você virá nos visitar. Você vai se apaixonar pela minha filha. Você vai se casar com ela..."

"Bem, seria isso tão terrível? Eu sou um judeu bastante respeitável".

"Talvez", diz o homem mais velho. "Mas eu não quero um genro que não consegue comprar um relógio"[10].

Há, por fim, outro aspecto do judaísmo que pode ter contribuído para a formação da cultura cômica judaica – uma concepção distintamente judaica da relação entre Deus e o homem. Mais do que qualquer outra tradição religiosa, os judeus *discutiram* com Deus. Já há insinuações disso na Bíblia hebraica: Jacó lutando com Deus, Jó questionando a conduta de Deus com ele. Textos judaicos posteriores contêm muitos outros casos, por exemplo, na literatura do chassidismo. Seria

---

10. Por razões que eu nem tento compreender, muitas piadas judaicas europeias começam com a seguinte frase: "Dois judeus se encontram em um trem". Frequentemente, quando alguém começa a contar uma piada com essa frase, seu interlocutor interrompe: "Sabe, estou ficando cansado dessas histórias sobre dois judeus que se encontram em um trem. Você não conhece nenhuma outra piada?" "Tudo bem, tudo bem", diz o piadista. "Então, dois húngaros se encontram em um trem..."

outro equívoco interpretar esse fato como uma ausência de reverência. Ao contrário, é mais plausível compreendê-la como uma convicção, profundamente religiosa, da perfeição moral de Deus: se Deus é moralmente perfeito, Ele não pode ser inferior ao homem na sua abertura ao argumento moral. Mas, seja como for, essa curiosa proximidade do Deus judeu eleva as tendências casuísticas do espírito talmúdico para dimensões cósmicas. A totalidade do cosmos, por assim dizer, se torna objeto de discussão. Pode ser que isso contribua para um olhar surrealista, uma visão da realidade como repleta de imensas incongruências, que alcançam até o trono divino – uma visão que está muito próxima da perspectiva cômica em sua essência. Uma última piada judaica pode ser admitida aqui, para esclarecer esse ponto (reconhecidamente questionável):

> Três fiéis do chassidismo estão se gabando dos seus respectivos rabinos. O primeiro diz: "O meu rabino é tão devoto que ele pensa em Deus o tempo todo e, por isso, ele treme o tempo todo". O segundo diz: "O meu rabino é tão devoto que Deus pensa *nele* o tempo todo e, então, Deus treme o tempo todo". O terceiro fiel diz: "O meu rabino passou por esses dois estágios. E aí, na semana passada, ele disse a Deus: É realmente necessário que nós dois tremamos o tempo todo?"[11]

---

11. O meu *Witznase* me diz que o ponto pode ter sido alcançado neste livro, no qual um excesso de piadas pode começar a exaurir a receptividade cômica dos seus leitores (*vide* a discussão anterior sobre o efeito negativo da repetição). Eu deveria fazer uma promessa de restringir as piadas daqui para frente. Contudo, eu também poderia citar mais uma do lendário rabino de Vilna: "Quando um piadista lhe diz que ele não está mais fazendo graça – não acredite nele!"

Parte II

Formas cômicas de expressão

7 O cômico como diversão
Humor gentil

A primeira parte deste livro foi uma tentativa de delinear a anatomia do cômico com a ajuda de diferentes perspectivas, como aquelas da filosofia, da psicologia e das ciências sociais. Não é preciso dizer que essa tentativa só poderia ser parcialmente bem-sucedida. Vale lembrar a descrição do riso, feita por Bergson, como uma espuma que desaparece quando se tenta agarrá-la (vale, pode-se acrescentar, tanto para o autor apreensivo quanto para o leitor cético). Como afirmado no início deste empreendimento discutivelmente quixotesco, tudo o que se pode tentar fazer é continuar dando voltas em torno do fenômeno, na esperança de vê-lo mais claramente ao final. E isso é tudo o que este livro pode continuar a fazer. Na maior parte restante do livro, o tema será as diferentes formas de expressão do cômico, em sua maioria literárias. Há aqui um problema particular. O material relevante é incrivelmente vasto. A literatura, de todas as culturas humanas, contém enormes acúmulos de escritos cômicos. Mesmo o panorama mais superficial desses textos intimidaria o megalomaníaco mais descarado ou, alternativamente, exigiria a criação de um grande número de comissões acadêmicas com uma agenda de trabalho medida em décadas. Tudo o que um autor solitário, desprovido de ilusões de grandeza, pode fazer é olhar para alguns casos claros (para usar uma expressão de Max Weber) – isto é, casos que ajudam a colocar sob um foco nítido estas diferentes manifestações do fenômeno cômico[1].

O humor gentil é mais facilmente definido como aquilo que ele não é. Ao contrário da sagacidade, ele não faz exigências intelectuais excessivas. Diferentemente da ironia e da sátira, ele não está destinado ao ataque. Diferentemente das criações extravagantes da loucura, ele não apresenta um contramundo. Ao contrário, ele é inofensivo, até inocente. A sua intenção é provocar o prazer, a descontração e a boa vontade. Ele engrandece, mais do que perturba, o fluxo a vida cotidiana. Ele está, por assim dizer, na extremidade oposta dos êxtases dionisíacos, nos quais a experiência cômica esteve originalmente enraizada. Pode-se, talvez, argumentar que esse lado mais sombrio está sempre lá, sob a aparência das piadas mais inócuas, mas quase completamente escondido, presente, se tanto, como uma mera *soupçon* [suspeita].

Nesta forma, então, o cômico funciona como uma diversão suave e totalmente saudável. É neste estilo que "o humor é o melhor remédio", tal como a revista *Reader's Digest* sugere.

O humor gentil é a expressão mais comum do cômico na vida cotidiana. Ele proporciona a diversão suave que torna mais fácil atravessar o dia e lidar com as pequenas irritações. Essa é a intenção quando as pessoas são criticadas por não terem senso de humor, uma falha de caráter (talvez até uma falha moral) que as torna menos capazes de lidar com os problemas e mais difíceis de conviver. Suponha que haja uma escalada de pequenos contratempos, digamos, em uma situação de trabalho. O chefe

---

1. O lendário Rabino Meir de Vilna, depois de ler este parágrafo em seu estudo sublime, teria dito: "Então, chega de desculpas. Vá fazer os bolinhos". Eu pensei muito em deslocar este grande sábio das notas para o texto principal.

acabou de chegar mostrando todos os sinais de um mau humor apreensivo, o sistema de computador está fora do ar, e – como se não bastasse – descobre-se que o pessoal da limpeza da noite jogou fora uma pilha de papéis importantes, que tinham sido preparados para a leitura cuidadosa do chefe. O próprio acúmulo desses contratempos vai provocar o riso naqueles que têm um reconhecido senso de humor, o que lhes tornará mais fácil superar as dificuldades, ao passo que, aqueles que não possuem essa característica redentora sofrerão frustrados. O humor, a *Reader's Digest* poderia continuar dizendo, é o melhor instrumento de gestão. (Deve-se observar, de passagem, que isso é sugerido seriamente, e frequentemente sem qualquer humor, por especialistas em administração de negócios.)

O humor gentil, nestes casos, se manifesta em interrupções momentâneas das atividades sérias da vida. Ele é uma reação espontânea às incongruências de uma situação corriqueira. Não é planejado ou organizado por ninguém. Podem haver também episódios inteiros que, por definição ou acidentalmente, provocam uma resposta bem-humorada. Considere-se um episódio muito comum da vida familiar: Uma garotinha está vestida com as roupas da mãe. Ela coloca um vestido, ou uma blusa, muito grande para ela, de tal modo que ela virtualmente desaparece dentro dele. Ela calça um par de sapatos altos, talvez coroando o traje com um chapéu que cai até o seu nariz. Nesses trajes, ela tropeça pela sala em uma perfeita paródia de sua mãe. Não importa se ela já fez essa *performance* antes ou se foi a primeira vez, pode-se supor, com segurança, que a família (incluindo a mãe parodiada) achará todo esse episódio muito divertido. Mas mesmo um estranho, inocentemente preso nessa pequena comédia, pode achá-la bastante engraçada e responder adequadamente. A garotinha pode terminar a sua *performance* para o riso e o aplauso unânimes (o que, ademais, podemos supor, vai encorajá-la a repeti-la frequentemente e pode inclusive dar a ela a ideia, conservada até a idade adulta, de que é uma comediante nata).

Ao contrário de outras formas do cômico, este tipo de humor não tem de ser deliberadamente produzido ou explicitamente articulado. Ele pode simplesmente acontecer. Além disso, ele pode ser desfrutado sozinho, com uma risada solitária, por assim dizer. Em contraste, a sagacidade, as piadas ou a sátira são sempre produtos conscientes, e a sua produção depende de uma situação social na qual o agente cômico tem uma plateia. Porém, obviamente, o humor gentil também pode ser deliberadamente produzido ou encenado, seja por amadores, como a garotinha mencionada, ou por pessoas que fazem dele a sua profissão. Somente quando o humor gentil é deliberadamente produzido ele pode criar uma província finita de significado, embora de uma espécie muito singular. Ele está muito próximo da vida cotidiana, ainda que retire dela tudo o que for doloroso ou ameaçador. Ele traz à tona a existência transitória de um mundo de suave leveza. O seu efeito é o de um breve e refrescante descanso da seriedade da vida. Quase qualquer forma de criatividade pode evocá-lo. A literatura mundial está, obviamente, cheia de exemplos, e mesmo Shakespeare, que em outras obras confronta toda a profundeza concebível da angústia humana, escreveu comédias nas quais qualquer traço de dor ou tristeza foi eliminado. Os americanos contemporâneos em busca de humor gentil podem encontrá-lo na poesia de Edward Lear ou Ogden Nash, nos monólogos cômicos de Bob Hope (que ainda continua firme e forte, de fato heroicamente, aos noventa anos de idade), assistindo a um velho filme dos Irmãos Marx, ou contemplando as pinturas de Norman Rockwell. Este ou aquele produto de humor gentil pode ser, certamente, rejeitado por algumas pessoas como sendo muito fofinho, muito pouco sofisticado, ou como expressão de uma sensibilidade cômica alheia demais para ser desfrutada. Seja como for, ninguém, por mais sofisticado ou etnocêntrico que seja, poderá se queixar da escassez de fontes de humor gentil às quais podemos recorrer em caso de necessidade.

No que se segue, três casos claros serão analisados. Eles são muito diferentes entre si, de diferentes países e em diferentes suportes, embora todos sejam contemporâneos. O que eles têm em comum é que cada um deles, da sua própria maneira, produziu uma obra, claramente, de humor gentil. Os três casos são o romancista inglês P.G. Wodehouse, o comediante americano Will Rogers e Franz Lehár, o mestre da opereta vienense do século XX.

P.G. (Pelham Grenville – sem brincadeira) Wodehouse (1881-1975) deve ser um dos escritores mais prolíficos na história da literatura[2]. Dependendo de como se contam antologias, ele publicou, um pouco mais ou pouco menos, uns cem livros ao longo de sua vida. Em seu décimo nono aniversário, ele se deu de presente a conclusão de mais um romance. E escrever foi o que ele fez durante toda a sua vida, virtualmente o tempo todo. Filho de funcionários públicos coloniais (de forma alguma parte da aristocracia sobre a qual ele escreveria todos aqueles romances), ele se dedicou integralmente à escrita desde cedo, e o imenso sucesso dos seus romances deu a ele uma renda confortável. Apesar da sensibilidade inequivocamente inglesa de sua obra, Wodehouse sempre teve um devoto público leitor americano e passou uma grande parte da sua vida na América, onde também desempenhou um importante papel no desenvolvimento dos musicais da Broadway e, por um tempo, fez *scripts*

---

2. Cf. GREEN, B. *P.G. Wodehouse:* A Literary Biography. Nova York: Routledge, 1981.

de filmes em Hollywood. Ele teve um casamento feliz, viveu em circunstâncias estáveis, trabalhou dedicada e meticulosamente em seu ofício de escritor. Em todos os aspectos, ele era um indivíduo amistoso, bem-intencionado e descontraído. De fato, a sua biografia rendeu somente um episódio muito doloroso, que vale a pena contar, pois ele sugere uma inocência de caráter que parece sair diretamente de um dos seus próprios romances[3]. Wodehouse e a sua esposa foram presos na França, na época da invasão alemã, em 1940. Wodehouse foi detido como um inimigo estrangeiro. Ele foi muito bem tratado e escreveu bastante enquanto esteve sob custódia. Quando ele recebeu a visita de um jornalista americano (isso foi antes de os Estados Unidos entrarem na guerra), ele concordou em fazer alguns programas radiofônicos para os seus leitores americanos, contando algumas histórias engraçadas sobre o seu confinamento. Não lhe ocorreu que os alemães, que permitiram que ele usasse suas instalações de rádio, pudessem ver esses programas como um sucesso de propaganda. Os programas foram, naturalmente, muito malrecebidos na Grã-Bretanha e, depois da libertação da França, Wodehouse foi temporariamente preso e investigado sob suspeita de traição. Ele teve a sorte de o primeiro oficial da inteligência britânica a entrevistá-lo não ter sido outro senão Malcolm Muggeridge, que ficou completamente encantado por Wodehouse e, no seu relatório, o exonerou de qualquer outra culpa, a não ser a estupidez política[4].

---

3. Ibid., p. 181ss.
4. Muggeridge escreveu sobre isso em CAZALET-KEIR, T. (ed.). *Homage to P.G. Wodehouse*. Londres: Barrie & Jenkins, 1973, p. 87ss. Há outra versão dessa história, com um giro verdadeiramente wodehousiano. A inteligência alemã, particularmente desprovida de um senso de humor inglês, leu os livros de Wodehouse na crença de que ele oferecia uma descrição etnograficamente precisa da vida no seu país natal. Eles enviaram um agente para a Inglaterra usando polainas. Ele foi imediatamente identificado e preso.

Embora eles constituam somente uma parte da obra completa de Wodehouse, os seus romances mais famosos e bem-sucedidos são aqueles que narram as aventuras de Bertie Wooster, um jovem aristocrata adoravelmente imbecil, e de Jeeves, o seu onisciente "cavalheiro do cavalheiro" (o termo *mordomo* está, de certa forma, abaixo de sua dignidade). Pode-se dizer que essas duas figuras alcançaram, a esta altura, um *status* quase mitológico. Duas histórias bastarão aqui para explicar a idiotice animada que os cerca.

A primeira é intitulada "*Jeeves in the Springtime*" [Jeeves na primavera][5]. Bertie sente a chegada da primavera e tem o seguinte diálogo com Jeeves:

> "Na primavera, Jeeves, uma íris mais cheia de vida brilha sobre o pombo fulgente".
>
> "Assim eu fui informado, senhor."
>
> "Certo! Então me traz o meu *whangee* [guarda-chuva ou bengala, feitos de bambu], os meus sapatos mais amarelos, e o meu velho chapéu Homburg verde. Eu vou ao parque fazer as danças pastoris."
>
> "Muito bem, senhor."

Não importa o que um "pombo fulgente" possa vir a ser, muito menos um *whangee*. É difícil imaginar um diálogo mais idiota. Ele é típico da interação entre os dois personagens, Bertie liderando na frente com energia negligente, Jeeves ao seu lado com distanciamento irônico, mas sempre pronto para tirar o seu senhor das enrascadas nas quais ele invariavelmente termina. A interação segue uma fórmula mais ou menos fixa. O

---

5. WODEHOUSE, P.G. *The World of Jeeves*. Nova York: Harper & Row, (1967), 1989, p. 22ss.

incrível é como o talento cômico de Wodehouse faz com que ela se pareça nova todas as vezes.

Eis como Bertie vivencia a primavera: "Espécie de sentimento elevado. Romântico, se você entende o que eu quero dizer". Mas caso alguém imagine uma irrupção de erotismo primaveril, ele acrescenta: "Eu não me dou muito bem com as mulheres, mas, nesta manhã particular, me pareceu que o que eu realmente queria era uma garota encantadora para gritar por socorro e me pedir que a salve de assassinos, ou algo assim". Mais uma vez, isso é bastante típico das relações de Bertie com o sexo oposto. Quando não é uma questão de tentar escapar das exigências de tias terríveis e das matronas casamenteiras, as noções de Bertie, sobre o romance, são românticas em um estilo basicamente pré-adolescente. Jeeves, na verdade, parece ter casos de um tipo ou de outro, geralmente com as mulheres entre os serviçais domésticos do círculo de amigos e parentes de Bertie, mas nenhum detalhe lascivo jamais é revelado, ou mesmo insinuado. Um ponto não sem importância: o mundo de Wodehouse é singularmente destituído de qualquer espécie de sexualidade, e é, assim, inocente no sentido mais literal[6].

O que acontece no parque é um pouco um anticlímax. Bertie se encontra com o jovem Bingo Little, um jovem cavalheiro com um intelecto quase igual ao seu. Bingo o arrasta para um restaurante um tanto tosco e o apresenta a Mabel, uma garçonete de lá e "a garota mais maravilhosa que você já viu". Bingo está apaixonado por Mabel e quer se casar com ela. O problema é o seu tio, o velho Mortimer Little, de quem ele é financeiramente

---

6. Eu sei que alguns críticos sugeriram que o relacionamento entre Bertie e Jeeves era homossexual. Isso é quase tão plausível quanto uma teoria que interpreta Jeeves como um proletário revolucionário. Como ele poderia ter dito: "Uma sugestão bastante leviana, senhor".

dependente e que pode cortar a sua mesada se ele entrar nesse tipo de casamento plebeu. A condição financeira é, outra vez, típica do círculo de Bertie e, de fato, do próprio Bertie (que é dependente da sua feroz Tia Agatha). Essas pessoas não têm trabalho nem dinheiro, mas elas conseguem sustentar um estilo de vida extravagante com base em apoios financeiros obscuros e precários. Pode-se recordar, aqui, o modo como alguém certa vez descreveu os personagens dos romances de Dostoievski, como desempregados e não empregáveis. Mas nenhum dos personagens de Wodehouse é muito afetado por essa situação econômica além de um aborrecimento impertinente, e eles certamente não são movidos por quaisquer paixões remotamente dostoievskianas.

A história se desenrola em uma sequência de eventos que não poderiam nunca ser plausíveis, exceto em um romance de Wodehouse. Bingo implora a Bertie que peça o conselho de Jeeves (que está "na condição de cérebro da família"). Jeeves, ao que parece, está bem posicionado para fornecer ajuda, já que ele está, "em termos de alguma intimidade", praticamente caminhando para um noivado com a cozinheira do velho Mortimer, a Senhorita Watson. Jeeves sabe que o temível tio está sofrendo com um episódio doloroso de gota e gosta que o seu criado leia para ele na cama. Jeeves sugere que Bingo deveria voluntariamente assumir a tarefa e ler as obras de uma tal Rosie M. Banks, uma autora especializada em romances entre indivíduos de classes sociais diferentes. Não demora muito para Bertie ser convidado para almoçar na casa dos Little. Ele descobre, para a sua decepção, que Bingo contou a seu tio que Bertie é o verdadeiro autor dos romances de Banks. Quando Bertie levanta o assunto dos planos de casamento interclasse de Bingo, o velho Mortimer não fica nem um pouco perturbado.

Na verdade, inspirado pela ideologia de Banks, ele próprio está prestes a dar um passo semelhante, casando-se com a Senhorita Watson. Quando Bertie conta tudo a Jeeves, ele também não se perturba. Ele tinha se dado conta, há algum tempo, de que ele e a Senhorita Watson realmente não combinavam, e ele agora tem um novo compromisso – com Mabel, a garçonete que tanto seduziu o pobre Bingo! Mais uma vez, Jeeves se revela um minimaquiavélico no minimundo de Bertie Wooster.

A outra história (escolhida mais ou menos aleatoriamente – quase qualquer uma serviria) é chamada "*Without the Option*" [Sem opção][7]. O título se refere a uma sentença de prisão sem a opção de pagar fiança. Bertie e seu amigo Sippy (Oliver Randolph Sipperley) foram presos. Eles estavam em um estado de embriaguez avançada, na noite da corrida de barco entre Oxford/Cambridge, e Bertie sugeriu que Sippy (que estava deprimido por causa das exigências feitas por sua Tia Vera – sim, de fato, uma senhora de quem ele é financeiramente dependente) se animasse arrancando o capacete de um policial. Bertie é apenas multado, mas Sippy, o verdadeiro agressor, é condenado a trinta dias "sem opção". Isso não seria tão ruim, exceto pelo fato de que Tia Vera ordenara Sippy que visitasse os amigos dela, a família de um tal Professor Pringle, em Cambridge. Se ele não fosse, ela descobriria o seu vergonhoso encontro com a lei e (sim, realmente) ela poderia cortar a sua mesada. Como de costume, Jeeves é chamado para dar conselhos. Ele sugere a única solução possível: Bertie deve ir a Cambridge, fingindo ser Sippy. Bertie se recusa, mas quando ele fica sabendo que Tia Agatha tinha telefonado, evidentemente sabendo do seu próprio contratempo legal, ele quer ir o mais rápido

---

7. WODEHOUSE. *World of Jeeves*, p. 300ss.

possível. Como de hábito, Jeeves já tinha antecipado o rumo dos acontecimentos:

> "Jeeves", eu disse, "é momento de agir, não de palavras. Faça as malas – e faça-o rapidamente".
>
> "Eu já fiz, senhor."
>
> "Descubra quando sai o próximo trem para Cambridge."
>
> "Em quarenta minutos, senhor."
>
> "Chame um táxi."
>
> "O táxi está na porta, senhor."
>
> "Bom!" eu disse. "Então me leve até ele."

A *Maison Pringle* é tão ameaçadora quanto Bertie havia temido. O Professor Pringle é "um camarada franzino, meio-calvo, de aparência indigesta, com um olho de peixe", e a Senhora Pringle tem a cara "de quem recebeu más notícias por volta do ano de 1900, e nunca realmente as superou". E há também "algumas mulheres anciãs com xales por todo lado", a mãe e uma tia do professor. A tia se lembra de Bertie/Sippy como um garoto desagradável, que provocava o seu gato, há muitos anos. Mas o pior ainda está por vir. Heloise Pringle, a filha do professor, aparece. Ela se parece muito com Honoria Glossop, com quem Battle esteve desastrosamente comprometido por três semanas, até ser mandado embora por seu terrível pai, o Senhor Roderick Glossop (o médico doido). Ela até fala como Honoria. Não é de se admirar, pois, como Jeeves sabe, as duas são primas. Heloise fixa a sua atenção em Bertie e, com "o olhar de uma tigresa que escolheu a sua presa", imediatamente decide que ele é um pretendente matrimonial promissor. Bertie, claro, fica aterrorizado. Desta vez, nem mesmo Jeeves tem uma solução. A possibilidade de que Bertie possa recusar a formidável Heloise evidentemente não ocorre nem a ele nem a Jeeves. Mas os dois se envolvem em um diálogo quase filosófico sobre o mistério de Bertie, que constantemente atrai mulheres jovens tão "inteligentes" quanto Honoria e Heloise:

> "Jeeves, é um fato cientificamente comprovado que há um estilo particular de mulher que se parece estranhamente atraída para o tipo de rapaz que eu sou".
>
> "É verdade, senhor."
>
> "Quero dizer, eu sei perfeitamente bem que eu tenho, grosseiramente falando, a metade do cérebro que um indivíduo normal deve possuir. E, quando aparece uma garota que ganha quase o dobro de uma mesada regular, ela também, frequentemente, corre direto para mim, com a luz do amor em seus olhos. Eu não sei como explicar isso, mas é assim."
>
> "Pode ser uma dádiva da Natureza para manter o equilíbrio das espécies, senhor."

Bertie, desesperadamente, tenta evitar a assustadora Senhorita Pringle, permanece a maior parte do tempo no seu quarto, de onde só sai descendo pelo cano de escoamento (assim reforçando a opinião da tia sobre ele como criminoso e louco). A situação é resolvida pelo aparecimento de ninguém menos que o Senhor Roderick, que tinha sido convidado para o jantar. Ele, naturalmente, reconhece Bertie e, depois de ser avisado que Bertie fingia ser Sippy, confirma o diagnóstico da tia de que ele era totalmente louco. Bertie foge extremamente aflito, buscando refúgio (é claro) com Jeeves: "Os alicerces do inferno estão estremecendo e o jogo acabou". A cujo *cri de coeur* Jeeves apenas observa: "Esta contingência sempre deveria ter sido antecipada como uma possibilidade, senhor". Somente um curso de ação é possível – ir até a Tia Vera, de Sippy, e contar tudo a ela. É o que Bertie faz, precipitadamente. Para sua surpresa, Tia Vera está encantada com as notícias sobre o ataque do seu sobrinho a um policial. Jeeves sabe o porquê: ela teve uma série de encontros desagradáveis com a polícia local, que vinha lhe aplicando multas por excesso de velocidade e por permitir que o seu cão saísse sem coleira e, por isso, ela está furiosa com os policiais como classe. Como Jeeves sabe disto? O policial é seu primo.

Por toda a sua obra, Wodehouse se moveu em um mundo singular, fruto da sua própria criação, não apenas totalmente irreal, se comparado com a verdadeira Inglaterra daquela época, mas também tangivelmente real para qualquer leitor disposto a suspender a dúvida para entrar nele. É um mundo edwardiano congelado no tempo, conservado por Wodehouse muito tempo depois que a Inglaterra edwardiana tinha já entrado para a história, uma Inglaterra quase mística que, entre outras coisas, correspondia a todos os estereótipos contidos nas mentes dos americanos. É um mundo cheio de indivíduos minuciosamente descritos, muitos deles – dentre outros, cinquenta e três membros citados do Drones Club de Bertie, e sessenta e três mordomos (sem contar o Jeeves). Um enorme talento estilístico envolveu a criação desse mundo (caso se possa dizê-lo paradoxalmente) profundamente trivial. Hillaire Belloc chamou Wodehouse de o maior escritor inglês vivo e Auberon Waugh o considerava o romancista mais influente da época. O seu biógrafo descreve isso da seguinte maneira: "Wodehouse produziu um número infinito de observações engraçadas ao longo de sua vida, inventou uma população repleta de palhaços. O seu sonho da Inglaterra, que ele preferia à Inglaterra real, é um sonho divertido, um sonho vividamente concebido e detalhadamente construído, mas, acima de tudo, *é um sonho gentil*"[8].

---

8. GREEN. *P.G. Wodehouse*, p. 237 [grifo meu].

Assim, Wodehouse é um caso claro, fora do comum, de humor gentil. Ele apresenta a seus leitores um mundo completamente sem escuridão, sem dor real, sem quaisquer paixões intensas. Entra-se nele como em uma espécie de jardim de infância encantado. O humor, certamente, está nos personagens e nos enredos, mas sobretudo no estilo (não tanto nos diálogos quanto nas passagens descritivas). Ninguém, exceto Wodehouse, poderia ter escrito, por exemplo, sobre "uma tia chamando a outra tia como os mastodontes que berram pelos pântanos selvagens", ou poderia ter resumido uma situação afirmando que "o gelo se formou nas encostas superiores do mordomo". David Cecil, outro admirador, resume a obra de Wodehouse da seguinte maneira: "Embarcamos nos seus livros certos de que não encontraremos nada que nos provoque arrepios ou reflexão ou lágrimas; mas somente o riso. E um riso que é de pura felicidade"[9].

Neste sentido, dois autores não poderiam ser mais diferentes do que Will Rogers e P.G. Wodehouse, encarnando, respectivamente, uma abordagem prototipicamente americana da vida, rústica e informal, e os eufemismos melindrosos e maneiristas de uma cultura aristocrática em declínio terminal. Contudo, após um exame detalhado, é possível reconhecer espíritos afins, para além de todas as diferenças de nacionalidade, classe e estilo criativo. Não somente porque ambos foram enormemente produtivos, tiveram um sucesso muito grande e viveram vidas essencialmente felizes (embora a de Rogers tenha sido precocemente interrompida em um acidente fatal de avião, aos cinquenta e cinco anos de idade). Mais relevante para as atuais considerações, eles exalavam uma benevolência envolvente, uma

---

9. CAZALET-KEIR. *Homage to P.G Wodehouse*, p. 6.

inocência invencível, em toda a sua obra e também, reconhecidamente, em suas respectivas personalidades.

Will Rogers (1879-1935) nasceu no que é hoje Oklahoma, de descendência parcialmente Cherokee, um fato do qual ele se orgulhava muito (como ele disse ao seu público BASP, quando o povo deles chegou em Mayflower, o seu estava lá para saudá-los)[10]. Ele aprendeu todas as habilidades de um *cowboy* no rancho do seu pai e, de fato, trabalhou como *cowboy* na sua juventude. Ele era particularmente hábil no uso do laço, e foi isso que inicialmente o levou para o mundo do entretenimento, ou para aquele segmento onde o público se excitava com a habilidade de um artista de dominar quase tudo com o laço. Há algum desacordo quanto ao exato momento em que Rogers começou a falar com a plateia durante esses feitos atléticos. Inicialmente, ele fazia isso para encobrir incidentes, quando um dos seus truques falhava, e uma das suas primeiras declarações engraçadas foi no sentido de que a gerência não lhe permitiria dizer as vulgaridades que ele tinha vontade de falar naquela ocasião. Ele graduou-se dos *shows* de *cowboy* para o teatro de variedades, deu um grande salto em sua carreira no entretenimento quando foi contratado por Ziegfeld Follies em Nova York e, a partir daí, avançou para o rádio, o cinema e, finalmente, para a redação de uma coluna de jornal (que, por um tempo, apareceu inclusive no *New York Times*)[11].

Rogers falava com um sotaque do oeste. O seu humor refletia a estereotípica filosofia "*de taberna*" do Velho Oeste – robusta, mas relaxada, movida pelo senso comum e pelo ceticismo

---

10. Cf. YAGODA, B. *Will Rogers*. Nova York: Knopf, 1993.
11. Wodehouse, quando escrevia para os musicais da Broadway, também teve relações com Ziegfeld (considerado um indivíduo muito mal-humorado). Eu não pude descobrir se Wodehouse e Rogers alguma vez se encontraram em Nova York.

saudável, porém nunca ofensiva ou maliciosa demais. Havia indivíduos que duvidavam da sua autenticidade, mas a grande maioria das testemunhas atestou que Rogers, o homem, tinha praticamente o mesmo caráter gentil de Rogers, o ator. Seja como for, foi como a encarnação da sabedoria benevolente que ele foi amado por milhões de americanos e lamentada por eles a sua morte prematura. Ele não tinha nenhuma pretensão de superioridade intelectual ("Tudo que sei é o que leio nos jornais") e ele podia, assim, ser inspirador sem intimidar. A sua citação mais famosa, certamente, foi: "Nunca encontrei um homem de quem não gostasse", algo que ele repetia frequentemente. É digno de nota que ele a tenha feito, pela primeira vez, em relação a Leon Trotsky![12] Ele raramente proferia ofensas, mesmo quando era crítico das pessoas, e ele geralmente estava disposto a suprimir uma observação, se alguém reclamasse de se sentir ofendido por ela: "Eu acho que nunca feri os sentimentos de alguém com as minhas piadas. Eu sei que nunca o fiz deliberadamente. Quando eu tiver de fazê-lo para ganhar a vida, eu desisto"[13].

Alguns trechos das colunas de Rogers podem servir de exemplo. O primeiro é de uma peça intitulada *"Male Versus Female – Mosquito"* [Macho *versus* fêmea – Mosquito]:

> Outro dia, um indivíduo em Atlantic City, Nova Jersey, veio com algumas estatísticas que realmente deveriam

---

12. Na verdade, ele não conheceu Trotsky. Ele foi impedido de fazê-lo em uma visita à União Soviética. Ele lamentou este fato, comentando: "Eu aposto com você que, se eu o tivesse conhecido e conversado com ele, eu o teria achado um cara muito interessante e humano, pois eu ainda não encontrei um homem de quem não gostasse" (YAGODA. *Will Rogers*, p. 234). Parece que Rogers tinha tanta noção do comunista quanto Wodehouse tinha da versão nazista do totalitarismo. Uma intuição de que há conexões ocultas entre todas as coisas (o Rabino Meir compreende) me faz acrescentar que Trotsky também aparece na história de Wodehouse supracitada, *"Without the Option"*: Sippy, ao ser preso, dá o seu nome como Leon Trotsky. O magistrado, ao sentenciá-lo à prisão, aventou a opinião de que este não era o seu nome verdadeiro.

13. YAGODA. *Will Rogers*, p. 190.

nos fazer pensar! [...] Esse cara é professor e "entomologista" chefe. Esta palavra deterá os ignorantes. Mas estamos quites, eu também não sei o que significa. Bem, esse professor discursou em uma convenção da Associação de Exterminadores de Nova Jersey, devidamente instalada no coração da área de incidência do mosquito. Eu concluí, a partir disso, que um entomologista é alguém que dedicou a sua vida a um estudo que deve envolver esse produto de Nova Jersey. Ele dedicou o trabalho de sua vida em prol ou contra o mosquito. É surpreendente que Nova Jersey tenha uma tal organização chamada "Os Exterminadores de Mosquito de Nova Jersey, Inc.". Qualquer pessoa que já tenha visitado este estado não conseguiria entender como pode haver uma organização dedicada à aniquilação desses pequenos patifes cômicos. Ou, se eles tem esse tipo de sociedade, onde estiveram exterminando, e quando? Mas veja, o que eles têm feito é realizar jantares. Tudo o que se faz atualmente, na América, é ter um nome para algum tipo de organização, então você começa a oferecer jantares. Uma organização sem um jantar é simplesmente impossível. Agora, os únicos mosquitos exterminados foram no jantar. Bem, entre coceiras, golpes e o zumbido dos mosquitos, esse cara leu as seguintes estatísticas fidedignas: "A produtividade normal de um único ninho de fêmeas mosquitos, em um ano, é de 159.875.000.000 filhotes"[14].

Essa abertura é rogeriana em seu estado puro: lenta, desconexa, sem nenhuma pressa de chegar a algum lugar. Uma imediata renúncia de conhecimento superior – Rogers não sabe o que a palavra *entomologista* significa, tem que descobri-la a partir do

---

14. STERLING, B. (ed.). *The Will Rogers Scrapbook*. Nova York: Gosset & Dunlop, 1976, p. 71.

contexto ("Tudo que sei é o que leio nos jornais"). Em seguida, uma série de ironias leves, sobre o estado de Nova Jersey, sobre as organizações americanas que não têm nenhum propósito real. E, então, um esboço hábil de uma situação absurda – uma assembleia de combatentes de mosquitos sendo impotentemente mordidos por hordas de mosquitos. Há alguma sátira nisso, com certeza, mas é tão suave que é difícil imaginar que alguém fique realmente ofendido por isso, nem mesmo os exterminadores profissionais ou os cidadãos de Nova Jersey.

Depois de introduzir essa estatística instigante, Rogers continua a divagar. Ele se dá conta de que todos esses zeros somam bilhões de mosquitinhos. Então, ele informa que somente a metade desse número deveria realmente nos perturbar, porque somente as fêmeas mordem os seres humanos. Os machos são bastante inofensivos:

> E agora, mulheres, o que vocês têm a dizer em sua defesa? Viram só, os machos são inofensivos. Eles não mordem, não zumbem nem colocam ovos. Isso é ótimo. Me deixa orgulhoso de ser macho. Aquele sujeito Kipling estava certo quando escreveu (ou talvez foi Shakespeare, ou Lady Astor, ou alguém por aí): "A fêmea da espécie é mais mortal que o macho". As mulheres o negaram então, e houve uma grande confusão por causa disso. Mas esse entomologista de Nova Jersey finalmente decifrou o segredo delas.

As feministas poderiam ficar ofendidas com isso? Os professores de literatura inglesa? Talvez eles ficassem, se Rogers tivesse desdobrado essas observações em uma sátira completa. Apesar do título da peça, ela não é nenhuma caricatura satírica sobre as relações homem/mulher. (Para enfatizar este ponto, apenas imaginem no que James Thurber poderia ter transformado esse episódio.) Rogers afirma, em seguida, o que o professor letrado não disse em Atlantic City: Os exterminadores deveriam se concentrar somente nas fêmeas. Ou, como alternativa, eles deviam ensinar às fêmeas o controle da natalidade: Talvez elas devessem se mudar de Nova Jersey para a Quinta Avenida em Nova York, onde elas aprenderiam que a sua fertilidade exuberante é, definitivamente, típica da classe baixa. E é assim que a peça termina:

> É claro que essa coisa toda é um agradável mistério para mim. Eu não entendo como as fêmeas podem ser as únicas que põem todos os ovos, criam todos os filhotes, são as únicas que mordem e ainda têm tempo para zumbir. Então, quando elas encontram tempo para criar todos esses filhotes? Deve haver momentos em que elas não conseguem zumbir ou morder. Agora, o caminho que esse entomologista nos deixou, praticamente a única opção restante, é observar um mosquito até que ele te morda e, então, destruí-lo – quer dizer, ela. Em outras palavras, se ele te morde, ele é ela e, se ele canta, ele é ela. Observe-o e, se ele botar um ovo, então é ela. Mas, se ele apenas fica lá o dia todo e não faz nada, pois, a única conclusão a que podemos chegar é que ele é ele. Não o mate, ele não causa nenhum dano, ele apenas fica lá e se satisfaz com os feitos de sua esposa. Então, quando você encontrar um macho, a melhor coisa a se fazer é sentar e esperar até que a sua esposa apareça entre uma mordida e outra. Como vive o macho? É isso que eles vão abordar no próximo jantar?

Qual é, afinal, o propósito disso tudo? É seguro afirmar que a pergunta é irrelevante. Não há qualquer questão profunda aqui, nenhuma intenção satírica. Trata-se de um jogo de situações, de palavras, sobre incongruências absurdas. O propósito é puro entretenimento.

Agora, nem todos os escritos de Rogers são tão inofensivos. Ele comentou amplamente, e com certa intenção satírica, sobre os costumes e a política americanos. Mas aqui também o tom é suave, conciliatório. A prova é que a maioria dos indivíduos, de fato citados em algumas dessas paródias, não se ofendia com isso e se divertia rindo de si mesmos, tal como retratados por Rogers (Calvin Coolidge foi, aparentemente, uma exceção, mas ele também era famoso por sua falta de humor). O trecho a seguir, de uma peça intitulada "*Investigations, Hearings and Cover-ups*" [Investigações, audiências e pretextos], é tão oportuno quanto o era na época de Rogers. Eis o início:

> Diga, você leu o que esse escritor acabou de desenterrar dos diários de George Washington? Eu fiquei tão constrangido, fiquei sentado lendo a noite toda. Isso deveria servir de lição aos presidentes para se comportarem, ou não manterem um diário. Você pode imaginar, daqui a cem anos, algum futuro escritor se apoderando do diário de Calvin Coolidge? O que essa geração pensaria de nós? Calvin, queime os papéis!

Há outra investigação em andamento no Congresso sobre o desvio de dinheiro. Rogers comenta:

> Imagine um Congresso que desperdiça bilhões, tentando descobrir onde algum candidato gastou alguns milhares! Mas esses rapazes de Washington se divertiram muito com a investigação. Você sabe, um senador nunca é tão feliz como quando ele está questionando alguém sem que a outra parte possa devolver a pergunta. Mas o único problema em sugerir que alguém, ou algo, deva ser investigado é que provavelmente eles sugiram que *você* deva ser investigado. E, a partir do registro de todas as investigações anteriores, parece que ninguém pode mostrar-se com seus narizes totalmente limpos. Não

> me importa quem vocês sejam, vocês simplesmente não conseguem alcançar a meia-idade sem ter feito ou dito uma grande porção de coisas tolas. Então, eu lhes digo, se eu visse um comitê de investigação vindo na minha direção, eu logo me declararia culpado e me entregaria à misericórdia da corte[15].

Rogers tem algumas sugestões para tornar essa atividade de investigação mais eficiente. Haveria certos dias para certas coisas – segundas-feiras para as confissões, terças-feiras para as acusações, os outros dias da semana para as negações. Mas o que realmente perturba Rogers é como as pessoas se fazem de bobas no banco das testemunhas: elas resmungam, negam o óbvio, alegam não se lembrar de nada. Quanto mais educação as pessoas têm, mais patetas elas parecem ser como testemunhas. Isso deu a Rogers uma muito boa ideia: já que as figuras públicas na América gastam mais da metade do seu tempo testemunhando diante de comissões investigativas, ele vai abrir uma escola para ensinar a eles como testemunhar (ela será localizada em Claremore, Oklahoma, "o eixo de tudo"). Os alunos aprenderão como não ficar nervosos, a não se abalarem, mas, principalmente, a registrar tudo. O que quer que se pergunte a eles, eles apresentarão o registro com a resposta exata. Isso agilizaria muito esses procedimentos. Além disso, os graduados da escola de Rogers não somente não temeriam, mas esperariam ansiosos serem investigados. Eis a motivação principal de Rogers ao sugerir esta inovação:

> São razões realmente patrióticas que me motivam a querer fazer isso, pois eu tenho medo que nações estrangeiras leiam alguns dos nossos papéis e encontrem o

---

15. Ibid., p. 113s.

testemunho de alguns dos nossos homens que estão no gabinete ministerial e no alto escalão do serviço público. E elas os julgarão por aquele testemunho. Elas pensarão que eles são tão inteligentes quanto os seus testemunhos. Bem, isso causará uma má impressão e, se eu puder mudar isto e conseguir que eles façam o seu testemunho de forma tão inteligente quanto eles realmente são, ah, eu terei realizado um serviço de utilidade pública.

Isso é sátira, uma "proposta modesta", se quiser. Mas não há aqui a esperteza aguda de Swift. Rogers ridiculariza de modo suave os políticos e as suas fraquezas. Ele está provocando. E, o tempo todo, ele se inclui nos vícios que descreve.

Embora Wodehouse e Rogers compartilhem o caráter gentil do seu humor, as suas estratégias cômicas são muito diferentes. Wodehouse cria um mundo próprio, autocontido e alheio às realidades empíricas, no qual os seus personagens desempenhavam as suas besteiras sistemáticas. Rogers não fez isso. O seu humor se refere ao mundo real da América, mas, ao fazê-lo, ele transforma este mundo, o envolve em uma nuvem de comentários basicamente benevolentes. Os dois autores gentilmente ridicularizam todas as autoridades e todas as pretensões. Se há uma virtude que ambos ensinam, é a virtude da tolerância. Contudo, é improvável que eles admitiriam tal propósito didático.

O último caso claro de humor gentil a ser discutido aqui é, realmente, de um tipo muito diferente dos dois casos anteriores: Franz Lehár (1870-1947), o mestre daquela que ficou conhecida como a era de prata da opereta vienense[16]. A opereta, como

---

16. Cf. TRAUBNER, R. *Operetta:* A Theatrical History. Garden City, NY: Doubleday, 1983.

uma forma de teatro musical, tem um conjunto complexo de antecedentes, as suas origens provavelmente estão na *opera buffa* da Itália que, por sua vez, começou com inserções cômicas na trama da *opera seria*. Mas as origens verdadeiras da opereta estão no século XIX, centralizadas em Paris, Viena e Londres, dominadas por Jacques Offenbach, Johann Strauss II (essa foi a era de ouro da opereta vienense) e Gilbert e Sullivan, respectivamente. A opereta logo alcançou a América, onde, por fim, evoluiu para o musical da Broadway. A obra de Lehár, em geral, e a sua obra-prima *A viúva alegre* (apresentada pela primeira vez em 1905) representam um florescimento tardio dessa tradição. Ela encarna, mais do que qualquer outra criação artística, a *joie de vivre* durante o declínio da Europa Central dos Habsburgos. A tradição mais antiga da opereta continha elementos da sátira e da paródia, alguns deles bastante políticos (recorde-se aqui a tentativa dos censores austríacos, em período anterior, de proibir todas as improvisações no teatro popular). Além disso, há uma conotação sombria, melancólica, em toda a música de Strauss. Lehár expurgou a opereta de ambos os elementos, satíricos e trágicos. Ele admitia muita emoção, mas ela tendia sempre para o sentimentalismo. Ao mesmo tempo, Lehár era um gênio musical, e a glória da sua música frequentemente transcende as ações algo insípidas encenadas no palco. Talvez seja apenas retrospectivamente, com o conhecimento do que aconteceu com a ordem dos Habsburgos logo depois que *A viúva alegre* começou a sua carreira triunfante, que se detecta um sentido de resignação no hedonismo sentimental da opereta vienense daquele período. Seja o que for, até hoje a música de Lehár representa o espírito do último grande florescimento de um império agora desaparecido.

Lehár, pessoalmente, também é bastante representativo daquele império, com sua população cosmopolita. Ele nasceu na Hungria e era descendente de húngaros, mas ele era também filho de um maestro de banda militar e viveu em uma longa lista de bases militares, espalhadas por toda a vasta extensão da monarquia austro-húngara. Ele próprio conduziu uma banda militar durante os poucos anos do seu serviço militar. Assim como Wodehouse e Rogers, Lehár foi extremamente bem-sucedido em vida, tanto financeiramente quanto em termos de *status*. Vários críticos culturais desprezavam o que eles consideravam o sentimentalismo superficial da sua obra. Assim, por exemplo, Karl Kraus, o grande satirista vienense, escreveu que a primeira apresentação de uma opereta de Lehár no Império Turco foi um claro sinal do fim iminente da civilização. O grande público, entretanto, o amava. Entre os seus admiradores, infelizmente, estava Adolf Hitler, razão pela qual as obras de Lehár continuaram a ser encenadas no Terceiro Reich, apesar da sua esposa judia e do fato de que os seus dois libretistas favoritos eram judeus.

Em toda opereta (e o mesmo, provavelmente, é válido para a ópera) há um grau de tensão entre a música e o libreto. O efeito cômico da opereta pode muito bem surgir dessa tensão. A música, em si mesma, pode ser leve, mas raramente ela pode ser descrita como cômica. A trama no palco, tal como prescrita no libreto, era, na maior parte do tempo, insípida demais para ser engraçada se encenada sem a música, como uma peça simples, ou lida como um texto. Beaumarchais, o autor da peça *As bodas de Fígaro* (que Offenbach também transformou em uma opereta), observou certa vez que é possível cantar aquilo que é muito estúpido para ser dito. No que se segue, portanto, ajudará se o leitor ouvir a música (internamente, se não de fato) como o acompanhamento essencial da ação dramática[17].

A trama de *A viúva alegre* se localiza "no presente" (digamos, em 1905), em Paris. O centro da ação é a embaixada de Pontevedro, um Estado balcânico fictício. Originalmente, aliás, Lehár chamou-a de embaixada de Montenegro, mas naquela época Montenegro era um Estado balcânico real (tal como se tornou novamente) e a sua embaixada em Viena protestou. Assim, Montenegro se tornou Pontevedro, e a sua capital Cetinje se tornou Letinje (embora seja mencionada apenas uma vez). Após o prelúdio acelerado e alegre, o primeiro ato começa com uma festa na embaixada de Pontevedro em comemoração ao aniversário do governador. Dois enredos se entrelaçam. O Embaixador Mirko Zeta instrui o seu escudeiro Njegus (figura semelhante à de Leporello) a garantir que o Conde Danilo Danilowitsch se case com a rica viúva de Pontevedro, a Senhora Glawari, já que, sem a sua fortuna, o Estado está prestes a falir. Enquanto isso, o galante francês Camille Roussillon está ardorosamente cortejando Valencienne, a esposa do embaixador. A intriga política e erótica se tornaram intricadas. O embaixador autoriza Valencienne a cantar uma das árias mais melodiosas da opereta: "Eu sou uma mulher honesta" (*Ich bin eine anstaend'ge Frau*), ela canta, enquanto se defende do sedutor francês. Ela alerta sobre os perigos da paixão, que deve ser domesticada – um aviso, pode-se dizer, que toda opereta sempre levou muito a sério[18]. A Senhora Hanna Glawari chega, cercada de admiradores. Valencienne gostaria

---

17. No meu caso, era um CD, com a gravação da *Deutsche Gramophon*, de 1973, do *Chor der Deutschen Oper Berlin*. Um libreto acompanha o CD, com o texto em alemão e uma tradução para o inglês perfeitamente terrível.

18. "*Sehr gefaehrlich ist des Feuer's Macht / Wenn man sie nicht bezaehmt, bewacht! / Wer das nicht kennt, sich leicht verbrennt. / Nimm vor dem Feuer dich in acht.*"

que Camille ficasse interessado pela viúva rica, para se livrar da tentação. Quanto a Danilo, ele é um diplomata e sempre pronto a cumprir o seu dever, mas também não está muito feliz com a sua obrigação matrimonial. Ele canta outra famosa ária, na qual exalta as delícias do cabaré "Maxim", onde ele conhece intimamente todas as damas (as descontraídas *grisettes* do *démi-monde* parisiense), que o ajudam a esquecer a sua querida pátria. Porém, é evidente que Hanna e Danilo estão bastante atraídos um pelo outro. Danilo canta outra ária, em tom bem diferente, celebrando as excitações do amor, "enquanto as flores começam a desabrochar na primavera". À medida que a noite avança, chega o momento da "escolha das damas" (*Damenwahl*) para a dança. Hanna escolhe Danilo que, para provocá-la, oferece vender *sua* dança para qualquer uma que pague dez mil francos. Ninguém se oferece para pagar. Hanna, é claro, fica furiosa. Quando todos vão embora, ela fica sozinha com Danilo e eles começam a dançar. Hanna: "Seu homem horrível! Como você dança maravilhosamente bem!" Danilo: "Eu faço o que posso!"

Sem a música, não é preciso repetir, essa ação dramática é quase tão tola quanto Beaumarchais a consideraria. Os personagens são sem substância, o cenário é tão implausível quanto poderia ser, e a trama obedece a uma sequência bem conhecida (que, provavelmente, deriva da *commedia dell'arte*, se não de antes): No primeiro ato, o garoto conhece a garota; no segundo ato, enfrentam dificuldades; no terceiro ato, o garoto fica com a garota. Em outras palavras, uma suspensão da dúvida (*epoché*) bastante vigorosa é necessária para sentir-se absorvido nesse pequeno drama. Certamente, uma boa atuação e arranjos de palco criativos podem ajudar, mas é, acima de tudo, a música triunfantemente alegre de Lehár que tem levado gerações de frequentadores de teatro a entregar-se a este ato de fé. Alguns sempre se recusarão. Aqueles que consentem são recompensados com várias horas de entretenimento perfeitamente despreocupado.

Tudo se complica no segundo ato, que tem lugar em uma festa no jardim da casa da Madame Glawari, que também é natural de Pontevedro e deseja festejar o aniversário real "como em casa, em Letinje". Uma dança de inspiração eslava abre os trabalhos. Então, Hanna canta outra famosa ária, "Vilja, Oh Vilja", uma canção de amor romântica, baseada em uma suposta lenda de Pontevedro, sobre um caso entre um caçador e uma ninfa da floresta. Danilo e Hanna se envolvem em flertes intricados, e ela o repreende (desta vez em uma ária de inspiração húngara) como um cavaleiro tolo que não consegue ver quando uma mulher o ama. Todos os homens cantam em coro, lamentando a dificuldade de saber o que as mulheres realmente querem (Lehár leu Freud? Freud assistiu às operetas de Lehár?): "Mulheres, mulheres, mulheres, mulheres!" Nenhuma teoria explica como as mulheres reagirão. Ao mesmo tempo, Camille está fazendo progressos com a sedução de Valencienne, enquanto a orquestra toca outra famosa valsa de Lehár, com o refrão "Eu amo você" (*Ich hab' dich lieb*). Camille canta a ária insinuante "Venha para o Recanto do Jardim, Venha para o Doce Encontro" (*Komm' in den kleinen Pavillon*). A respeitabilidade de Valencienne desaba e ela, de fato, o segue para o pequeno recanto do jardim. Infelizmente, o embaixador também marcou um encontro lá, com Danilo, para discutir a conspiração matrimonial. Ele reconhece a sua esposa, irrompe em uma fúria ciumenta. Njegus (uma espécie de versão balcânica de Jeeves, somos tentados a dizer) age rapidamente para salvar a situação. Ele deixa Valencienne escapar pela porta dos fundos, leva Hanna para dentro, que então surge para anunciar o seu noivado com Camille. O embaixador não está muito convencido de que não viu a sua esposa lá, afinal, mas ele está desesperado com o fracasso do seu plano de conseguir a fortuna de Hanna para o tesouro de Pontevedro. Danilo, que não sabe que Hanna só agiu para salvar a reputação de Valencienne, está profundamente magoado, mas finge indiferença. Ele e Hanna cantam um dueto, no qual o casamento é descrito como um ponto de vista obsoleto, a menos que ele seja "à maneira parisiense", na qual cada cônjuge faz o que lhe agrada.

É desnecessário dizer que todas essas complexidades são resolvidas no Terceiro Ato. A cena é ainda a festa no jardim de Hanna Glawari, mais tarde da noite. Ela improvisou uma reprodução do cabaré "Maxim" e todas as *grisettes* favoritas de Danilo estavam lá para se apresentar, junto com Valencienne, que se disfarçou como uma delas (por razões que são deixadas à imaginação). O embaixador insiste em que Danilo deve se casar com Hanna, independentemente das suas preferências. Hanna explica para ele o incidente no jardim, ao que eles confessam o seu amor recíproco em um dueto que repete a canção de amor anterior ("Ame-me!" "Eu amo você!"). O embaixador encontra o fã de sua esposa no jardim, se dá conta de que ela o estava enganando, afinal, se declara como divorciado a partir desse momento. Ele, então, propõe, ele próprio, casar-se com Hanna. Hanna explica que, infelizmente, o testamento do seu último marido estipula que, se ela se casar de novo, ela não terá dinheiro nenhum. O embaixador retira a sua proposta. Mas Danilo, ardente de amor, pede a ela para que se case com ele de qualquer maneira, com ou sem dinheiro. Hanna, então, termina a sua frase anterior: ela não terá nenhum dinheiro se ela se casar de novo – porque o seu novo marido, agora, administrará a sua fortuna. Alegria geral: O Estado de Pontevedro está salvo da ruína financeira, Danilo e Hanna ficam juntos, e (pode-se supor) a respeitabilidade de Valencienne é restituída. As *grisettes* seguem com as suas vidas de pecado encantador.

Este capítulo abordou três exemplos de humor gentil. O argumento foi que, apesar das grandes diferenças entre eles, eles têm em comum uma expressão essencialmente semelhante do cômico. Eles estão muito distantes da magia da loucura dionisíaca. Eles não oferecem qualquer ameaça à ordem social ou à realidade suprema da vida cotidiana. Eles proporcionam um descanso das preocupações desta última, uma diversão inofensiva da qual se pode retornar revigorado para a tarefa da vida. Porém, há uma espécie de magia aqui também, especialmente quando essa forma do cômico cria um mundo encantado singular, como Wodehouse com a sua escrita e Lehár com a sua música. Esse encantamento tem o seu próprio valor, talvez mesmo o seu próprio *status* moral. As muitas pessoas que se renderam a ele (porque não eram sofisticadas, para começar, ou porque elas temporariamente deixaram de lado a sua sofisticação) compreenderam isso. Elas estavam certas. E aqueles que desprezaram esse descanso da seriedade estavam errados – pode-se dizer, paradoxalmente, que eles estavam *profundamente* errados.

8 O cômico como consolação
Tragicomédia

Anteriormente, foi proposto que o cômico deveria ser compreendido como uma forma de magia. O cômico, assim como a magia, provoca uma mudança repentina e racionalmente inexplicável do sentido de realidade. Mas há diferentes formas de magia. Há a pequena magia e a grande magia: Um coelho saltando de uma cartola e uma multidão de bruxas descendo do céu. Há a magia branca, que cura milagrosamente, e a magia negra, que amaldiçoa e destrói. O humor gentil, como foi discutido no capítulo anterior, geralmente produz pequenos resultados e é, claramente, uma manifestação da magia branca. Mas o cômico, como já foi indicado, também aparece em versões mais pesadas e muito mais obscuras. A tragicomédia é um curioso caso intermediário. Como tal, ela merece alguma atenção.

A tragicomédia pode ser descrita como aquela que provoca o riso através das lágrimas. Ela é suave, indulgente. Ela não provoca uma catarse profunda, mas, não obstante, é comovente. Sobretudo, ela consola. Esta consolação pode ou não ter conotações religiosas.

O leitor perspicaz (e a que outro leitor este livro poderia ser dirigido?) já terá notado que as categorias aplicadas à experiência do cômico vão, inevitavelmente, se sobrepor em alguma medida. Há poucos casos absolutamente claros. Contudo, nenhum fenômeno pode ser compreendido sem que se faça algumas distinções categóricas. A tragicomédia se distingue do humor gentil, o qual, tanto quanto possível, exclui o trágico de suas frágeis construções de uma realidade artificial (embora o mundo de P.G. Wodehouse demonstre que algumas dessas construções podem ser bastante robustas). O chamado humor negro desafia o trágico, tal como o seu sinônimo, o humor mórbido, explicitamente sugere. E então há o humor grotesco, no qual o trágico é absorvido por um universo absurdo, como na *danse macabre* do período medieval tardio. Na tragicomédia, o trágico não é banido, não é desafiado, não é absorvido. Ele é, por assim dizer, momentaneamente suspenso.

A tragicomédia, assim como o humor gentil, frequentemente se insere, em doses pequenas e efêmeras, no fluxo da vida cotidiana. Ela não elimina nenhuma aflição ou tristeza que estejam presentes, mas ela torna essas emoções mais suportáveis. Também como o humor gentil, ela é frequentemente mediada pelas crianças. A vitalidade vibrante das crianças é, obviamente, incongruente com qualquer que seja a situação trágica. A incongruência é cômica, mas ela também reafirma o poder da vida diante de tudo o que obscurece a condição humana. Isso foi expressado, eloquentemente, pelo Mestre Eckhart, o grande místico medieval: "Se eu estivesse sozinho e cheio de pavor no deserto, e se houvesse uma criança comigo, todo o pavor desapareceria e eu estaria fortalecido. Quão nobre e alegre a vida é"[1].

No capítulo anterior, demos o exemplo de uma garotinha produzindo um efeito cômico ao se vestir com as roupas da mãe. Transponha esta *performance* para a cena de um funeral.

---

1. *Meister Eckart: Ein Breviarium aus seinen Schriften*. Wiesbaden: Insel, 1951 [trad. minha].

Ela tem de ser modificada, certamente, já que garotinhas (se autorizadas a comparecer, em primeiro lugar) dificilmente apareceriam nesse tipo de disfarce. Mas as crianças vão a funerais e elas estarão vestidas com roupas formais, quase adultas. O efeito tragicômico pode ser produzido por essa incongruência, por si só. Para imaginar o desdobramento desses efeitos, não é necessário supor que as crianças irão se comportar mal. Suponhamos que elas são bem educadas e fazem todo o esforço para se comportarem adequadamente. Porém, algo poderia facilmente acontecer para interromper o seu comportamento solene: elas começam a rir de algo que lhes parece engraçado na cerimônia, fazem caretas umas para as outras porque estão ficando entediadas, ou cometem algum erro no ritual que elas deveriam seguir. Os enlutados podem, é claro, ficar irritados com essas intrusões infantis no meio da solenidade da ocasião. Contudo, eles podem também se divertir, e a pequena *performance* tragicômica pode tornar a ocasião menos terrível. Essa consolação tragicômica diante da morte é bastante diferente de outras respostas cômicas à sua presença. O humor negro, por certo, frequentemente gira em torno da morte (embora ele, geralmente, seja considerado inadequado em um funeral). E há expressões do cômico, em tais ocasiões, que confrontam a morte de maneiras frequentemente grotescas, como pode facilmente ocorrer em um velório irlandês (que, talvez, possa ser descrito como uma versão tardia da *danse macabre*). A tragicomédia oferece confortos muito mais suaves.

Há limites para a tragicomédia. Se as pessoas em um funeral são entretidas e consoladas pelas palhaçadas das crianças, é muito provável que não sejam aquelas diretamente enlutadas. Há uma tristeza tão profunda que a tragicomédia é excluída. Há horrores diante dos quais mesmo as tentativas mais bem-intencionadas de consolação cômica devem fracassar e, na verdade, nem deveriam ser tentadas. Há ocasiões em que ninguém consegue ou deveria rir, quando as lágrimas são demasiado amargas. Provavelmente, seria inútil tentar definir ou enumerar essas ocasiões, com a intenção de estabelecer um código moral para a tragicomédia. Esta é uma definição que deve ser deixada para a razão do coração, ou qualquer coisa próxima disso que um indivíduo seja capaz.

Há papéis tragicômicos na vida, assim como na arte. Aqui, nos encontramos mais uma vez com o papel do louco, embora em suas encarnações mais suaves. Os palhaços tristes e os mímicos reaparecem. A tragicomédia é também uma forma de drama; na história do cinema, Charlie Chaplin é, provavelmente, o melhor exemplo disso. Mas é na literatura em prosa que a tragicomédia da vida cotidiana é mais bem captada. Na literatura europeia, Dom Quixote de Cervantes é, talvez, a encarnação paradigmática do herói tragicômico. Mas há casos mais recentes.

O caso escolhido para o presente propósito é Sholem Aleichem (1859-1916), amplamente considerado a maior figura da literatura ídiche. Por outro lado, contudo, toda esta literatura, ou grande parte dela, poderia ser usada para ilustrar a categoria do tragicômico. Para os ouvidos americanos, uma característica cômica passou a ser associada a certas palavras e entonações ídiches, que se infiltraram no inglês americano, mas, provavelmente, isso se deve muito a sua utilização pelos comediantes populares judeus e seus imitadores; não há nada intrinsecamente cômico ou tragicômico na língua ídiche. A tragicomédia está enraizada na condição das pessoas que falavam este idioma, os judeus da Europa Oriental e, especificamente, aqueles que viveram circunstâncias intoleráveis na Rússia. A cultura ídiche, em consequência, desenvolveu um sentido da incongruência cômica provavelmente sem paralelos em nenhum outro lugar. A incongruência era entre o destino majestoso do povo judeu, tal como proclamado pelo judaísmo, e as condições miseráveis nas quais os judeus viviam no mundo real da Europa Oriental. Tanto no discurso cotidiano quanto na literatura (e bastante, no caso de Sholem Aleichem), o ídiche era usado como um comentário irônico sobre os pronunciamentos grandiosos dos hebreus. Um ditado comum se utiliza desta antifonia hebreu/ídiche para expressar uma visão profundamente irônica do mundo: Em hebreu: "Você nos escolheu dentre as nações" (uma expressão recorrente nas orações diárias), seguido pelo contraponto em ídiche: "Por que você tinha que implicar com os judeus?"[2] Muitos dos personagens de Sholem Aleichem usam esta antifonia hebreu/ídiche para expressar a sua perspectiva sarcástica sobre as coisas. Considere-se um exemplo concreto do ano litúrgico judeu, a Festa dos Tabernáculos ou Sucot, celebrada no outono para comemorar o Êxodo do Egito[3]. Imagine um grupo de judeus russos observando este ritual – um grupo de pessoas, impedidas inclusive de possuir terra, lendo textos que se referem ao festival agrícola do Oriente Médio – pessoas sentadas do lado de fora de suas casas em uma cabana frágil, tremendo de frio, à medida que o inverno russo se aproxima, pessoas com apenas o suficiente para comer, se tanto, louvando a Deus pelas graças concedidas a eles. Não admira que eles fossem levados a se perguntar por que, de todas as nações, Ele tinha que implicar com eles para ser o seu povo escolhido! Mas eles estavam ainda muito ligados à sua fé para proferir esses pensamentos rebeldes em hebreu; mas estavam livres para fazê-lo em ídiche.

---

2. Apud WISSE, R. *The Schlemiel as Modern Hero*. Chicago: University of Chicago Press, 1972, p. 47.
3. Eu devo este exemplo a Ruth Wisse (que ensina a língua e a literatura ídiches em Harvard).

A própria natureza do ídiche contém a história da diáspora judaica – uma estrutura subjacente do alemão medieval, com sobreposições do hebreu e de várias línguas eslavas. É assim que outro escritor ídiche, I.L. Peretz, o descreve:

> O ídiche, a língua que sempre carregará o testemunho da violência e da morte infligidas a nós, carrega as marcas das nossas expulsões de lugar para lugar, a língua que absorveu as queixas dos pais, os lamentos das gerações, o veneno e a amargura da história, a língua cujas preciosas joias são... as lágrimas judias[4].

Essa noção da língua como uma sedimentação da história é bem ilustrada na piada israelense da mulher que insiste em falar ídiche, ao invés de hebreu, com o seu filho e, quando questionada o porquê, ela diz: "eu não quero que ele se esqueça que é judeu!"[5] Contudo, em meio a todas essas lágrimas, havia também um riso irreprimível.

Há outra incongruência que deve ser mencionada aqui: aquela entre o mundo dos homens e o mundo das mulheres, o primeiro marcado pelo conhecimento, o último pela administração das questões práticas da família. E, claro, os primeiros usavam principalmente o hebreu, as últimas, o ídiche. O termo *língua materna* é usado em inglês e em outros idiomas ocidentais, mas quando o ídiche é referido como a língua materna (*mameh-loshen*), isso possui um significado sociológico específico. Às mulheres não se ensinava o hebreu, exceto o pouco necessário para fazer certas orações. O ídiche era, assim, a língua das mulheres *par excellence*, a língua na qual as mães falavam com seus filhos – as mesmas mães que, com bastante frequência, trabalhavam de

---

4. Apud ROSTEN, L. *The Joys of Yiddish*. Nova York: Pocked Books, 1970, p. XXIs.
5. Também contada em ROSTEN. *Joys of Yiddish*.

manhã até a noite em alguma pequena loja, ganhando o dinheiro suficiente para a sobrevivência da família, para que os seus maridos pudessem se sentar na *shul* e seguir a vocação máxima dos homens judeus – a vocação do estudo – em hebreu. A antifonia hebreu/ídiche é assim, *ipso facto*, uma antifonia entre a especulação espiritual e a tarefa dura e prática de sobreviver neste mundo.

Em comparação com as altas expressões literárias, a história da literatura ídiche é dolorosamente curta. Ela só se tornou uma língua literária no final do século XIX, primeiro nos escritos de Mendele Moycher-Sforim (1836-1917), a quem Sholem Aleichem chamava de o avô, *zeyde*, das letras ídiches. Antes disso, ele era usado na forma escrita para traduções bíblicas e livros de orações, principalmente para o uso das mulheres, algumas fábulas e dramas populares, e alguns escritos chassídicos. Sholem Aleichem publicou as suas primeiras histórias em ídiche, em 1883 (quando também adotou o pseudônimo pelo qual ele é conhecido hoje). Em 1978, o Prêmio Nobel foi concedido a Isaac Bashevis Singer (que morreu em 1991), muito provavelmente o último escritor ídiche importante. De 1883 a 1978, menos de um século de uma literatura florescente, interrompida, junto com a maioria daqueles que falavam a sua língua, pela grande tragédia da história judaica!

Sholem Aleichem nasceu como Sholem Rabinovitch em uma *shtetl* ucraniana[6]. Embora ele tenha vivido, posteriormente, em Kiev e Odessa, tanto como escritor quanto como homem de negócios, o mundo da *shtetl*, a pequena aldeia judaica nas províncias, permaneceu como o cenário de maior parte da sua

---

6. Cf. BUTWIN, J. & BUTWIN, F. *Sholem Aleichem*. Boston: Twayne, 1977. A primeira parte do pseudônimo do escritor é, às vezes, apresentada pelos Butwins como Sholem, outras Scholem. Uma vez que o ídiche é escrito com caracteres hebraicos, as formas de transliteração são, em grande medida, uma questão de preferência.

obra. Ele deixou a Rússia em 1906 e se mudou para os Estados Unidos, via Genebra. Ele morreu no Brooklin. Ao final de sua vida, ele foi uma figura reverenciada e o seu funeral foi um grande acontecimento.

Visto que muito da obra de Sholem Aleichem está cheia de personagens e situações cômicas, é importante ter em mente as terríveis condições nas quais os judeus viviam na chamada Zona de Assentamento Judeu, na Rússia (as áreas do campo onde era permitido que os judeus vivessem), praticamente até a Primeira Guerra Mundial. Eles eram restringidos não somente em termos de moradia, mas também de ocupação, oficialmente classificados como súditos inferiores do czar, de tempos em tempos, atacados fisicamente pelas máfias antissemitas, assim como pelas autoridades governamentais. A maioria deles viveu na esmagadora pobreza. Em 1881, uma série de pogroms [massacres étnicos] sangrentos foram diretamente incitados pelo governo do notório ministro K.P. Pobedonostsev, cujo objetivo declarado era que um terço dos judeus na Rússia deveria morrer, um terço converter-se ao cristianismo e um terço sair do país. Este objetivo não foi alcançado, mas não por falta de vontade do governo czarista. Em 1882, as chamadas Leis de Maio restringiram ainda mais as áreas nas quais era permitido que os judeus residissem, especificamente proibindo-os de viver nas áreas rurais que eles habitavam há gerações. Houve expulsões generalizadas. Em 1905, após o fracasso da revolução, mais pogroms. Foi, certamente, durante esse período que houve uma emigração maciça de judeus da Rússia, em parte para a Áustria-Hungria e a Alemanha, a maioria para os Estados Unidos. O próprio Sholem Aleichem fez parte dessa onda migratória.

Sholem Aleichem via como a sua missão dar voz ao que ele chamou de um "povo órfão", para ser o seu *folks-shtimme* [porta-voz]. E ele também expressou o seu objetivo de provocar o riso em um mundo miserável (*a paskudneh velt* – o adjetivo deriva das palavras, em ucraniano e polonês, para sujeira).

As histórias mais famosas de Sholem Aleichem são aquelas sobre Tevye, o Leiteiro (elas eram conhecidas muito antes do musical americano *O violonista no telhado*, que é baseado nelas). Elas são contadas na própria voz de Tevye, uma inesquecível mistura de resignação, ironia e a determinação de sobreviver contra todas as probabilidades. Elas lidam com uma série infinita de situações adversas, envolvendo principalmente as filhas de Tevye (cujo número, às vezes, é dado como sete, às vezes cinco). Qualquer uma delas serviria para ilustrar a expressão singular de Sholem Aleichem da tragicomédia. Vejamos a história sobre Hodl, a filha de Tevye[7].

Assim como em suas primeiras histórias, Tevye a está contando para Sholem Aleichem (a quem ele se dirige com o honorífico *Pani* [Senhor] polonês): "Sempre que algo dá errado neste mundo, é com Tevye". Hodl é sua segunda filha, bela como a Rainha Esther e inteligente também, sabe ler e escrever em ídiche e em russo. Tevye estava a caminho de casa, vindo de Boiberik, uma aldeia nas proximidades, onde ele tinha ido vender os seus laticínios. Tinha sido um bom dia.

> Como de costume, eu estava pensando sobre os problemas do mundo, tais como porque em Yahupetz eles viviam tão bem, se algum dia Tevye viveria assim; o que o meu cavalo diria se pudesse falar, e assim por diante. Era verão, o sol brilhava; as moscas picavam; e o mundo

---

7. HALKIN, H. (ed./trad.). *Sholem Aleichem:* Tevye the Dayriman and the Railroad Stories. Nova York: Schocken, 1987, p. 53ss.

inteiro parecia um lugar tão delicioso que me fez querer bater asas e voar em direção a ele.

Um comentário informal sobre a visão de mundo de Tevye: Mesmo quando as coisas são tão prazerosas quanto podem ser, se é mordido pelas moscas! Em todo caso, enquanto Tevye prossegue em sua jornada, ele vê um homem jovem andando pela estrada e dá uma carona para ele. Eles se envolvem em uma conversa bem-humorada. (Dado o que acontece como resultado do ato de caridade de Tevye, somos vividamente lembrados da piada contada, em capítulo anterior, sobre o viajante judeu que se recusa a conversar com outro passageiro em um trem, porque ele não quer um genro que não possa comprar um relógio!) O nome do jovem é Pertchik, mas ele é chamado de Peppercorn [Pimenta do reino], porque é assim que ele se parece. Esse indivíduo, de aparência pouco atraente, é um estudante e também, como se constata, um revolucionário. Tevye convida o jovem para a sua casa. Uma coisa leva à outra (tal como o viajante desconfiado da piada imaginava). Peppercorn continua a visitar a família de Tevye. Ele ganha a vida como tutor, por dezoito copeques a hora. Ele começa a dar aulas para as filhas de Tevye (não fica claro o que ele ensina a elas, mas, pelo menos no caso de Hodl, não são apenas assuntos acadêmicos).

Algum tempo depois, Tevye fica sabendo, por um casamenteiro local (uma profissão muito importante na cultura da *shtetl*), que um jovem e rico bacharel de Boiberik estava interessado em se casar com Hodl. Tevye fantasia a esse respeito:

> Eu nem posso lhe dizer que sonhos doces isso me trouxe. Eu imaginei Hodl deixando um rastro de fumaça em uma droshky [carruagem típica da Rússia], e o mundo todo em chamas também, mas com inveja – e não só por

causa da carruagem e dos cavalos, mas por todo o bem que eu faria quando eu fosse o pai de uma mulher rica. Ora, eu me tornaria um autêntico filantropo, dando a este mendigo vinte e cinco rublos, àquele cinquenta, àquele outro até cem; vou mostrar a todo mundo que um homem pobre também é um ser humano.

Não se corre o risco de ficar comovido demais com a virtude fantasiosa de Tevye: se ele se tornasse um homem rico, ele se engajaria em uma filantropia desenfreadamente generosa, mas ela seria, em parte, ao menos, motivada pelo desejo de despertar inveja e, finalmente, de ser superior a todos os judeus ricos que tinham demonstrado pouco respeito por Tevye todos aqueles anos. Um santo, Tevye não é! Enquanto ele conta essa fantasia para o seu cavalo (em "cavalês"), novamente voltando para casa de uma de suas viagens, ele se depara com Peppercorn e Hodl saindo em segredo de uma floresta. Eles dizem que vão se casar. Pior que isso, eles o informam que estão "praticamente já casados" (lá se vai a imagem de Hodl como uma Rainha Esther virginal) e que eles querem "oficializá-lo", porque Peppercorn precisa partir em uma missão "confidencial". A fantasia conduzida pela carruagem de Tevye vira fumaça. Ele insiste contra o projeto, tudo em vão. Por fim, já que não há alternativa, ele concorda com o casamento ("um funeral teria sido mais alegre"). Mas ele não ousa dizer a verdade para a sua esposa, Golde, que foi levada a acreditar que Peppercorn receberia uma enorme herança e precisava viajar para administrar esses assuntos financeiros.

Logo depois do casamento, Tevye leva Peppercorn até a estação de trem, onde ele conhece os amigos deste último. Eles se parecem mais russos que judeus, com cabelos longos e camisas para fora das calças. Hodl fica para trás, lânguida. Então vem a notícia de que Peppercorn está preso, e que ele está sendo mandado para a Sibéria. Hodl decide juntar-se a ele lá. Outra vez, Tevye tenta convencê-la do contrário:

> Eu respondi, como de costume, com um versículo das Escrituras. "Eu vejo, Hodl", eu lhe disse, "que você leva a Bíblia a sério quando ela diz: *al keyn ya'azoyv ish es oviv ve'es imoy*, portanto, um filho abandonará o seu pai e a sua mãe [...][8]. Por causa de Peppercorn, você está jogando o seu papai e a sua mamãe para os cães e indo sabe Deus para onde, para algum deserto distante, por um mar sem rastros, onde até Alexandre o Grande quase se afogou quando ele naufragou em uma ilha deserta habitada por canibais. [...] E não pense que eu estou inventando isso também, porque eu li todas as palavras do livro". Você pode ver que eu tentei ser indiferente, embora o meu coração estivesse chorando dentro de mim. Mas Tevye não é uma mulher; Tevye se manteve firme.

Aqui, de fato, está a essência de Tevye como um herói tragicômico – indiferente às coisas, ainda que o seu coração estivesse chorando por dentro. Naturalmente, os seus argumentos não são de nenhuma utilidade, nem mesmo com as citações das Escrituras (esta, ironicamente, destrói o seu argumento, na verdade) e as referências eruditas a clássicos obscuros. Hodl está determinada a partir. Mais uma vez, Tevye mente para a sua esposa, dizendo-lhe que Hodl também precisa viajar por causa da herança fictícia. Na estação, despedindo-se de Hodl, Tevye grita, por fim, "como uma mulher". A história termina com uma expressão de ironia sublime:

---

8. Tevye, naturalmente, emprega a pronúncia asquenaze, e não a sefardita, usada em Israel atualmente.

Quer saber, *Pani Sholem Aleichem*? Vamos falar de algo mais alegre. Você ouviu alguma notícia sobre a cólera em Odessa?

A última das histórias de Tevye, "*Lekh-Lekho*" ("Vá, Saia"), trata das infames Leis de Maio que, entre outras medidas repressoras, decretaram que os judeus deveriam abandonar as áreas rurais[9]. Tevye narra a história referindo-se ao terceiro capítulo do Gênesis, no qual Deus diz a Abraão para sair de sua casa em direção ao país que Deus lhe mostrará. Novamente, a referência às Escrituras é irônica: Abraão sai para a Terra Prometida obedecendo a ordem de Deus; Tevye tem que sair para lugar nenhum, em obediência às autoridades cruéis e corruptas da Rússia czarista. E isso acontece depois de todos os outros desastres: Hodl ter se casado e partido com o seu louco revolucionário; o marido rico de Beilke ter fugido para a América após a sua ruína financeira; a morte do marido virtuoso, mas pobre, de Tsaytl, obrigando Tevye a renunciar aos seus planos de mudança para a Terra Sagrada, para cuidar dela e dos seus filhos; pior de tudo, a conversão de Chava ao cristianismo. Mais uma vez, Tevye está voltando para casa de uma viagem a Boiberik. Ele encontra toda a aldeia reunida em frente à sua casa. O líder mais velho da aldeia, Ivan Paparilo, diz a ele que era necessário promover um pogrom:

> Veja, Tevel, é assim. Não temos nada contra vocês pessoalmente... Um pogrom é um pogrom e, se o conselho da aldeia votou para que houvesse um, então é assim que deve ser. Teremos que, ao menos, quebrar as suas janelas porque, se alguém passar por aqui e ver que não houve pogrom ainda, estaremos todos em maus lençóis.

---

9. HALKIN. *Sholem Aleichem*, p. 116ss.

Na ocasião, depois de beber um chá com Paparilo e discutir que tipo de pogrom lhe parece viável, Tevye é autorizado a quebrar as suas próprias janelas: "São suas janelas... melhor que você mesmo as quebre".

Mas o pior está por vir. Assim que Tevye pensa no Messias, que virá em um cavalo branco para resgatar os judeus dos seus opressores, o policial da aldeia chega em seu cavalo. Ele traz uma ordem de expulsão. Tevye sabe bem que, nesses casos, nenhum argumento possível poderia prevalecer. Ele vende sua casa para Paparilo por uma canção, mas se convence de ter levado a melhor sobre o ancião da aldeia. Porém, enquanto os remanescentes da família de Tevye estão abandonando a aldeia onde, como os únicos judeus, eles viveram a vida toda, há um grande consolo. Chava, o convertido, decidiu retornar ao judaísmo e partir com eles:

> Eu pergunto a você, *Pani Sholem Aleichem*, você é uma pessoa que escreve livros – Tevye está certo ou não quando ele diz que há um grande Deus superior e que um homem nunca deve desanimar enquanto estiver vivo? E isso é especialmente verdadeiro para um judeu e, mais ainda, para um judeu que reconhece uma letra hebraica quando vê uma... Não, você pode chacoalhar o seu cérebro e ser tão esperto quanto quiser – não há como ignorar o fato de que nós, judeus, somos o melhor povo e o mais inteligente. *Mi ke'amkilo yisro'eyl goy ekhod*, como diz o profeta – como você pode comparar um gentio com um judeu? Qualquer um pode ser um gentio, mas um judeu deve nascer como tal.

Seria esta uma expressão de crença religiosa genuína diante da adversidade? Ou ela é irônica demais? Talvez o próprio Sholem Aleichem tivesse dúvidas. Tevye declara que, na verdade, ele tem sorte de ter sido expulso. Essa, ele pensa, é a lição do *lekh-lekho*, porque Tevye agora pode se mudar para qualquer lugar sem estar preso a um lar permanente. Isso é bom – a menos, é claro, que Deus finalmente decida enviar o Messias: "Eu inclusive não me importo se Ele faz isso só para nos provocar, contanto que Ele seja rápido, nosso velho Deus!"

Dois outros exemplos, fora do ciclo de histórias de Tevye, podem servir para construir uma imagem clara da versão da tragicomédia característica de Sholem Aleichem. O primeiro vem das chamadas histórias de ferrovias. As ferrovias sempre desempenharam um importante papel na Rússia, não somente entre os judeus russos, e há todo um gênero de literatura sobre elas. Provavelmente, a sua importância deriva da vastidão do país. As viagens de trem eram muito demoradas, e os passageiros acabavam se conhecendo muito bem, para o bem ou para o mal. Seja como for, este exemplo, intitulado "Dois Antissemitas", é inconfundivelmente de Sholem Aleichem[10]. Eis como a história começa:

> Max Berlliant é uma causa perdida. Ele viaja de Lodz para Moscou, e de Moscou para Lodz, várias vezes por ano. Ele conhece todos os restaurantes, todas as estações ao longo do caminho, é íntimo de todos os condutores e visitou todas as províncias remotas, inclusive aquelas onde somente é permitido aos judeus permanecer por vinte e quatro horas. Ele já suou em todos os postos de fronteira, suportou todos os tipos de humilhações e, mais de uma vez, sentiu-se exasperado e, de fato, corroeu-se por dentro – e tudo por causa dos judeus, não porque os judeus, como um povo, existam, mas porque

---

10. HOWE, I. & WISSE, R. (eds.). *The Best of Sholem Aleichem*. Washington: New Republic Books, 1978, p. 115ss. Cf. nota 6, sobre as diferentes grafias do primeiro nome do autor.

ele próprio – não grite, fale baixo – também é um judeu. E nem tanto porque ele é judeu, mas porque – perdoe-me por dizê-lo – ele se parece tão judeu. É nisso que dá criar um homem à imagem de Deus! E que imagem! Os olhos de Max são escuros e brilhantes, o seu cabelo também. É um cabelo realmente semita. Ele fala russo como um aleijado e, Deus nos ajude, com uma monótona entonação ídiche. E, como se não fosse o bastante, ele tem um nariz! Um nariz para acabar com todos os narizes.

Aqui, mais uma vez, ainda que sem o texto completo em hebrau, há uma alusão bizarra, semelhante às de Tevye, a uma referência bíblica: A sugestão de que Deus, a cuja imagem Max Berlliant foi criado, tem olhos e cabelos escuros, e um grande nariz judeu! Talvez ele também fale com uma monótona entonação ídiche. Especulações teológicas à parte, Max é um caixeiro-viajante, viaja quase o tempo todo, até come comida não *kosher*. Nessa ocasião, ele está viajando pela Bessarábia. Ele tem uma longa viagem pela frente e está pensando em como assegurar para si um espaço suficiente para se esticar, ocupando vários assentos. Uma explicação é exigida aqui: as ferrovias russas tinham três classes. As classes altas russas viajam na primeira classe, os pobres na terceira classe; a segunda classe, "burguesa", era frequentada principalmente por judeus. Isso explica o plano engenhoso de Max.

Pouco antes de o trem entrar na região, Max desembarca em uma parada de estação e compra um exemplar do *Bessarabiano*, um jornal ferozmente antissemita. Ele volta para o seu assento, deita, coloca o jornal sobre o rosto. Ele está certo de que isso afastará qualquer judeu que possa querer compartilhar a cabine com ele, impedindo-o de se deitar. Assim, ornamentado como um perigoso antissemita, Max adormece. Infelizmente, enquanto ele dorme, o jornal cai do seu nariz, libertando-o para exibir todo o seu esplendor semita. Outro passageiro judeu entra na cabine, um tal Patti Nyemchick, um homem famoso por suas brincadeiras. Ele logo percebe a cena, sorri, e sai para comprar outro exemplar do mesmo jornal. Ele também o coloca sobre o rosto e vai dormir. Por algum tempo, os dois supostos antissemitas dormem tranquilamente, com a cabine toda para eles. (Pode-se supor que qualquer outro judeu, tentado a se juntar a eles, teria sido rapidamente curado da tentação pela presença de não somente um, mas de dois óbvios antissemitas!)

Max acorda primeiro. Ele vê o outro passageiro:

> Ele se pergunta: "De onde veio esse cara e por que ele está deitado no banco da frente? E por que ele está coberto com um exemplar do *Bessarabiano*?" [...] Ele começa a se mexer, a fazer barulho com o seu jornal, até ele ouvir que a pessoa no banco em frente também está se mexendo e fazendo barulho com o seu jornal. Ele fica quieto por um momento, dá uma olhada rápida e vê o outro indivíduo observando-o com um meio sorriso. Nossos dois clientes do *Bessarabiano* estão deitados lá, um de frente para o outro, se encarando, mas sem falar nada. Embora os dois antissemitas estivessem morrendo de vontade de saber quem era o outro, eles escondem a sua curiosidade e ficam em silêncio.

Então, muito tranquilamente, Patti começa a assoviar uma canção infantil ídiche bem conhecida. Tímido, no começo, Max se junta ao outro:

> Então, muito lentamente, os dois antissemitas se sentam, jogam fora o *Bessarabiano*, e juntos irrompem no refrão familiar. Dessa vez, eles não assoviam, mas cantam as palavras alto, sem moderação:

> *O rabino senta*
> *com as criancinhas e recita com elas*
> *o alfabeto hebreu.*

O drama grego clássico é famoso por suas grandes cenas de reconhecimento, ou *anagnorisis*. Nessa história, Sholem Aleichem deu um giro maravilhosamente tragicômico a esta tradição – de fato, uma *anagnorisis* na monótona entonação ídiche!

O último exemplo da obra de Sholem Aleichem, uma história intitulada "Vida Eterna", está em algum lugar na fronteira entre a tragicomédia e o macabro; na verdade, ela poderia ser descrita como uma espécie de *danse macabre*[11]. O protagonista é um homem jovem que vivia da pensão dos seus sogros, "como era o costume", dedicado integralmente aos estudos. Ele precisa viajar para a sua cidade natal para obter uma isenção do serviço militar e um passaporte e, com este propósito, ele aluga um trenó com um condutor camponês taciturno. Ele se prepara para a viagem: "xale de oração e filactérios, bolos feitos com manteiga e três almofadas: uma para sentar, uma para recostar e uma para os meus pés". Assim equipado, ele parte bastante feliz. Depois de algum tempo de viagem, ele decide parar em uma taberna no campo. Aqui a história muda.

Uma cena terrível aguarda o jovem. Um cadáver está estendido no chão, a esposa do taberneiro, cercado de crianças chorando. O taberneiro está desesperado: Como ele vai conseguir levar a sua esposa morta para a cidade, para ser enterrada, e deixar as crianças sozinhas? O jovem (que é o narrador) tem piedade do taberneiro enlutado e se oferece para levar o cadáver em seu trenó. O viúvo fica profundamente agradecido:

> Ele me abraçou e quase me beijou. "Oh, vida longa para você, por esta boa ação! Você ganhará a Vida Eterna! Como um judeu, Vida Eterna!"

---

11. Ibid., p. 43ss. [trad. de Saul Bellow].

Eles partem novamente. O narrador memorizou o nome da mulher morta: Chava Nechama, filha de Raphael Michael. Ele fica repetindo o nome, mas, neste processo, ele esquece o nome do marido. Escurece e começa a cair uma tempestade de neve. Eles perdem o caminho. O camponês começa a praguejar. Depois de algum tempo, eles chegam a uma aldeia. Todos estão dormindo. O narrador bate na porta da pousada, mas o dono se recusa deixá-los entrar com o cadáver. A cena é realmente macabra: O narrador passa a noite do lado de fora, tremendo de frio em uma tempestade de neve, com um camponês furioso e um cadáver como companhia. Quando o dia amanhece, o dono os encaminha para os funcionários da funerária. De novo, eles têm que esperar no frio, até que os cavalheiros devotos terminassem as suas orações. Finalmente, o narrador conversa com o funcionário-chefe, um tal Reb Shepsel, que exige pagamento. O narrador, ao invés disso, oferece a ele a Vida Eterna, o que provoca uma diatribe:

> Então é isso! Você é um jovem representando a Vida Eterna? Vá e faça uma pequena inspeção na nossa cidade. Certifique-se que as pessoas parem de morrer de fome e *você* ganhará a Vida Eterna. A Vida Eterna, de fato! Um jovem que negocia a Vida Eterna! Vá, leve os seus bens para os indolentes e os descrentes, e venda a sua Vida Eterna para eles.

Outros funcionários da funerária assumem uma visão mais positiva da questão, argumentando com Reb Shepsel, citando a Bíblia e discutindo argumentos legais sobre se os pobres da sua própria cidade devem sempre ter precedência em relação às necessidades dos forasteiros. Finalmente, eles concordam em levar o cadáver, mas somente com pagamento e com a documentação adequada. Afinal de contas, a mulher morta podia ser a esposa do próprio narrador, a quem ele poderia ter assassinado. O narrador, desesperado, oferece a eles todo o seu dinheiro, setenta rublos, apenas para levar o cadáver e deixá-lo ir. Eles chegam a um acordo, e seguiu-se um esplêndido funeral. Agora um boato se espalha em toda a *shtetl*, de que o narrador é um homem rico, que está enterrando a sua sogra. Um bando enorme de mendigos agora o assedia. Isso chama a atenção do inspetor de polícia local. Com isso, as coisas tomaram outro rumo, pior ainda.

Enquanto o temível representante da autoridade czarista interroga o narrador, um funcionário da funerária lhe aconselha que mantenha a história sobre a sua sogra. Ele inventa vários nomes, mas titubeia ao ser perguntado de que a mulher morreu. Ele diz a primeira coisa que lhe vem à mente – ela morreu de susto. "Que tipo de susto?", pergunta o policial.

> Eu decidi que, já que eu tinha começado com mentiras, eu deveria também continuar com mentiras, e eu inventei uma longa história sobre a minha sogra sentada sozinha, tricotando uma meia, esquecendo-se que o seu filho Ephraim estava lá, um menino de treze anos, grande para a sua idade e um completo idiota. Ele estava brincando com a sua sombra. Ele caminhou sorrateiramente até ela, gesticulou suas mãos sobre a cabeça dela, e soltou um berro de cabra, *Meé*! Ele estava fazendo uma sombra de cabra na parede. E, ao som do berro, a minha sogra caiu do seu assento e morreu.

Essa história é demais, mesmo para o *goyishe kopp* de um policial russo. Ele permite que o funeral continue, mas detém o narrador para que seja investigado. Depois de um período na prisão, ele é levado a julgamento, sob suspeita de assassinato. Ele é absolvido com o testemunho do taberneiro enlutado e dos seus sogros. Eles também estão furiosos, especialmente a sua sogra: "O que você tem contra mim a ponto de querer me enterrar ainda viva?" O narrador conclui a história: "Desde então, quando alguém menciona Vida Eterna, eu corro".

Não é preciso repetir aqui o que já foi dito sobre o humor judaico neste livro. Ele assumiu diferentes formas na Europa e na América do Norte, embora a sua sensibilidade cômica distintiva, muito provavelmente, tenha suas origens na cultura de fala ídiche da Europa Oriental. O humor judaico, sem dúvidas, atravessa todas as categorias do cômico, mas o seu mote tragicômico central representa fielmente as terríveis condições da vida dos judeus na Rússia, e em todos os lugares naquela parte do mundo. Se ela despertava o riso em meio às lágrimas, certamente havia bastante razão para as lágrimas. Mas, como observado antes, há limites para a tragicomédia e suas consolações. Há tristezas diante das quais nenhuma forma de riso é possível e até a linguagem fracassa. É impossível, hoje, ler um autor como Sholem Aleichem e as suas descrições da vida dos judeus na Europa Oriental, sem pensar no horror que assolaria a comunidade judaica europeia não muito tempo depois. Algum riso ainda é possível, depois desse horror? Ele não assinala o fim dessa sensibilidade cômica específica? É um dos muitos triunfos da sobrevivência judaica que, aparentemente, as respostas a essas perguntas sejam, respectivamente, sim e não. Nesse sentido, é interessante examinar a obra de Isaac Bashevis Singer, que pode muito bem ter sido o último escritor ídiche de alguma importância[12]. Para ser justo, pode-se dizer que o próprio Sin-

---

12. Cf. KRESH, P. *Isaac Bashevis Singer:* The Magician of West 86th Street. Nova York: Dial, 1979. • FRIEDMAN, L. *Understanding Isaac Bashevis Singer*. Colúmbia: University of South Caroline Press, 1988. • ZAMIR, I. *Journey to my Father*. Nova York: Arcade, 1995.

ger não teria concordado com esta descrição. Certa vez, quando perguntado por que ele continuava a escrever em uma língua que, logo, não teria mais falantes, muito menos leitores, ele respondeu que, no Dia da Ressurreição, dezenas de milhares de indivíduos despertariam e, imediatamente, perguntariam que novos livros estão disponíveis em ídiche.

Singer (1904-1991) nasceu na Polônia russa, cresceu e viveu em Varsóvia, onde seu pai era um rabino chassídico, e em Bilgoroy, a *shtetl* de sua mãe. Ele trabalhou como professor de hebreu, tradutor e revisor, e começou a escrever na década de 1920. Ele foi muito influenciado por seu irmão, Israel Joshua, que também se tornou um escritor amplamente lido. Isaac Bashevis Singer tornou-se conhecido por seu romance *Satan in Goray* [Satanás em Goray], que foi publicado, inicialmente, em folhetins em um jornal ídiche, depois publicado como um livro, em 1935. Ao longo de sua carreira, Singer continuou com esta prática de publicar primeiro a sua obra em folhetins de jornal. Em 1935, ele partiu com seu irmão para a América, onde, no início, teve muitas dificuldades de se adaptar. Veio um período de inatividade literária, interrompido nos anos 1940. A obra de Singer era publicada agora no diário ídiche *Forward*. Em 1953, Saul Bellow traduziu o seu conto "Gimpel the Fool" [Gimpel o Idiota], divulgado na revista *Partisan Review*. Com isso, Singer se tornou uma figura importante na literatura americana, uma tradução depois da outra. O Prêmio Nobel concedido a ele, em 1978, foi um reconhecimento agridoce, não somente dele como um escritor extraordinário, mas de toda a cultura desaparecida da qual ele tinha se tornado a principal voz. Ele morreu em Miami, sofrendo da doença de Alzheimer.

Quando se compara Singer com Sholem Aleichem, uma série de diferenças vem à tona. Há, por certo, os cenários americanos e israelenses de muitas das suas últimas obras. Há também uma forte preocupação com a sexualidade (pode-se imaginar Singer como um John Updike usando um quipá nessa parte da sua obra), uma preocupação quase totalmente ausente em Sholem Aleichem. Há também uma rebelião mais declarada contra Deus. Mas, sobretudo, há uma escuridão mais profunda – a sombra esmagadora do Holocausto. Isso, não é preciso dizer, está mais presente nas obras que envolvem, de fato, os sobreviventes do Holocausto. O que é notável é que, mesmo aí, encontram-se irrupções de um senso tragicômico bastante alinhado com a antiga literatura ídiche. A voz de Tevye tornou-se mais sufocada, mas não foi completamente silenciada!

O romance *Enemies, A Love Story* [Inimigos, uma história de amor] é um bom exemplo disso[13]. Trata-se da história de um tal Herman Broder e de suas mulheres: a sua esposa, Yadwiga, uma camponesa polonesa e ex-empregada da família, que salvou a sua vida durante a ocupação alemã escondendo-o em um palheiro; Masha, outra sobrevivente do Holocausto, a sua amante volúvel; e, finalmente, Tamara, a sua primeira esposa e mãe dos seus filhos assassinados, que ele pensava estar morta e que, de repente, reapareceu. Mesmo antes do reaparecimento de Tamara, a vida de Broder era uma confusão de enganos. Ele está constantemente em movimento pela vastidão da Grande Nova York; de Coney Island, onde ele mora com Yadwiga, até o Bronx, onde Masha vive com a sua mãe, até Manhattan, onde Broder trabalha para um rabino elegante e, basicamente, fraudulento.

O romance é cheio de cenas absurdas. Broder vive em um emaranhado de mentiras complicadas. Ele conta a Yadwiga que precisa viajar como vendedor de livros, liga para ela, do

---

13. SINGER, I.B. *Enemies, A Love Story*. Nova York: Farrar, Strauss & Giroux, 1972.

apartamento de Masha, fingindo estar fora da cidade. As suas mentiras desabam em uma festa, em Manhattan, onde a sua bigamia (se não poligamia) é exposta. Os patéticos passos pelos quais Yadwiga tenta se tornar judia. Um encontro surreal com o ex-marido de Masha. Se levada a sério, a trama seria uma farsa conjugal [*bedroom farse*] perfeita. Mas a comédia é superada por uma escalada de acontecimentos trágicos: a morte da mãe de Masha, seguida do suicídio da própria Masha (que está grávida de um filho de Broder); a gravidez de Yadwiga (a fertilidade de Broder é absurda por si só), uma inocente presa em dois mundos igualmente estranhos, aquele do judaísmo e o da América, com os quais ela está tentando lidar com coragem e dignidade; a fuga de Broder de todos esses envolvimentos amorosos e o seu desaparecimento, deixando para Yadwiga e Tamara a criação do seu único filho sobrevivente. Acima dessas tragédias correntes está a tragédia onipresente do Holocausto, o que leva a reiteradas recusas de Deus, por vários personagens. Porém, a farsa conjugal continua sendo apenas isso, apesar desses tons sombrios, e o romance pode também ser lido como uma afirmação desafiadora da força da paixão sexual. O final é tão absurdo quanto benevolente, quando Tamara decide ir morar com Yadwiga para ajudar a cuidar do bebê.

Há temas muito semelhantes no romance *Meshugah*[14], publicado postumamente. Esta é a história de outro sobrevivente, Aaron Greidinger, que vive com sua amante Miriam em um *ménage-à-trois* com Max Aberdam, um especulador idoso. Novamente, o romance é cheio de cenas absurdas, muitas delas em um contexto sexual. A mais absurda delas é um episódio no qual o marido de Miriam surpreende o casal, com um revólver, e os

---

14. SINGER, I.B. *Meshugah*. Nova York: Farrar, Strauss & Giroux, 1994.

obriga a ter uma longa conversa, durante a qual eles permanecem nus. Outra farsa conjugal, com os mesmos tons trágicos. Mas um conto, "Brother Beetle" [Irmão Besouro], pode servir para ilustrar, de maneira sucinta, a sensibilidade tragicômica de Singer[15].

O lugar, desta vez, não é Nova York, mas Tel Aviv. O narrador, que normalmente vive no Brooklin, tem cinquenta anos de idade e também é um sobrevivente do Holocausto, visita Israel pela primeira vez. Ele encontra velhos amigos e conhecidos de Varsóvia, e faz todas as coisas que ele esperava fazer em Israel. Mas, "depois de uma semana vendo tudo o que um turista deve ver na Terra Sagrada, eu já estava cheio de santidade, e saí para procurar alguma aventura profana". Ele não precisou ir longe. Em um café, ele se depara com Dosha, uma velha amante sua, de Varsóvia. Ambos sentem a velha atração. Dosha se queixa do seu atual caso (ela também tem um marido, o terceiro, que mora em Paris). Esse amante, um engenheiro, é muito intenso e sente um ciúme doentio. No momento, por sorte, ele não está na cidade.

Depois de jantarem juntos, o narrador e Dosha caminham em direção à casa dela. Isso permite que Dosha se queixe de Israel e o narrador faça algumas observações sarcásticas:

> Eu detesto este clima. Os homens aqui ficam impotentes; as mulheres são consumidas pela paixão. Por que Deus escolheu essa terra para os judeus? Quando o Khamsin começa, o meu cérebro se atordoa.

Eis uma versão israelita simpática da questão ídiche sobre por que Deus, de todos os povos do mundo que Ele poderia ter escolhido, decidiu implicar com os judeus. E por que esse país? A

---

15. In *Collected Stories of Isaac Bashevis Singer*. Nova York: Farrar, Strauss & Giroux, 1982, p. 497ss.

queixa de Dosha lembra aquela da piada israelense de que Deus, que tinha boa razão para estar irritado com os judeus, deu a eles o único país no Oriente Médio sem petróleo. E aqui estão algumas opiniões do narrador sobre o cenário urbano de Tel Aviv:

> Ele andava pelas ruas escuras, cada uma delas carregando o nome de um escritor e professor hebreu. Eu li os letreiros sobre as lojas de roupas femininas. A comissão de modernização hebraica criou uma terminologia para sutiãs, náilons, cintas, salões de beleza e cosméticos. Eles encontraram as fontes para esses termos mundanos na Bíblia, no Talmude babilônico, no Talmude de Jerusalém, no Midrash e até no Zohar.

Mas agora outra farsa conjugal está prestes a começar. Durante a noite, o narrador precisa ir ao banheiro. Resulta que o banheiro fica no telhado. O narrador sobe até lá, ainda nu (Singer parece ter uma inclinação por colocar os seus personagens em um estado de nudez embaraçoso). É um assunto primitivo. Não há luz e, ao invés de papel higiênico, pedaços rasgados de jornal estão pendurados em um gancho. Então, o narrador vê a silhueta de um homem no quarto de Dosha. Com certeza, o amante louco voltou! O narrador está preso no telhado – nu, com frio, sentindo-se extremamente ridículo. Um besouro grande rasteja. Ele também parece estar perdido no telhado.

> Eu nunca havia me sentido tão próximo de uma criatura rastejante como naqueles minutos. Eu compartilhei o seu destino. Nenhum de nós sabia por que tinha nascido e por que deveria morrer. "Irmão Besouro", eu murmurei, "o que eles querem de nós?"

Singer pretendia fazer uma alusão franciscana com esse negócio de "Irmão Besouro", um Francisco de Assis judeu, dirigindo-se a todas as criaturas deste mundo como irmãos e irmãs?

Isso também nos lembra Tevye, de Sholem Aleichem, falando "cavalês". Em todo caso, logo depois do aparecimento do besouro prenhe de filosofia, o narrador tem uma espécie de experiência religiosa:

> Eu fui dominado por um tipo de fervor religioso. Eu estava de pé em um telhado, em uma terra que Deus devolveu à metade do seu povo que não tinha sido aniquilada. Eu me vi em um espaço infinito, entre miríades de galáxias, entre duas eternidades, uma já passada e outra ainda por vir. Ou talvez nada tivesse acontecido e tudo o que foi, ou algum dia será, foi estendido pelo universo como um enorme pergaminho... Eu pedi o perdão de Deus.

Perdão pelo quê? Não fica claro. Mas, antes que o narrador pudesse ter qualquer outro êxtase místico, Dosha sobe até o telhado com as suas roupas. Ela abre um alçapão de acesso às escadas.

O narrador se veste apressadamente (o amante potencialmente homicida de Dosha poderia acordar a qualquer momento). Ele encontra o seu passaporte americano e o seu dinheiro, desce as escadas. Ele anda por ruas desconhecidas. Quando ele pergunta a um idoso, em inglês, como chegar ao seu hotel, ele só recebe uma resposta grosseira: "Fale hebreu!" Ele fica na rua, perdido mais uma vez. Então, ele sente algo se movendo na bainha da sua calça. Um besouro grande rasteja para fora e foge:

> Era o mesmo besouro que eu vi no telhado? Preso nas minhas roupas, ele conseguiu se libertar. Ambos tínhamos sido presenteados com outra oportunidade pelos poderes que governam o universo.

9 O cômico como jogo do intelecto
Sagacidade

À medida que um argumento é desenvolvido, durante um determinado período de tempo, as ideias surgem; a princípio elas parecem muito claras, depois demonstram que precisam de ajustes. Este é especialmente o caso aqui, quando o argumento se refere a um fenômeno tão elusivo quanto o cômico. Repetidamente, nos encontramos na praia de Bergson, por assim dizer, tentando agarrar com a mão um punhado de espuma. Mas o exercício não é em vão. Nem tudo escapa à compreensão. Alguns núcleos de ideias permanecem razoavelmente sólidos. E, claro, há o prazer intrínseco à jornada da investigação, independentemente dos resultados esperados ao final.

Anteriormente, argumentamos que o cômico possui uma importante dimensão cognitiva. Isto é, a perspectiva cômica revela aspectos da realidade para além da subjetividade do indivíduo. Mais especificamente, a perspectiva cômica revela incongruências que não são percebidas na atitude séria. É importante acrescentar que nem todas as percepções que resultam da atitude cômica são igualmente válidas. Dito de maneira simples, o riso pode ser uma abertura para a verdade, mas há casos em que essa abertura é enganosa.

O intelecto sempre é envolvido nas percepções do cômico. Se a sagacidade é entendida, simplesmente, como o humor intelectualmente informado, então, em alguma medida, ela estará presente em todas as experiências do cômico. Ela é, naturalmente, mais evidente no humor mais sofisticado, mas a inteligência está implicada mesmo no humor mais primitivo. Vejamos a seguinte piada que, como se concordará prontamente, merece o rótulo de "primitiva":

> Um homem tinha um papagaio que sempre usava linguagem obscena. Quando todos os esforços de mudança fracassaram, o homem colocou o papagaio no seu refrigerador e disse a ele: "Você vai ficar aqui até aprender a falar decentemente". Depois de uma hora, mais ou menos, o homem abre a porta da geladeira. O papagaio está lá sentado, tremendo de frio, claramente triste. "Bem", diz o homem, "você vai falar decentemente de agora em diante?" "Sim, sim, eu prometo", responde o papagaio. "Mas que mal este frango fez?"

Essa piada foi contada a duas crianças de cinco anos de idade. Uma entendeu e riu, a outra ficou perplexa. A primeira criança era mais inteligente e estava, por essa razão, pronta para certa dose de humor.

O interesse deste capítulo está na sagacidade em sua forma mais ou menos pura – isto é, o humor como um jogo do intelecto e da linguagem, possivelmente também do comportamento. O humor, nesta forma, não tem qualquer interesse além de si mesmo, é imparcial, desinteressado de qualquer intenção prática. Esse tipo de humor se diferencia da sátira espirituosa, que sempre deriva de uma razão prática – ofender um indivíduo, um grupo ou uma instituição. Na sátira, o cômico é empregado como uma arma, no humor desinteressado como um brinquedo. A sagacidade sempre se utiliza do paradoxo e da ironia. Paradoxalmente, ela mistura aspectos da realidade que são considerados separados na atitude séria. Ironicamente, ela oculta os seus sentidos, dizendo uma coisa, mas querendo dizer outra. O paradoxo e a ironia não são necessariamente cômicos, mas eles estão inevitavelmente envolvidos na experiência cômica, mais ainda quando ela se torna intelectualmente sofisticada[1].

Freud, como já foi apontado, enfatizou corretamente a importância da economia nas expressões do humor. O humor mais eficaz emprega meios escassos para alcançar um resultado rico. A sagacidade é afiada, concisa, direcionada – todos esses adjetivos sugerem economia. Isso é válido para as tiradas mais casuais, para as boas piadas e, mais especificamente, para o epigrama – por definição, um comentário breve que finge resumir uma ideia surpreendente. As tiradas, no sentido de observações espirituosas feitas no decorrer de conversas cotidianas, são as expressões mais comuns do humor. Existem virtuoses dessa forma de arte, alguns dos quais alcançaram fama muito além da sua própria vida. Samuel Johnson e Winston Churchill são dois exemplos disso. (No caso de Churchill, se todas as tiradas atribuídas a ele tivessem realmente sido ditas por ele, dificilmente ele teria tido tempo de se dedicar a qualquer outra atividade.) Mas produtores de tiradas menos impressionantes podem ser encontrados em qualquer círculo de conhecidos. Dependendo do grau de malícia que acompanhe o seu humor, esses indivíduos podem ser avidamente buscados e convidados para festas, para a diversão de todos, ou, ao contrário, evitados como ameaças a qualquer tipo de *Gemuetlichkeit* [conforto]. Em outras palavras, dependendo das

---

[1]. A ironia foi interpretada, algumas vezes, como uma subcategoria do cômico. Esta é, provavelmente, uma interpretação equivocada. É possível ser irônico sem ser cômico, embora seja difícil imaginar o cômico sem alguns elementos da ironia. Cf. JAPP, U. *Theorie der Ironie*. Frankfurt: Klostermann, 1983.

circunstâncias, um humor sagaz pode ser uma bênção ou um pesadelo para uma anfitriã que planeja convites para uma festa.

A piada é uma das expressões mais comuns da sagacidade, pelo menos nas culturas ocidentais[2]. As piadas podem ser definidas como histórias muito curtas que terminam com uma declaração comicamente surpreendente. Em inglês, a expressão "*punch line*" [em português, "gancho", mesmo termo usado para o golpe de boxe], denotando essa afirmação conclusiva, ilustra claramente a estratégia cômica envolvida aqui; assim como a expressão alemã *die Pointe,* "o ponto", que também sugere a ponta afiada de um punhal. A economia aqui é essencial. Certamente, há uma intencionalidade cognitiva nas piadas. O final finge transmitir alguma espécie de sabedoria. A ideia é necessariamente válida? Claramente, não. Basta apenas lembrar todas as muitas piadas que buscam denegrir este ou aquele grupo étnico, racial ou religioso, atribuindo a eles características nitidamente falsas ou enganosas. Dito de maneira simples, é igualmente possível contar uma mentira de maneira sagaz quanto o é revelar uma verdade através do humor. Em outras palavras, a capacidade de uma declaração de provocar uma resposta cômica não resolve a

---

2. Se uma coisa é certa, a partir das investigações históricas e sociocientíficas do cômico, é que ele é universal: o riso cômico pode ser encontrado em todas as culturas humanas. Como argumentamos anteriormente, o cômico é uma constante antropológica; o *Homo Sapiens* é sempre, também, o *Homo Ridens*. Mas a piada, tal como definida aqui, provavelmente não é universal. Assim, tenho a impressão de que as culturas da Ásia Oriental, embora sejam repletas do cômico, não cultivaram a piada como é o caso da Europa e do Oriente Médio. (Algum tempo atrás, eu ganhei um livro, de um tal Lu Yunzhong, intitulado *100 Chinese Jokes through the Ages* [Cem piadas chinesas através dos tempos]. Alguns dos breves episódios do livro certamente têm a forma de piada, mas não fica claro se eles circularam originalmente dessa forma, ou se formam parte de narrativas mais longas.) Existem piadas nas culturas africanas tradicionais? Ou na América Central? A difusão cultural da piada seria um bom tema para historiadores e etnógrafos. Essa forma do cômico deve ter tido origem em algum lugar. Eu não tenho nenhum dado sobre isso, mas se eu fosse adivinhar, eu arriscaria o Oriente Médio ou a Índia. O meu colega Ali Banuazizi sugere o Irã. Eu gostaria que esta nota de rodapé motivasse uma profusão de teses de doutorado.

questão da sua validade. Contudo, feita esta ressalva, permanece o fato de que as piadas podem resumir uma situação, muitas vezes complexa, de uma maneira incrivelmente econômica, simplificando e esclarecendo e, definitivamente, proporcionando algum benefício cognitivo. Uma boa maneira de ilustrar essa função cognitiva é observar as piadas que as pessoas de um grupo contam sobre si mesmas. Isso foi feito anteriormente neste livro, quando analisamos o humor judaico. O seguinte grupo de piadas pode fornecer outros exemplos, de outras partes do mundo:

O mote: o tão almejado "comedimento" dos ingleses:

> Nos tempos da soberania britânica na Índia, uma patrulha foi emboscada por homens tribais ferozes, na fronteira noroeste. Um jovem oficial inglês está deitado no chão, ferido, uma enorme lança cravada no seu peito. Enquanto ele é transferido para uma maca, um dos carregadores se inclina sobre ele: "Dói, tenente?"
>
> "Só quando eu rio".

O mote: a incongruência trágica da experiência afro-americana:

> Um negro está conversando com Deus: "Senhor, por que eu tenho a pele escura?"
>
> "É por causa do sol quente na África. Com sua pele escura, você não tem queimaduras de sol. O homem branco, com a pele clara, tem queimaduras de sol o tempo todo."
>
> "Senhor, por que eu tenho pernas longas?"
>
> "Na África, na selva, quando animais selvagens estão te perseguindo, as suas pernas longas permitem que você escape. O homem branco, com suas pernas curtas e atarracadas, é pego e comido."
>
> "Senhor, por que eu tenho cabelos encaracolados?"

"Pela mesma razão. Na selva africana, quando os animais selvagens estão atrás de você, você escapa. Os cabelos longos do homem branco agarram nas árvores e os animais o pegam."

"Senhor, por que eu estou em Cleveland?"

O mote: os sentimentos dos habitantes do Quebec, na sua ilha francesa em meio a um oceano de fala inglesa:

> Em uma aldeia do Quebec, uma garotinha sai para colher cogumelos, quando a Virgem Maria aparece para ela. A garotinha se ajoelha e diz: "*Ah, vous êtes Notre Dame! Vous êtes si belle. Vous êtes magnifique. Je vous adore. Je vous aime*".
>
> E a Virgem Maria responde: "Sinto muito. Eu não falo francês".

O mote: a ânsia dos suíços por um mundo ordenado:

> O telefone toca à meia-noite, em uma farmácia na cidade de Chur. Uma voz de homem pergunta: "É da farmácia de Amann?"
>
> "Sim, o farmacêutico Amann falando."
>
> "Você tem chupeta de bebê?"
>
> "Sim."
>
> "Você tem chupeta de bebê vermelha?"
>
> "Sim."
>
> "Ótimo. Pegue uma e enfie no seu traseiro."
>
> No dia seguinte, às oito da manhã, o telefone toca novamente. Um homem diferente pergunta: "É da farmácia de Amann?"
>
> "Sim, o farmacêutico Amann falando."
>
> "Aqui é a polícia distrital. Você recebeu uma chamada, na noite passada, perguntando se você tinha chupetas de bebê?"

"Sim."

"E foi sugerido que você deveria inserir uma chupeta de bebê vermelha entre as suas nádegas?"

"Sim."

"Você pode retirá-la. Nós constatamos que a ligação foi uma travessura de menino."

O mote: o ressentimento dos catalães em relação à sua situação na Espanha:

> Em um trem saindo de Barcelona estão quatro pessoas em uma cabine: uma mulher catalã mais velha com a sua filha muito atraente, um homem catalão sem relação com elas e um espanhol. Quando o trem atravessa um túnel, a cabine fica na escuridão total por alguns instantes. Então, uma bofetada sonora é ouvida. O que cada um dos passageiros pensa depois disso?
>
> A mulher mais velha: "Eu criei a minha filha para saber se cuidar muito bem".
>
> A filha: "Isso é um pouco irritante. Se isso foi uma cantada, por que a minha mãe e não eu?"
>
> O espanhol: "Essas mulheres catalãs são completamente loucas. Basta olhar para elas e começam a bater em você".
>
> O homem catalão: "Mais quatro túneis até Madri!"

Ainda mais que a piada, o epigrama transmite uma essência altamente econômica de uma suposta sabedoria. Oscar Wilde e H.L Mencken foram mestres nisso, na literatura inglesa e americana, respectivamente. O famoso romance de Oscar Wilde, *O retrato de Dorian Gray*, começa com um prefácio que contém uma lista de epigramas[3]. Aqui estão dois deles:

---

3. *The Complete Oscar Wilde*. Nova York: Crescent, 1995, p. 11.

> A aversão do século XIX ao Realismo é a fúria de Caliban ao ver a sua própria face no espelho. A aversão do século XIX ao Romantismo é a fúria de Caliban ao não ver a sua própria face no espelho.
>
> Podemos perdoar um homem por fazer uma coisa útil contanto que ele não se vanglorie. A única desculpa para fazer uma coisa inútil é que ela seja admirada intensamente. Toda arte é bastante inútil.

As peças de Wilde estão cheias de observações sagazes, algumas na forma de epigramas, outras que poderiam ser facilmente convertidas em um deles. O que se segue são alguns diálogos entre personagens de uma das peças mais famosas de Wilde, *O leque de Lady Windermere*[4]. Um comentário da Duquesa de Berwick, uma daquelas formidáveis viúvas ricas que assombram a literatura inglesa moderna (P.G. Wodehouse criou um exército delas):

> Eu temo que seja aquela velha, velha história, querida. O amor – bem, não amor à primeira vista, mas amor ao final da estação, que é muito mais satisfatório.

Um comentário de outra personagem, a Senhora Erlynne, quando ela aceitou a proposta de casamento do Lorde Augustus, o irmão da duquesa:

> Há uma grande dose de bondade em Lorde Augustus. Felizmente, é só aparência. Justamente onde as boas qualidades devem estar.

Uma conversa entre Graham e Dumby, dois dândis que prosseguem com as suas observações sagazes ao longo de toda a peça:

---

4. Ibid., p. 364ss.

> Graham: *A fofoca é encantadora. A história é pura fofoca. Mas o escândalo é a fofoca que se tornou enfadonha pela moralidade. Agora, eu nunca moralizo. Um homem que moraliza é geralmente um hipócrita, e uma mulher que moraliza é invariavelmente casta. Não há nada, em todo o mundo, mais inconveniente para uma mulher do que uma consciência inconformada.*

E um pouco depois:

> Dumby: *Como o casamento arruína um homem. Ele é tão desmoralizante quanto os cigarros, e muito mais caro.*

As seguintes são de Mencken[5]:

> *Consciência* é a voz interior que nos avisa que alguém pode estar olhando.
>
> *Pensão alimentícia* – O resgate que os felizes pagam para o demônio.
>
> Adultério é a aplicação da democracia ao amor.
>
> *Puritanismo* – O medo perturbador de que alguém possa ser feliz.
>
> Acreditar que a Rússia ficou livre dos males do capitalismo requer um tipo especial de intelecto. O mesmo tipo que acredita que um fiel expurgado está livre do pecado.

Qualquer leitor dessas passagens concordará imediatamente que elas são sagazes. Mas os leitores irão, sem dúvida, discordar quanto à questão de saber se os ganchos dessas observações espirituosas transmitem percepções corretas da realidade, isto é, se elas comunicam verdades espirituosas ou mentiras espirituosas.

---

5. COOKE, A. (ed.). *The Vintage Mencken*. Nova York: Vintage, 1956, p. 231ss.

Os dois autores citados são úteis para investigar a natureza da sagacidade pura ou desinteressada. Apesar das grandes diferenças de temperamento, de estilo e, naturalmente, de contexto histórico, há semelhanças significativas entre eles. Os dois assumiram uma postura antagônica às suas próprias sociedades (ou talvez, mais precisamente, ao que eles consideravam que a sociedade fosse). A indiferença sagaz era um componente fundamental dessa atitude. Ambos cultivaram, cuidadosamente, uma imagem para acompanhá-la: no caso de Wilde, a figura do dândi, legitimada por uma filosofia bastante nebulosa do esteticismo; no caso de Mencken, a *persona* do cético consumado, um homem marginal na América burguesa (ele usou o termo *Tory* para descrever a sua discordância da democracia americana), legitimada por uma reivindicação duvidosa da filosofia de Nietzsche. Há elementos satíricos fortes na obra dos dois autores, mas ambos carecem de um componente de sátira – a paixão moral motivando o ataque satírico. Tanto Wilde quanto Mencken se orgulhavam por não terem qualquer senso de ofensa moral, e ambos desprezavam os moralistas de qualquer espécie. A questão de se um deles ou se os dois poderiam ser caracterizados como niilistas morais está além do escopo do presente argumento. Mas a própria ausência de uma agenda moral faz de Wilde e Mencken bons exemplos do humor desinteressado, do cômico como um puro jogo do intelecto[6].

---

6. É melhor eu admitir que não gosto dos dois autores. Ambos, eu acho, ostentavam orgulhosamente uma *Weltanschauung* [visão de mundo] cínica que eu acho ofensiva. Wilde, parece, era pessoalmente o mais amável dos dois. Até onde sei, cada um deles tem um aspecto redentor que mitiga a agressividade. Não, que fique claro, o seu humor inquestionável; como argumentei, esta é uma característica moralmente neutra. O distanciamento sarcástico de Wilde, a pose do dândi invulnerável, eram o tempo todo colocados em risco pela vida dupla imposta por seus impulsos sexuais. Eu acho isso muito humano. O desapego igualmente sarcástico de Mencken, e o seu propagado desdém pelas pessoas comuns da América, foram atravessados por sua paixão pela língua americana. Aqui, como em nenhum outro lugar, o antidemocrata pseudonietzscheano chega próximo de ser um populista sentimental. Isso também é

Oscar Wilde (1854-1900), talvez mais do que qualquer outro autor na literatura inglesa moderna, representa o cultivo da sagacidade como um fim em si mesmo. Nesse sentido, há uma grande simetria entre a sua obra e a sua vida. Proveniente da classe média protestante da Irlanda, ele se mudou para Londres, onde se tornou uma celebridade literária. A sua fama se expandiu para a América, que ele visitou como um palestrante incrivelmente popular. Os seus escritos – ensaios, ficção e, principalmente, as peças – eram elegantes e deliberadamente provocadores de todos os valores da sociedade vitoriana. Assim também foi a sua vida. Na realidade, essa é uma evidência da tolerância considerável daquela sociedade, que não somente permitia essas provocações, mas também celebrava o seu autor e o recompensava profusamente. A sua ruína trágica não se deveu tanto à sua homossexualidade, que a Inglaterra vitoriana também toleraria se praticada discretamente, mas por forçar abertamente o tema em público com o seu imprudente processo de difamação contra o Marquês de Queensberry, o pai do seu amante Lorde Alfred Douglas. O marquês tinha publicamente o denunciado como um "sodomita" e, quando Wilde o processou por essa alegação, a máquina inexorável da justiça inglesa entrou em ação e conseguiu provar que a alegação era bastante correta. A acusação e a condenação se seguiram inevitavelmente, sob as leis da época. Wilde foi preso, inicialmente em condições bárbaras, e, após a sua libertação, ele foi para o exterior, para nunca mais voltar à Inglaterra. Com exceção do eloquente *Ballad of Reading Gaol* [Balada da Prisão de Reading], um *cri de coeur* contra a brutalidade da pena de morte,

---

humanizador. Sob o risco de ofender este ou aquele grupo (Mort Sahl, onde está você quando precisamos de você?), eu diria que Wilde é redimido por sua homossexualidade e Mencken por seu amor pela língua da América.

Wilde nunca mais foi capaz de escrever nada digno de nota depois da sua prisão. Ele morreu na França, um homem doente e abalado, na extrema pobreza. Com muita razão, o caso de Wilde se tornou exemplar da perseguição de homossexuais nas sociedades ocidentais[7]. Mas este tema escapa ao alcance do presente argumento, assim como a filosofia algo imatura do esteticismo que Wilde apresentou, em ensaios e palestras, como uma visão revolucionária do mundo. O interesse aqui deve ser a natureza do seu humor, mais notavelmente expressado nas suas peças.

Um comentador da obra de Wilde resumiu isso muito sucintamente:

> Não é a caracterização nem a construção da trama que confere à comédia de Wilde o seu sabor único, que deriva, sobretudo, da linguagem e do diálogo. [...] Esta observação se aplica, principalmente, às conversas conduzidas pelos dândis. Ao invés de comunicar ideias que esclareçam pontos de vista, trocando opiniões ou discutindo problemas, eles argumentam pelo puro prazer de argumentar. A sua relutância em se deter no conteúdo ou em qualquer tipo de compromisso é tanto resultado quanto evidência da sua utilização da linguagem como um jogo intelectual[8].

Os personagens das peças são simples e as tramas são completamente implausíveis. A leveza dessas produções nos faz lembrar a mais tola das operetas vienenses. Mas se a trivialidade destas últimas é superada pela música, as peças de Wilde são redimidas pelos diálogos cintilantes, especialmente aqueles conduzidos (caso se permita o neologismo) por uma perpétua

---

7. Cf. ELMAN, R. *Oscar Wilde*. Nova York: Knopf, 1988. • KOHL, N. *Oscar Wilde: The Works of a Conformist Rebel*. Cambridge: Cambridge University Press, 1989.
8. KOHL. *Oscar Wilde*, p. 227.

lufada de dândis. Os críticos da época ficavam tanto irritados quanto seduzidos por isso. George Bernard Shaw fez o seguinte comentário sobre as reações dos críticos a uma das estreias de Wilde, no teatro de Londres:

> Eles riem furiosamente dos seus epigramas, como uma criança que é convencida a se divertir com o próprio ato de soltar um grito de raiva ou agonia[9].

O próprio Wilde proclamou o seu credo dramático nestas palavras:

> Nenhum artista deseja provar nada. [...] Nenhum artista tem afinidades éticas. [...] Toda arte é bastante inútil[10].

Para ilustrar a sagacidade de Wilde em ação, vale a pena analisar a sua peça de maior sucesso, encenada, até os dias de hoje, em todo o mundo de fala inglesa, *A importância de ser prudente*[11]. A peça estreou no Teatro St. James, em fevereiro de 1895, e foi um sucesso instantâneo. A sua estreia também coincidiu, tristemente, com o começo do catastrófico duelo judicial de Wilde com o Marquês de Queensberry (que teve de ser impedido de entrar no teatro, onde pretendia fazer um escândalo). O título era irônico: A última coisa que esta peça, ou qualquer outra de Wilde, procurava transmitir era prudência. Ao invés disso, o título se refere ao nome de Ernest, que tem um papel importante na história. Um crítico observou que qualquer tentativa de análise séria dessa peça seria como investigar os ingredientes de um *soufflé* depois do jantar. A trama é, ao mesmo

---

9. Ibid., 245.
10. Também extraído do prefácio de "The Picture of Dorian Gray". In: *Complete Oscar Wilde*, p. 11.
11. Ibid., p. 315ss.

tempo, bastante complexa e indescritivelmente trivial. Ela gira em torno das aventuras amorosas de dois dândis indiscutivelmente tolos, John Worthing e Algernon Moncrieff, ambos cortejam duas damas igualmente tolas, que cismaram com a ideia de que elas somente queriam se casar com um homem que se chamasse Ernest. Pouca utilidade haveria aqui em aprofundar a descrição da trama. Como sempre acontece com Wilde, o diálogo faz todo o trabalho – *le ton qui fait la musique*. Alguns exemplos serão suficientes. O trecho a seguir é uma conversa entre Moncrieff e o seu mordomo Lane, logo no início do Primeiro Ato:

> Moncrieff: *Por que, em uma casa de solteiro, os mordomos sempre bebem o champanhe? Eu pergunto só por curiosidade.*
>
> Lane: *Eu penso que se deve à qualidade superior do vinho, senhor. Eu, muitas vezes, observei que, nas famílias de casados, o champanhe raramente é de uma marca de primeira classe.*
>
> Moncrieff: *Céus! O casamento é tão desmoralizante assim?*
>
> Lane: *Eu acredito que é um estado muito prazeroso, senhor. Eu mesmo tive muito pouca experiência até agora. Eu só fui casado uma vez. Isso foi em consequência de um desentendimento entre mim e uma pessoa jovem.*
>
> Moncrieff: *Eu não sei se estou muito interessado na sua vida familiar, Lane.*
>
> Lane: *Não, senhor; não é um assunto muito interessante. Eu mesmo nunca penso nisso.*

Quando Lane sai, depois desse consenso, entre senhor e mordomo, de que a qualidade do vinho é uma medida apropriada para avaliar a instituição do casamento, Moncrieff fala para si mesmo:

> As opiniões de Lane sobre o casamento parecem meio negligentes. Realmente, se as camadas mais baixas não nos dão um bom exemplo, para que diabos elas servem? Elas parecem, enquanto uma classe, não ter absolutamente nenhum senso de responsabilidade moral.

Algum tempo depois, outro lampejo de sabedoria de Moncrieff sobre a natureza do casamento; ele explica a Worthing por que ele não quer ir jantar com a sua Tia Augusta:

> Eu sei perfeitamente bem quem ela colocará ao meu lado esta noite. Ela me colocará ao lado de Mary Farquhar, que sempre flerta com o seu próprio marido do outro lado da mesa de jantar. Isso não é muito agradável. Na verdade, não é mesmo decente... e esse tipo de coisa está crescendo cada vez mais. A quantidade de mulheres, em Londres, que flertam com os seus próprios maridos é um fato completamente escandaloso. É feio demais. É francamente lavar a roupa suja em público.

Moncrieff inventou um amigo doente, a quem ele chama de Bunbury, que supostamente deve ser visitado sempre que Moncrieff quer evitar um ou outro compromisso. O comentário a seguir é sobre uma recaída de Bunbury, por parte de Lady Bracknell, outra daquelas senhoras intimidadoras da classe alta aristocrata:

> Eu acho que já passou da hora do Sr. Bunbury decidir se ele quer viver ou morrer. Essa hesitação com o tema é absurda. Nem eu aprovo, de maneira nenhuma, a simpatia moderna pelos inválidos. Eu considero isso mórbido. A doença, de qualquer tipo, é dificilmente uma coisa a ser incentivada nos outros. A saúde é o principal dever da vida. Eu sempre digo isso para o seu pobre tio, mas ele parece nunca dar muita atenção... no que se refere a

qualquer melhora na sua doença. Eu ficaria muito agradecida se você pedisse ao Sr. Bunbury, de minha parte, para ser amável o bastante e não ter uma recaída no sábado, pois eu conto com você para organizar a minha música para mim.

Algumas das opiniões mais mordazes de Lady Bracknell sobre a vida aparecem em seu interrogatório de Worthing, depois de ela descobrir que ele pretende se casar com a sua filha, Gwendolyn. Quando ele admite que fuma:

> Fico feliz em ouvir isso. Um homem deve sempre se ocupar de alguma maneira. Já há homens ociosos demais em Londres.

Ela, então, afirma que um homem que se casa deve saber tudo ou não saber nada. Qual é, ela quer saber, o caso de Worthing? Depois de alguma hesitação, ele admite que não sabe nada. Lady Bracknell:

> Alegra-me sabê-lo. Eu não aprovo nada que interfira na ignorância natural. A ignorância é como um fruto exótico delicado; toque-o, e a beleza se vai. Toda a teoria da educação moderna é radicalmente doentia. Felizmente, na Inglaterra, em todo caso, a educação não produz qualquer efeito.

Todas as outras respostas de Worthing são igualmente satisfatórias – sobre a sua renda, a sua propriedade tanto na cidade quanto no campo, os seus princípios *Tory*. O problema surge quando perguntado sobre seus pais. Ele admite que os tinha perdido (Lady Bracknell: "Os dois? [...] Isso me parece negligência"), na verdade, que foi abandonado por eles. Ele foi criado pelo falecido Thomas Cardew, que deu a ele o nome de Worthing porque ele foi encontrado dentro de uma mala de couro,

na Estação Victoria, quando Cardew viajava para Worthing.
Lady Bracknell:
> Eu confesso que me sinto um pouco perplexa pelo que você acabou de me dizer. Nascer, ou de qualquer maneira ser criado, em uma mala, tenha alças ou não, me parece demonstrar um desprezo pelas decências mais ordinárias da vida familiar, que lembra os piores excessos da Revolução Francesa. E eu presumo que você saiba a que levou esse movimento infeliz?

Nessas circunstâncias, ela não pode permitir que a sua filha, "uma menina educada com o máximo de cuidados", "se case em um guarda-roupas, e forme uma aliança com um embrulho".

Moncrieff, fingindo ser o irmão de Worthing, Ernest (assim como Bunbury, uma invenção), recorreu a Cecily (que é a enfermeira do distrito de Worthing). Worthing espalhou a notícia de que o seu irmão é uma figura muito desonesta, o que leva Cecily a dizer, quando a sua chegada é anunciada:

> Eu nunca conheci nenhuma pessoa realmente perversa antes. Eu me sinto amedrontada.

> Eu tenho muito medo de que ele se pareça exatamente como todo mundo.

Quando ela cumprimenta Moncrieff como "meu perverso primo Ernest", ele contesta que, na verdade, ele não é realmente perverso, o que faz Cecily dizer:

> Se você não é, então você certamente tem enganado a todos nós de uma maneira muito indesculpável. Eu espero que você não esteja levando uma vida dupla, fingindo ser perverso e sendo, na verdade, bom o tempo todo. Isso seria hipocrisia.

Mais tarde, quando Moncrieff tem que admitir a sua mentira, Cecily pergunta por que ele fez isso. Ele responde, sinceramente, que queria encontrá-la. Gwendolyn (a jovem dama cortejada por Worthing) pergunta se ela acredita nessa explicação:

> Cecily: *Não. Mas isso não afeta a maravilhosa beleza da sua resposta.*
>
> Gwendolyn: *Verdade. Em matérias de grande importância, o estilo, não a sinceridade, é fundamental.*

Talvez mais alguns comentários mordazes de Lady Bracknell sirvam para completar o quadro. Perto do clímax, quando se descobre que uma tal Senhorita Prism, a governanta de Cecily, é a pessoa que, muito tempo atrás, abandonou o bebê Worthing na Estação Victoria, Lady Bracknell interroga o vigário local, um tal Reverendo Chasuble, sobre a Senhorita Prism:

> Lady Bracknell: *Essa Senhorita Prism é uma mulher de aspecto repulsivo, remotamente conectada à educação?*
>
> Chasuble: *Ela é a mais culta das damas, e a própria figura da respeitabilidade.*
>
> Lady Bracknell: *É, obviamente, a mesma pessoa.*

À medida que fica cada vez mais evidente que Worthing é o filho da irmã de Lady Bracknell, abandonado nas circunstâncias citadas, ele quer saber o seu nome. Lady Bracknell supõe que ele tenha herdado o nome do seu pai, um general, mas não consegue, naquele momento, lembrá-lo:

> Lady Bracknell: *Eu não consigo, no presente momento, lembrar qual era o nome cristão do general. Mas não tenho dúvidas de que ele tinha um. Ele era excêntrico, eu admito. Mas somente nos seus últimos anos. E isso foi o resultado do clima da Índia, do casamento, da indigestão, e de outras coisas do tipo.*

Um catálogo militar é consultado e, que surpresa, o nome do general era Ernest John. Isso, naturalmente, remove a última barreira para o casamento com Gwendolyn (o desejo de Cecily, de também ter um marido chamado Ernest, é deixado sem solução no final da peça): o nome de Worthing era, na verdade, Ernest:

> Worthing: *Gwendolyn, é uma coisa terrível para um homem descobrir que, por toda a sua vida, ele não disse nada senão a verdade. Você pode me perdoar?*
>
> Gwendolyn: *Posso. Pois eu sinto que você, com certeza, vai mudar.*

Um *soufflé*, realmente![12]

H.L. Mencken (1880-1956), à primeira vista, poderia parecer ser um caso muito diferente de Wilde[13]. Porém, como argumentado anteriormente, a sua postura cômica (se a expressão é permitida) era bastante semelhante – no seu distanciamento da sociedade alvo do seu humor, na sua falta de paixão moral e,

---

12. Foi levantada a questão de se há uma conexão intrínseca entre o estilo cômico de Wilde e a sua homossexualidade. É certo que, ao menos por um momento e pelo menos nas sociedades de fala inglesa, há uma ligação entre a homossexualidade, um certo esteticismo dândi e um humor inteligente e sarcástico. Parece-me, contudo, que esta conexão é acidental, mais do que intrínseca. O dandismo na Inglaterra é, consideravelmente, mais antigo que Wilde. O termo dândi foi atribuído a homens jovens e elegantes em Londres, no início do século XIX; Beau Brummel foi um protótipo precoce; até onde sei, não havia relação necessária com a homossexualidade naquela época. Por outro lado, existem subculturas homossexuais, desde então e em outros lugares, que não têm nenhum desses aspectos estéticos. O estilo dândi tem uma conexão histórica com a classe alta inglesa (em todo caso, com o seu estilo de vida urbano), à qual Wilde não pertencia, embora aspirasse por ela. Um comentador da obra de Wilde argumentou, convincentemente, que Wilde foi importante na construção de um tipo cultural "excêntrico", *queer*, que influenciou, de fato, a subcultura homossexual na Inglaterra e na América durante a maior parte deste século. Em outras palavras, *au contraire*, não foi o estilo de Wilde que surgiu da subcultura homossexual, mas uma versão particular desta última foi, ao menos parcialmente, moldada por sua influência. O mesmo comentador afirmou que esta forma de "estar no mundo homossexualmente" (minha expressão, não dele) tem, cada vez mais, desaparecido com a versão mais recente (pós-Stonewall) da homossexualidade. Cf. SINFIELD, A. *The Wilde Century*: Effiminacy, Oscar Wilde and the Queer Moment. Nova York: Columbia University Press, 1994.
13. Cf. HOBSON, F. *Mencken*: A Life. Nova York: Random House, 1994.

não menos importante, na sua malícia. A produção literária de Mencken excedeu muito a de Wilde, o que é em grande medida explicado pelo fato de que ele foi essencialmente um jornalista e porque teve mais tempo de trabalho produtivo. Embora não tenha escrito peças, ele produziu livros com textos puramente jornalísticos, ensaios, resenhas e livros inteiros sobre os temas mais variados, desde a natureza da crença religiosa até a sua obra-prima, periodicamente revisada, *The American Language* [A língua americana]. Ele também foi um prodigioso escritor de cartas e diários, e determinou, no seu testamento, que os produtos dessas últimas duas atividades deveriam ser lançados em série, em várias datas cuidadosamente espaçadas após a sua morte, como cápsulas de veneno programadas. Uma publicação recente de materiais de diário levou a uma extensa controvérsia sobre se Mencken era realmente tão antissemita quanto alguns dos registros levariam a crer, mas o seu catálogo de insultos era verdadeiramente ecumênico. Ele fazia comentários desagradáveis não somente sobre os judeus, mas sobre todos os grupos étnicos na América, com a possível exceção dos germano-americanos (aos quais ele pertencia). Ele tinha um desprezo profundo pelo Sul (exceto apenas a sua suposta aristocracia) e pelo Meio-Oeste, e também não gostava de nenhuma cidade americana, fora Baltimore (a sua própria) e São Francisco. Ele detestava a Inglaterra. Ele cultivou a imagem de um cético filosófico e iconoclasta político. Nas palavras de um biógrafo, embora na sua vida privada ele seguisse um código de honra, aplicado muito exclusivamente à família e aos mais próximos, Mencken desempenhou um "papel de imoralista *público*, o despejador de gatos mortos nos santuários da América"[14]. Nas suas próprias palavras:

---

14. Ibid., p. 478.

Tendo vivido toda a minha vida em um país infestado de messias, eu mesmo fui confundido, talvez muito naturalmente, como um deles, especialmente pelos outros. Seria difícil imaginar algo mais absurdo. Eu sou, na verdade, o antimessiânico completo, e detesto os fiéis quase tanto quanto detesto os missionários. Os meus escritos, tal como são, tiveram um único propósito: proporcionar a H.L. Mencken esse sentimento de alívio e de missão cumprida que uma vaca experimenta ao dar leite. Para além disso, eu não tenho nenhum interesse nesse assunto, absolutamente[15].

A análise dos textos de Mencken não fornece qualquer fundamento para desafiar essa autoavaliação. Enquanto a sagacidade de Wilde se expressava principalmente nos diálogos entre os seus personagens imaginários, Mencken era melhor nas descrições, seja de indivíduos, grupos ou situações. O trecho a seguir é da resenha de um livro:

> O Dr. Henrik Willem van Loon, em sua história perspicaz e divertida, *The Fall of the Dutch Republic* [A queda da República Holandesa], descreve, mais de uma vez (às vezes, coitado, com um desprezo quase indisfarçável), a característica notável dos seus compatriotas holandeses. Uma capacidade anormal de respeitar a respeitabilidade. O ideal deles, assim parece, não é o elegante cavalheirismo militar, saltando valentemente para a glória nas incandescentes linhas de fogo, nem o artista altivo e inefável, embriagado com a beleza. Não, o homem que eles mais admiram é o cidadão e o chefe de família virtuoso,

---

15. TEACHOUT, T. (ed.). *A Second Mencken Chrestomathy*. Nova York: Knopf, 1995, p. 490s.

versado em política e teologia, felizmente livre de todas as tendências orgiásticas, e com dinheiro no banco. Em outras palavras, o ideal da Holanda é o ideal de Kansas. [...] Pensamos nessa identidade ao ler *The Americanization of Edward Bok* [A americanização de Edward Bok], um romance autobiográfico do falecido editor da *Ladies's Home Journal*. Edward nasceu na Holanda e os seus pais só o trouxeram para a América quando ele já vestia calças, mas não tardou um ano até que ele fosse um garoto tipicamente americano da década de 1970. Não, ele era mais: ele era o típico garoto americano dos livros das escolas dominicais, nos anos de 1970. De dia, ele trabalhava com diligência inacreditável em dez ou vinte empregos diferentes. De noite, ele cultivava o conhecimento de todos os magníficos moralistas da época, desde Ralph Waldo Emerson até Henry Ward Beecher, trabalhando com o que restou das suas forças para descobrir o segredo da sua excelência superior e singular, pois ele também poderia, algum dia, brilhar como eles brilharam e ser reconhecido pelos bons meninos, a caminho do catecismo, e pelos maus meninos, a caminho da forca. Bem, ele realizou os dois desejos. Aos trinta anos de idade, ele era versado em teologia e política, felizmente livre de todas as tendências orgiásticas, e com dinheiro no banco. Aos quarenta, ele era um milionário e o profeta americano mais famoso. Aos cinquenta, ele era uma instituição nacional[16].

Este trecho revela a artilharia retórica de Mencken a todo vapor. Em um só parágrafo, ele consegue denegrir toda a cultu-

---

16. Ibid., p. 439s.

ra holandesa e soltar uma das inumeráveis avalanches contra o moralismo americano (foi Mencken quem fez de "puritano" um termo permanentemente pejorativo), antes de começar a tratar do infeliz Senhor Bok. No restante da resenha, ele menospreza a revista editada por Bok e, depois, o exalta pelo que considera ser a sua única característica não americana, a saber, a sua paixão pela excelência artística. Isso nos lembra a pergunta feita, regularmente, pelo comediante Mort Sahl durante as suas apresentações, nos anos de 1950 e de 1960: "Há algum grupo que eu ainda não tenha ofendido?" Mas é difícil negar a sagacidade do trabalho de demolição múltipla de Mencken.

Eis a descrição de Mencken sobre a profissão docente:

> Houve um tempo quando lecionar em escolas era um trabalho relativamente simples e fácil, e qualquer mulher jovem, que não tivesse talento para o trabalho doméstico, era considerada apta para ele. Mas essa época já não existe mais. O educador de hoje, homem ou mulher, deve não somente passar por um longo e árduo curso de treinamento preliminar; ele (ou ela) deve também continuar estudando depois de conseguir uma nomeação. A ciência da pedagogia se tornou extremamente complicada, e muda constantemente. Os seus princípios hoje nunca são os seus princípios de amanhã: eles são incessantemente modificados, aperfeiçoados, revisados, adornados. Eles se apropriam da psicologia, da metafísica, da sociologia, da patologia, da educação física, da química, da meteorologia, da economia política, da psiquiatria e da higiene sexual. E, através deles, dia e noite, sopra o vento quente do compromisso moral. Assim, o pobre diabo (ou diaba) tem que trabalhar duro, sem parar. No verão, quando o resto de nós está se refestelando nos descolados bares clandestinos, ele padece de uma morte em vida na escola de verão, tentando decifrar os

últimos paradigmas da Universidade de Colúmbia. [...]
É uma vida terrível[17].

Para Mencken, dizer que alguma atividade é nutrida pelo compromisso moral, certamente, equivale a condená-la por completo. Esse texto foi escrito em 1931 e os bares clandestinos descolados que Mencken contrasta com os duros tormentos da escola de verão eram, por certo, os refúgios ilícitos daquele esforço moral extremo conhecido como Proibição, um exercício de puritanismo para o qual Mencken reservou um veneno particular. (É interessante pensar no que Mencken, que raramente ia a algum lugar sem o seu charuto, teria dito sobre o seu amado Estado de Maryland, quando, em 1995, promulgou a legislação antifumo mais rigorosa do país.)

Os "diabos" e "diabas" da passagem anterior, ridículos como são, devem ser vistos como vítimas, mais do que como vilões. Mencken, que nunca frequentou a universidade, tinha um desprezo profundo pela educação superior. Os verdadeiros vilões são os professores universitários, aqueles que produzem os paradigmas, em Colúmbia e em outros lugares, que são então difundidos como a última verdade para os profissionais da educação básica. Um dos comentários amáveis de Mencken sobre essa classe:

> De vez em quando, outro professor supostamente radical é mandado embora de uma universidade estadual, sempre ao som de protestos amargos nos semanários liberais. A defesa habitual dos diretores é que as doutrinas que ele ensina são perigosas para os jovens. Isso o coloca de quatro com Sócrates – certamente uma ordem algo superior. A objeção real às suas ideias, nove

---

17. Ibid., p. 378s.

em cada dez vezes, é que somente os idiotas acreditam nessas coisas. Mas tal objeção deve ser mantida em silêncio, pois ela não diz nada de relevante contra um professor, em uma universidade estadual qualquer, que prove que ele é um idiota[18].

Isso também foi escrito no início dos anos de 1930. Hoje, uns sessenta anos depois, os professores radicais não são mandados embora das universidades americanas; eles frequentemente as dirigem. É improvável que Mencken tivesse melhor estima por suas doutrinas.

Provavelmente, o trabalho de jornalismo mais famoso de Mencken foi o seu relato do apelidado Julgamento do Macaco em Dayton, Tennessee, onde, em 1925, um desses "diabos", chamado Scopes, foi processado por ensinar a Teoria da Evolução, ferindo a lei estadual. Mencken fez uma visita rápida ao lugar, como um repórter para o *Baltimore Sun*. O julgamento, por certo, alcançou o ápice dramático no confronto entre William Jennings Bryan e Clarence Darrow, convocados, respectivamente, para a acusação e a defesa. Em seu relato, Mencken expressou surpresa com o fato de Dayton não ser tão fervorosamente puritana quanto ele esperava:

> No tribunal verde, um bando de teólogos histéricos debatia as passagens mais obscuras das Sagradas Escrituras, dia e noite, mas eu logo descobri que eram todos voluntários e que os crentes locais, embora interessados na sua exegese como um exercício intelectual, não o permitia para impedir o deboche dos nativos. Exatamente doze minutos depois que eu cheguei à aldeia, fui levado por um homem cristão e apresentado à birita favorita

---

18. Ibid., p. 392.

das Montanhas de Cumberland: meio licor de milho e meio Coca-Cola®. Pareceu-me terrível, mas eu descobri que os iluminados de Dayton o tragavam com gosto, esfregando a barriga e revirando os olhos. Eu incluo, entre eles, os principais proponentes locais da cosmogonia mosaica. Eles eram todos entusiasmados com o Gênesis, mas as suas faces demasiado coradas para pertencerem aos abstêmios e, quando uma bela garota passava saltitando pela rua principal, o que ocorria muito frequentemente, eles agarram o próprio pescoço, onde as suas gravatas estariam, com todo o trejeito amoroso dos atores de cinema[19].

Mencken foi para o Sul com a mentalidade de um antropólogo clássico, estudando uma tribo de selvagens, mas, ao contrário da maioria dos antropólogos, ele tinha pouca empatia pelos costumes nativos. Em todo caso, um jornalista de Chattanooga lhe explicou que ele não deveria considerar Dayton típica da cultura local. Dayton era "uma grande capital como qualquer outra", "ela era para o Condado de Rhea o que Atlanta era para a Geórgia, ou Paris para a França", hedonista e imoral:

> Uma garota camponesa, de alguma aldeia remota do condado, chegando à cidade para o seu frasco semestral do Composto Vegetal de Lydia Pinkham, tremia ao se aproximar da drogaria de Robinson, tal como uma garota do norte do Estado de Nova York devia tremer ao se aproximar do Metropolitan Opera House. Em todo caipira grosseiro da aldeia ela via um potencial traficante de mulheres. As calçadas duras feriam os seus pés. As tentações da carne eriçavam todo o seu corpo, seduzindo-a para o inferno.

---

19. O relato recebeu o título de "The Hills of Zion" [As colinas de Zion]. Cf. CAIRNS, H. (ed.). *H.L. Mencken*: The American Scene. Nova York: Knopf, 1969, p. 259ss.

Mencken foi então convidado a subir até as colinas, onde a religião antiga ainda florescia em sua forma pura. Ele foi levado para fora de Dayton, para uma área arborizada, onde um verdadeiro renascimento noturno estava acontecendo. Mencken o descreveu com detalhes etnográficos: O pastor, "um montanhês incrivelmente alto e magro, de *jeans* azul, sua camisa sem colarinho aberta no pescoço e seu cabelo um esfregão desgrenhado"; a congregação, com os mais velhos sentados nos bancos, os mais jovens na frente, uma jovem mãe amamentando seu bebê, duas garotinhas assustadas se abraçando, uma dúzia de bebês dormindo em uma cama. Depois do sermão e de alguns cânticos, membros da congregação se levantaram para testemunhar. Então, vieram à frente pedindo para serem abençoados; o pastor e alguns outros começaram a falar em dialetos:

> Do meio da massa se contorcendo e tagarelando, uma mulher jovem gradativamente se destacou – uma mulher até atraente, com um chapéu caseiro ridículo na cabeça. Sua cabeça se lançou para trás, as veias do pescoço se dilataram e as suas mãos apertaram sua garganta, como se estivesse lutando para respirar. Ela se curvou para trás até formar um meio arco. Então, de repente, ela saltou para frente. Nós vimos um lampejo do branco dos seus olhos. Naquele momento, todo o seu corpo começou a se convulsionar – grandes espasmos que começavam nos ombros e terminavam no quadril. Ela se levantou em um salto, lançou os seus braços para o ar, e então se atirou sobre a multidão. A sua prece sucumbiu em um grito delirante. Eu descrevo a cena discretamente, e como um behaviorista rigoroso. As sensações subjetivas da senhora, eu deixo para os patologistas pagãos, a par das obras de Ellis, Freud e Moll.

E o relato prossegue no mesmo estilo. Aqui, Mencken tinha finalmente se deparado com a autêntica religião sulista, que "começava na ponte sobre o riacho da cidade, onde a estrada seguia para as colinas". Ele não deixou o leitor em dúvida sobre as suas opiniões a respeito.

Inevitavelmente, a parte deste livro que pretende delinear as diferentes expressões do cômico tinha de conter muitos textos e comentários sobre eles. Porém, é importante não perder de vista o objetivo principal, que é trazer para um foco mais nítido o fenômeno global do cômico. As *explications des textes* deste capítulo, além de definir a categoria da sagacidade, acrescentaram algo para o argumento geral do livro? O leitor terá de julgar. O autor sugere que duas ideias não desprezíveis foram apresentadas, uma relativa à dimensão cognitiva do cômico, a outra, à sua dimensão moral.

Como já apontado no início deste capítulo, o argumento anterior, de que o cômico possui uma dimensão cognitiva, precisa ser modificado, na medida em que declarações abertamente sagazes sobre o mundo podem ser distorcidas ou totalmente falsas. Os casos de Oscar Wilde e H.L. Mencken deveriam tornar esta questão bastante clara. Certamente, poderíamos ter discutido casos de sagacidade menos permeados por gargalhadas maliciosas. O humor sagaz não depende necessariamente da malícia. Por exemplo, o comediante citado, Mort Sahl, embora zombasse entusiasticamente de todas as características da sociedade americana contemporânea, ele o fez sem assumir uma postura de desprezo arrogante; nesse sentido, ele está provavelmente mais próximo de Will Rogers do que de Mencken. Isso não significa que o artifício cômico de Sahl forneça uma descrição precisa da América sob os governos de Eisenhower e Kennedy, não mais do que os comentários de Mencken sobre a América de sua época. E alguém que lesse Wilde como um relato historicamente preciso da Inglaterra, ao final do século XIX, se colocaria na posição do agente de inteligência alemão que, durante a Segunda Guerra Mundial, enviou um espião para a Inglaterra vestido, de acordo com as descrições de P.G. Wodehouse, com os trajes da aristocracia inglesa (como mencionado, esse indivíduo infeliz foi preso imediatamente).

Mais especificamente, quando o humor usa a ironia (o que acontece na maioria das vezes), ele pretende ridicularizar, desmascarar. Ele procura expor as pretensões (caso se prefira, a falsa consciência ou a má-fé) da sociedade. Mas este ato não conduz, necessariamente, a uma visão mais legítima das coisas do que aquela que acabou de ser ridicularizada. A mesma observação, naturalmente, se aplica aos exercícios não cômicos, sérios, de desmistificação. Um termo que acabamos de usar, falsa consciência, vem do vocabulário do marxismo. Pode-se ler Marx e muitos dos seus discípulos, de maneira muito útil, com o propósito de desmistificar as pretensões da sociedade burguesa. Porém, como a história deixou bem claro, a imagem, supostamente mais válida, do mundo que os marxistas propuseram, em lugar da imagem desmistificada, era pelo menos tão distorcida quanto a última. Se existe uma falsa consciência burguesa, certamente existe também uma falsa consciência marxista, a começar pelas proposições do próprio Marx sobre a dinâmica do capitalismo, quase todas elas amplamente desmentidas pela evidência empírica.

H.L. Mencken ridicularizou, de forma agressiva, William Jennings Bryan[20]. Por outro lado, ele não fez de Clarence Darrow um

---

20. Mencken escreveu um obituário de desmerecimento brutal, no dia seguinte à morte de Bryant. Cf. CAIRNS. *H.L. Mencken*, p. 227ss. Entre as muitas máximas morais que Mencken evidentemente rejeitava estava a *de mortuis nil nisi bonum* [dos mortos nada se fala além do bem].

objeto de desconstrução irônica. A razão, por certo, é que Mencken concordava com a perspectiva de Darrow sobre as questões levantadas no julgamento de Scopes, e tinha total desprezo pela de Bryan. Nesse sentido, Mencken é seguramente um precursor da intelectualidade americana de hoje, com a sua quase total ignorância das crenças e dos valores do Protestantismo Evangélico. O presente autor com certeza não é um evangélico, mas tampouco compartilha da visão de mundo racionalista e rasa de Darrow (e de Mencken). Não seria difícil esboçar um retrato irônico de Darrow, tão impiedosamente desmerecedor quanto o de Bryan, feito por Mencken. Uma boa cena para começar seria a defesa de Darrow, no julgamento de Leopold-Loeb, onde ele gastou grande parte do seu discurso final para o júri afirmando que a vida nada mais é que uma luta darwiniana pela sobrevivência dos mais aptos, e então concluiu com um ataque inflamado contra a pena de morte. Este magnífico contrassenso ilustraria a incongruência cômica entre a filosofia rasa de Darrow e o seu admirável senso de compaixão. Quanto ao julgamento de Scopes, deixando de lado todas as questões da ciência biológica, setenta anos depois, não é tão fácil ridicularizar a crença de Bryan de que há custos morais na visão de que o homem é somente uma subespécie de macaco e, portanto, nada muito especial.

Assim, as definições espirituosas da realidade não têm, em si mesmas, um *status* epistemológico mais elevado do que aquelas que não o são. Tanto o comentador sagaz quanto o analista sério devem estar sujeitos aos mesmos testes de validade (seja lá o que eles forem, em diferentes ocasiões). E o humorista que não se importa se propõe a verdade ou a mentira é, cognitiva e moralmente, um niilista (Wilde esteve muito perto de defender uma filosofia nesse sentido). Não obstante, seria um erro desconsiderar completamente a noção de que o cômico possui uma dimensão cognitiva. Tal dimensão, contudo, deve ser melhor definida agora.

Se a suposta ideia transmitida pelo humor sagaz é realmente válida, então tal mediação é capaz de expressá-la sucinta e convincentemente. A economia que Freud enfatizava em sua análise do humor é essencial para essa capacidade de percepção cômica. Além disso, contudo, uma observação adicional pode ser feita sobre a dimensão cognitiva do humor. Embora a sagacidade (ou qualquer outra expressão do cômico) não necessariamente transmita informação válida sobre campos *específicos* da experiência, ela fornece uma ideia sobre a *realidade como um todo*. Em sua forma mais simples, trata-se da percepção de que as coisas não são como parecem, o que também sugere que as coisas podem ser bastante diferentes do que pensamos. O cômico, em geral, e a sagacidade como a sua expressão mais cerebral, em particular, estabelecem uma distância do mundo e das suas legitimações oficiais. O jogo intelectual da sagacidade é mais bem jogado à margem da sociedade, seja ela atribuída (como no caso do humor judaico) ou construída (como no caso do dândi no papel do observador sarcástico). A marginalização, contudo, é estranhamente dialética. O indivíduo marginal, através da magia do seu humor, marginaliza, por sua vez, o mundo que ele observa. Agora, não é mais *o* mundo, mas *um* mundo – e um mundo ridículo, aliás. Essa marginalização – ou, poderíamos também dizer, relativização – do mundo é o que torna o humor perigoso, potencialmente subversivo, ainda que o indivíduo que o exercite não tenha isso em mente. O cômico, em geral, e o humor intelectualizado, em particular, revelam a *Doppelboedigkeit* [ambiguidade] do mundo – as suas múltiplas realidades, a sua dicotomia de fachada e aquilo que está por trás das aparências, de fato, a natureza frágil daquilo que aparenta ser a sua realidade.

O humor desmistifica. Na maioria das vezes, ele é, por assim dizer, um exercício sociológico. Isto é, ele é dirigido contra as pretensões de instituições sociais, convenções e costumes particulares. Como esclarecemos aqui, o que resulta disso pode ser boa ou má sociologia; no primeiro caso, há certamente algum ganho cognitivo, que se expressa de maneira sagaz. (Podemos colocá-lo desta maneira: em condições iguais; i. é, critérios de validade tendo sido satisfeitos – pode-se preferir saber a respeito da América dos anos de 1950 por Mort Sahl, do que, digamos, por Talcott Parsons.) Mas, seja como for, a ação desmistificadora do humor vai além do concretamente sociológico para o reino do... – como poderíamos chamá-lo? – chamemos de o reino da metafísica. A sociedade não é o que parece. E o mundo inteiro não é o que parece. Em seu aspecto sociológico, o cômico pode levar a uma visão de mundo irônica. No seu aspecto metafísico, a ironia se desloca, ao menos preliminarmente, em direção à experiência religiosa. Kierkegaard, como apontado em capítulo anterior, compreendeu isso muito bem. Para ele, a ironia era um trampolim para a fé. Essas considerações terão de ser aprofundadas em outro capítulo.

Segue-se, de tudo isso, que a falta de humor é uma deficiência cognitiva: ela limita a possibilidade de certas percepções, talvez impeça o acesso a toda uma esfera da realidade. Por essa razão, a pessoa sem humor é digna de pena. Seria também uma falha moral? Se a falta de humor é um traço de caráter, ela é possivelmente congênita. Neste caso, um indivíduo não pode mais ser culpado por sua falta de humor do que por ser daltônico, pouco musical ou desprovido de habilidade matemática. Inversamente, a capacidade de ver coisas em termos cômicos não é, necessariamente, uma característica moral admirável. A habilidade cômica pode ser empregada para um sem-número de propósitos moralmente repreensíveis. De fato, como este capítulo pretende ter ilustrado, o humor pode ser exercido com malícia e associar-se a uma atitude de niilismo moral.

Por outro lado, um indivíduo que possua habilidade cômica, e se recuse a empregá-la na sua percepção de certos aspectos de sua existência, pode ser, de fato, moralmente culpabilizado. O egomaníaco que se recusa a rir das suas ilusões de grandeza, o fanático que não consegue suportar a relativização cômica dos seus dogmas precariamente construídos, o tirano que deve reprimir qualquer um que ouse ridicularizar o seu regime. Nestes casos, e em outros que poderíamos imaginar, a falta de humor não é um fado, mas uma escolha, e essa escolha é parte constituinte da má-fé autointeressada que sustenta essa existência particular. A egomania, o fanatismo e a tirania são moralmente repreensíveis; assim também o será a falta de humor deliberada mobilizada em sua defesa. Em inglês (e em alemão), certos indivíduos são descritos como "mortalmente sérios" (*toternst*). Alguns deles, talvez, nasceram assim; estes são dignos de pena. Mas outros se fizeram assim; eles podem ser condenados por isso.

Assim como outras formas de cognição, a percepção cômica é, em si mesma, moralmente neutra. Nesse sentido, como vários filósofos reconheceram, ela é semelhante à percepção estética[21]. O belo não é necessariamente bom; o bom não é necessariamente belo. Mas a maneira como a percepção cômica é acionada, na vida dos indivíduos, dos grupos e das sociedades,

---

21. Há a questão adicional de se a moralidade não é, ela própria, uma forma de percepção ou cognição. Esta questão, infelizmente, não pode ser tratada aqui. Mas, em todo caso, mesmo que o julgamento moral esteja baseado em uma certa percepção, ela se difere tanto da percepção cômica quanto da estética.

pode ter implicações morais significativas. Às vezes, ela pode, de fato, ser moralmente neutra – "diversão boa, limpa" – e nada mais. Outras vezes, ela pode ser moralmente repreensível, como quando é usada cruelmente ou a serviço do mal. Outras vezes ainda, ela pode ser moralmente admirável, por exemplo, quando o humor é dirigido contra a injustiça e a hipocrisia de uma ordem social qualquer.

À medida que circundamos o fenômeno do cômico, ele se torna um pouco mais claro. E se torna também mais complexo. Quem disse que esta jornada seria fácil?

10 O cômico como arma
Sátira

Em seu sentido amplo, a sátira é o uso deliberado do cômico com a finalidade de atacar. Assim, amplamente definida, a sátira está presente em quase todas as formas de expressão cômica. Ela pode perpassar a comunicação cômica e pode estar presente, ao menos momentaneamente, mesmo nas formas mais inócuas do cômico. Deste modo, elementos satíricos podem ser encontrados em P.G. Wodehouse, Will Rogers, ou Sholem Aleichem, seguramente em Oscar Wilde e H.L. Mencken. Em vista disso, seria razoável definir a sátira de maneira um pouco mais estrita, a saber, como o cômico utilizado em ataques que fazem parte de *uma agenda* por parte do satirista. Em outras palavras, na sátira, a intenção agressiva se torna o motor fundamental da expressão cômica. Então, todos os elementos do cômico são, por assim dizer, fundidos na forma de uma arma. Mais frequentemente, o ataque é dirigido contra as instituições e os seus representantes, especialmente as políticas e religiosas. Ele pode também ser dirigido contra grupos sociais inteiros e suas culturas – digamos, contra a burguesia e seus valores. Ou ele pode ser usado contra indivíduos, ou contra teorias ou estilos literários. O seu tom emocional é tipicamente malicioso, ainda que o motivo para o ataque seja este ou aquele princípio superior. Nesse sentido, a sátira se distingue claramente da sagacidade. É possível ser, ao mesmo tempo, sagaz e benevolente, talvez até mesmo inocente. A sátira benevolente é um oximoro.

Há uma variedade de teorias críticas sobre a sátira[1]. Teria pouco sentido discutir isso aqui. Para o presente propósito, deve bastar adotarmos a definição da sátira, feita por Northrop Frye, que ganhou ampla aceitação por parte dos pesquisadores literários[2]. Frye caracteriza a sátira como uma "ironia militante". Isso está bem próximo da definição sugerida há pouco. A militância é um termo derivado da guerra, é uma atitude de ataque, que faz parte de uma campanha contra alguém ou alguma coisa. A ironia, compreendida como dizer uma coisa querendo dizer outra, não precisa ser militante, ela pode ser bastante gentil. Certamente, podemos diferenciar os casos de sátira em termos do seu grau de ferocidade, mas a sátira que é gentil demais se anula. Frye lista uma série de elementos essenciais na sátira: a fantasia (geralmente grotesca); uma opinião fundada em normas morais; e um objeto de ataque. Ele também enfatiza que a sátira sempre depende de um público específico, em um contexto social particular: o satirista e sua plateia devem concordar sobre a crítica ao objeto do ataque. Esta afirmação de Frye pode ser questionada. Certamente, deve haver um denominador comum, no contexto social, entre o satirista e o público. O ataque satírico, digamos, contra algumas confusões da política americana, não será compreendido por uma plateia de estrangeiros que não conhece nenhuma das referências. Mas não é necessário, a princípio, que o público concorde com o satirista. A sátira também pode ser educativa: pode ser um *resultado* do esforço

---

1. Cf. CONNERY, B. & COMBE, K. (ed.). *Theorizing Satire*. Nova York: St. Martin's, 1995.
2. FRYE, N. *Anatomy of Criticism*. Princeton, NJ: Princeton University Press, 1957, p. 223ss.

do satirista que o público venha a compreender a crítica àquilo que é atacado.

Em todo caso, a sátira, mais do que outras expressões do cômico, é circunscrita por seu contexto social, e isso confere a ela um caráter fugidio distinto. É necessário um grande esforço, de fato, um exercício de exegese erudita, para que um leitor moderno compreenda a sátira de Aristófanes ou Rabelais. Mas um americano que escutasse, nos anos de 1990, uma gravação de Mort Sahl da década de 1950, ainda que fosse velho o bastante para ter sido um adulto naquela época, deixará escapar muitas pistas. Se a sátira, então, é temporal, em sua expressão máxima, ela transcende o objeto de ataque imediato e dá um sentido de libertação, para além do momento histórico particular. Frye afirma este ponto ao discutir o aspecto satírico da descrição, de Dante, do demônio de cabeça para baixo, quando o poeta sai do inferno e, mais uma vez, vê as estrelas:

> A tragédia e a ironia trágica nos conduzem para um inferno de círculos que se estreitam e culminam em alguma visão da fonte de todo o mal em pessoa. A tragédia não nos leva além disso, mas, se perseverarmos no *mythos* da ironia e da sátira, atravessaríamos um ponto morto e, finalmente, veríamos o cavalheiresco príncipe das trevas de ponta-cabeça[3].

Há alguma discordância acadêmica sobre a etimologia do termo *sátira*[4]. A visão convencional tem sido a de que o termo é derivado dos sátiros, aqueles seres meio humanos/meio animais que desempenhavam um papel importante no mito dionisíaco.

---

3. Ibid., p. 239.
4. Cf. SIBLEY, G. "Satura from Quintillion to Joe Bob Briggs".In: CONNERY & COMB. *Theorizing Satire*, p. 58ss.

Tal derivação é sedutora, uma vez que ela vincula a sátira com a loucura mágica que, ao menos na tradição ocidental, tem suas origens na orgia bacante. Há outra etimologia possível, derivando o termo do latim *satura*, que se refere a um prato com muitos ingredientes. Foi essa etimologia que permitiu aos escritores romanos alegar que a sátira era uma invenção romana, antes que grega. Pode-se argumentar que as duas etimologias não são, necessariamente, contraditórias. Afinal de contas, o Baco romano representava, assim como o seu culto, uma espécie de sucessão apostólica do Dionísio grego. Seja como for, a sátira tem uma linhagem ancestral, tanto na civilização ocidental quanto em outros lugares. A loucura quase sempre possui um elemento satírico, e a discussão daquele fenômeno, em um capítulo anterior, já indicou a quase-universalidade dessa manifestação do cômico. Assim, por exemplo, os charlatães descritos por Paul Radin, em sua obra sobre os índios americanos, eram satiristas genuínos por direito, tal como o eram os bobos da corte e os loucos na Ásia.

O satirista grego mais antigo de que se tem registro foi Arquíloco, que viveu na Ilha de Paros, no século VII a.C.[5] Ele ia se casar com a filha de Licambo, um homem nobre. Quando se soube que Arquíloco era filho de uma mãe escrava, Licambo proibiu o casamento. Depois disso, Arquíloco compôs poemas satíricos contra Licambo e os recitava em público. Licambo se sentiu tão humilhado que ele e sua filha cometeram suicídio. Robert Elliot tomou essa história como paradigmática, em sua interpretação da sátira. Em sua origem, a sátira era um insulto elevado à categoria de uma maldição – isto é, um insulto com

---

5. Cf. ELLIOT, R. *The Power of Satire*: Magic, Ritual, Art. Princeton, NJ: Princeton University Press, 1960, p. 3ss.

poderes mágicos. O objeto do insulto é ridicularizado, mas o seu efeito ia muito além do constrangimento social, alcançando o poder destrutivo da magia negra. Elliot aponta a ampla difusão transcultural desse fenômeno, incluindo o fato interessante de que, muitas vezes, existem jogos rituais no interior dos quais essas maldições são proferidas. Um caso que ele discute extensamente é os antigos poetas irlandeses conhecidos como *filid*, que proclamavam louvores e acusações. Tanto as bênçãos quanto as maldições tinham uma força mágica, e, não surpreendentemente, esses indivíduos eram muito temidos. Parece que eles tinham algo como um código de ética profissional, regulando, em teoria ao menos, como eles deveriam exercer o seu poder. Como os profissionais de todas as eras, eles nem sempre honravam o seu código. Assim, um dos mais renomados *filid*, convenientemente chamado de Aithirne o Importuno, viajou por toda a Irlanda ameaçando reis e outros notáveis com versos humilhantes, a menos que eles atendessem às suas exigências. Elas não eram sempre muito éticas. Em certa ocasião, Aithirne exigiu dormir com a esposa de um rei; o rei, aterrorizado com a alternativa, concordou. No final, Aithirne teve o seu castigo merecido: ele e toda a sua família foram assassinados pelas vítimas ultrajadas por sua sátira.

Segundo Elliot, a sátira, na tradição ocidental, se divorciou progressivamente das suas origens mágicas e rituais. Poderíamos chamá-la de uma espécie de secularização. Nesse processo, a sátira se torna uma forma de arte. Porém, ela nunca perdeu algumas de suas características originais. Em certo sentido, a sátira é sempre uma maldição, e os seus efeitos sobre indivíduos que são o seu alvo podem ser, realmente, muito destrutivos. Os ditadores têm boas razões para censurar a sátira dirigida contra eles. Como uma forma de arte, a sátira pode empregar meios muito diferentes[6]. Ela não é necessariamente verbal. A sátira pode ser comportamental, como a mímica praticada pelos palhaços, e não apenas os profissionais (imagine um grupo de funcionários insatisfeitos, imitando os passos e os gestos pomposos do seu patrão). A sátira pode ser expressa nas artes visuais. A caricatura é um exemplo perfeito disso, que, nos tempos modernos, se tornou um instrumento eficaz de ataque político. Mais comumente, por certo, a sátira se manifesta verbalmente e como uma forma de literatura. Como observado anteriormente, ela sempre envolve a ironia. Assim como as artes marciais, ela sempre usa a força do adversário contra ele mesmo, transformando-a em fraqueza. Uma versão particularmente eficaz disso é a paródia, na qual as próprias palavras do oponente são usadas contra ele.

Uma pesquisa sobre a literatura satírica, ainda que limitada às culturas ocidentais, precisaria de um livro muito maior do que este. Basta dizer que a sátira literária pode assumir diferentes formas. Uma forma clássica é o drama, possivelmente com origem em Aristófanes e incluindo, entre seus mestres modernos, alguém, por exemplo, como George Bernard Shaw. Ela pode assumir a forma de fábula, usando animais para satirizar os seus equivalentes humanos, em uma linha de obras que se estende de Esopo até *A revolução dos bichos*, de George Orwell. Talvez nunca tenha havido uma crítica mais incisiva ao igualitarismo socialista do que a frase satírica de Orwell, no sentido de que alguns animais são mais iguais do que outros. Há o romance satírico, de Cervantes a Evelyn Waugh e, mais recentemente, na obra-prima de Tom Wolfe, *A fogueira das vaidades*. Wolfe, certamente, aperfeiçoou o seu estilo satírico em

---

6. Cf. HODGART, M. *Satire*. Nova York: World University Library, 1969.

muitos ensaios, muito antes de escrever esse romance. Alguns poderiam argumentar que o radicalismo do final dos anos de 1960 nunca se recuperou do ensaio de Wolfe, "Radical chic", no qual ele satirizava uma festa oferecida, por Leonard Bernstein, aos Panteras Negras; de fato, o título desse ensaio se tornou uma categoria utilizada, efetivamente, para difamar todo um movimento político e cultural. (O fato de que movimentos políticos e culturais sobrevivam, apesar de terem sido desacreditados, não deve nos preocupar aqui.) Ensaios e panfletos, há muito tempo, são veículos da sátira. "Uma proposta modesta", de Jonathan Swift, na qual ele sugeria a exportação de crianças irlandesas para incentivar o canibalismo, como solução para o problema da fome na Irlanda, é provavelmente o caso mais famoso na literatura inglesa. Mas a sátira pode ser ainda mais curta que o ensaio. Há o aforismo, ou epigrama, tal como praticado por mestres como Samuel Johnson, na sua famosa declaração: "Segundos casamentos representam o triunfo da esperança sobre a experiência". Talvez o uso mais conciso da sátira seja aquele, frequentemente empregado pelos ingleses, para fazer murchar um interlocutor pomposo: depois de ele desabafar um sentimento particularmente ofensivo, proferido longamente, alguém faz uma longa pausa e diz uma única palavra – "Realmente".

No restante deste capítulo, o foco será um autor que incorpora a sátira de forma plena, tanto em sua obra quanto em sua vida. Trata-se do escritor austríaco Karl Kraus (1874-1936)[7], um homem que certamente mereceria o título de "o Importuno". O contexto social no qual ele viveu e trabalhou está, a essa altura,

---

7. Sobre a vida e a obra de Kraus, cf. KOHN, C. *Karl Kraus*. Stuttgart: Metzlerscbe Verlagbuchhandlung, 1966. • FIELD, F. *The Last Days of Mankind*: Karl Kraus and His Vienna. Londres: Macmillan, 1967. • TIMMS, E. *Karl Kraus*: Apocalyptic Satirist. New Heaven: Yale University Press, 1986.

um tanto distante (até para um leitor austríaco, para não falar de um americano), mas essa mesma distância também permite uma visão mais objetiva do satírico como um tipo ideal.

Karl Kraus nasceu em Jičin, na Boêmia, como filho de um próspero empresário judeu. Em vista da escolha profissional de Kraus, é um pouco irônico que o negócio de seu pai fosse uma fábrica de papel. Como era comum entre os judeus da classe média alta, naquela região da monarquia austro-húngara, a língua da família era o alemão. Quando Kraus tinha três anos de idade, a família se mudou para Viena, uma cidade na qual ele viveu toda a sua vida e com a qual tinha uma relação não atípica (para um vienense) de amor e ódio. Ele desenvolveu uma paixão precoce pelo teatro. Há um episódio encantador da infância de Kraus. Logo quando a família se mudou para Viena, ele e seu irmão eram levados para brincar em parques públicos. Os dois meninos tinham medo de que pudessem se perder na cidade grande e tivessem dificuldade de encontrar o caminho de casa. Para se preparar para tal contingência, o irmão de Kraus sempre levava consigo uma provisão de sanduíches; o pequeno Karl se agarrava ao seu bem mais precioso, um teatro de bonecos em miniatura.

Kraus estudou uma temporada na universidade, embora passasse a maior parte do tempo em teatros e cafés literários. Ele trabalhou brevemente como ator, depois decidiu se tornar jornalista. Durante um período, ele trabalhou como correspondente do *Neue Freie Presse*, o mais destacado jornal liberal, na elegante estância termal de Bad Ischl. Em 1898, o editor, Moritz Benedikt, ofereceu a Kraus uma posição como o principal escritor satírico do jornal. No ato decisivo da sua vida, Kraus recusou o que era uma oferta mais atraente e, em vez disso, um ano depois lançou o seu próprio periódico, *Die Fackel* (A *tocha*).

Ele editou a revista de 1899 até sua morte, em 1936. Após 1911, ele foi o seu único autor. Ele também começou uma prática de leituras públicas, tanto das suas próprias obras quanto da (bastante limitada) lista de outros autores que ele admirava. Não é preciso dizer que essa foi uma carreira muito incomum, possivelmente única. A sátira estava em sua essência.

Incomum também era o periódico de Kraus. *Die Fackel* era lançado irregularmente, sempre que Kraus sentia que tinha bastante material para uma publicação. As suas edições, em livretes vermelho-escuro, se pareciam a bombas-relógio. Os contemporâneos relatam as viagens de bonde logo depois que uma publicação era lançada, aparentemente com todos os outros passageiros lendo avidamente a sua cópia e se exaltando, ou de prazer ou de raiva. *Die Fackel* não era uma leitura leve, mas teve um público grande desde o início: a intelectualidade de Viena e de outros centros da Monarquia Dual, assim como um amplo segmento da burguesia ilustrada. Entre os jovens intelectuais, Kraus logo se tornou uma figura de culto, e as suas leituras públicas tinham um caráter quase ritual. A maioria dos textos de Kraus foi publicada, pela primeira vez, no seu próprio periódico. Uma parte importante de sua obra é constituída de polêmica e sátira, embora ele também tenha publicado resenhas favoráveis de obras de outros autores. Ele foi útil no ressurgimento das peças de Johann Nestroy, o escritor vienense do século XIX, e das operetas de Jacques Offenbach. Há também um conjunto considerável de poesia lírica em Kraus, surpreendentemente gentil, às vezes sentimental, para um autor cuja prosa frequentemente destilava veneno.

As polêmicas de Kraus parecem caminhar em duas direções diferentes – uma linguística, outra sociológica. Ele atacou a corrupção da língua e atacou a corrupção em todas as principais instituições da sua sociedade. Ele defendia apaixonadamente a sua crença de que as duas estavam intimamente relacionadas, na verdade, que elas eram essencialmente uma só. Ambas, ele acreditava, eram sintomas de uma profunda desumanização. No nível sociológico, por assim dizer, ele se dirigia às instituições culturais, assim como às instituições sociais. Figuras literárias eram atacadas e satirizadas tanto por seus pecados de linguagem – erros de gramática, até de pontuação, formulações descuidadas e, geralmente, o alemão incorreto – quanto por seus pecados políticos – como a glorificação da guerra e o patriotismo irracional. Kraus reservou uma animosidade particular contra a imprensa, que ele considerava a síntese tanto da corrupção da linguagem quanto da corrupção da vida pública. Ele travou uma briga perpétua com o *Neue Frei Presse*, com o seu editor e os seus principais escritores, que retaliavam ao nunca o mencionar nas páginas do jornal. Outros jornais também adotaram essa prática, com a notável exceção do *Arbeiterzeitung*, o órgão do novo Partido Social Democrata (que foi fundado somente em 1890). Ele também atacou a corrupção comercial e falta de humanidade do sistema de justiça criminal. Ele tinha um desprezo especial pela psicanálise, que estava virando moda na Viena de sua época, definindo-a como "aquela doença mental que se acredita ser a própria cura".

Kraus cultivou cuidadosamente uma imagem de si mesmo como um polemista implacável, quase um profeta. Ele alegava dormir durante o dia, trabalhando somente à noite (o que estava perto da verdade, mas não era totalmente verdadeiro). Ele afirmou desprezar não somente as críticas, mas também a adulação (outra vez, isso não é totalmente verdade). Basicamente, a sua *persona* era a de um homem marginal, sem amigos e sem necessidade de amigos, totalmente dedicado à sua obra em defesa da civilização. Ele também alegou ser totalmente contrário à cultura vienense, na qual ele vivia. Há alguma verdade nisso, porém, o seu estilo de vida não era excêntrico para os padrões vienenses, e é difícil imaginar Kraus longe daquela que é a mais vienense das instituições, o café. Tal como outros literários vienenses notáveis, Kraus era o centro das atenções nos cafés que ele frequentava, e todos aqueles bem relacionados sabiam quando encontrá-lo lá. Aqueles que o conheceram bem (e ele teve amigos íntimos, de toda a vida) descrevem um indivíduo, na verdade, muito diferente da figura fria e sarcástica de Kraus, o polemista: um indivíduo caloroso, atencioso, que ficava profundamente comovido com pessoas angustiadas e que faria de tudo para ajudá-las. Ele, de fato, defendeu ferozmente a sua privacidade e nunca escreveu sobre a sua vida pessoal. Ele teve vários casos de amor intensos, o mais longo deles com uma aristocrata da Boêmia, Sidonie von Nadherny, para quem ele escreveu alguns dos seus poemas mais sentimentais e cuja fazenda da família era um lugar de refúgio para ele.

Kraus teve uma relação complicada e instável com a religião e a política. Quando jovem, ele renunciou oficialmente à comunidade judaica, depois foi batizado católico, mas abandonou a Igreja Católica após a Primeira Guerra Mundial, basicamente porque ele se opunha ao seu apoio passivo do patriotismo assassino de ambos os lados da guerra (embora, essencialmente, a causa imediata fosse o apoio da Igreja ao Festival de Salzburg, que Kraus desprezava como um aviltamento da cultura). Ele escreveu uma peça satírica sobre o sionismo, cujo fundador, Theodor Herz, era imperdoavelmente um correspondente do *Neue Freie Presse*. Os judeus foram, muitas vezes, os alvos das polêmicas e das sátiras de Kraus, assim como o foram os erros em alemão característicos dos judeus austríacos. Compreensivelmente, isso incentivou uma onda de ódio, próprio dos judeus, contra Kraus, e é fato que alguns dos seus textos beiram, desconfortavelmente, o antissemitismo (alguns deles foram realmente usados pela imprensa antissemita). Contudo, Kraus sempre denunciou toda forma de antissemitismo, e escreveu com profundo respeito sobre o judaísmo como uma religião e sobre a cultura ídiche dos judeus da Europa Oriental (que os judeus assimilados na Áustria, geralmente, menosprezavam). Ele disse, em sua própria defesa, que não era culpa sua que os judeus desempenhassem um papel proeminente nas instituições que ele acreditava ser necessário atacar, em particular a imprensa. Definindo a sua relação com o judaísmo, ele escreveu que estava disposto a acompanhar a jornada pelo deserto, mas não a dança em volta do bezerro de ouro. A sua relação com a religião, em geral, é mais bem captada em outra afirmação sua, de que os verdadeiros fiéis são aqueles que não compreendem o divino.

Antes da Primeira Guerra Mundial, a obra de Kraus era, em grande medida, apolítica. Isso mudou com a deflagração da guerra. Kraus era um opositor exaltado da guerra, profundamente chocado com suas brutalidades e, particularmente, desprezava os intelectuais (a maioria esmagadora, de ambos os lados do conflito) que defendiam e glorificavam a guerra em seus escritos. Ele se tornou um pacifista coerente, pelo resto da vida. Durante a guerra, ele brincou de gato-e-rato com a censura militar, mas, tanto nos seus textos quanto nas suas leituras públicas, ele deixou poucas dúvidas quanto à sua posição. Ele, provavelmente, foi salvo da prisão pela queda das Potências Centrais. Após a guerra, ele publicou a peça gigantesca, *Os últimos dias da humanidade*, considerada um dos maiores manifestos do século contra a guerra. Em 1918, ele escreveu com entusiasmo sobre a partida dos Habsburgos, quem ele julgava responsáveis pela guerra, e deu as boas-vindas à nova república. Ele apoiou os socialdemocratas, que formaram o primeiro governo republicano, mas logo se desiludiu com o seu fracasso em realizar as mudanças profundas que ele desejava. Nos anos de 1930, para a decepção dos seus amigos da esquerda, ele apoiou o regime autoritário de Dollfuss-Schuschnigg, que ele via como o último bastião contra os nazistas. A chegada de Hitler ao poder, na Alemanha, chocou Kraus de tal maneira que, por um tempo, ele não escreveu nada a respeito. Depois, ele publicou um longo e curioso ensaio sobre o nazismo: "O terceiro sabá das bruxas" ("*Die dritte Walpurgisnacht*"). De forma bastante característica, ele tratava principalmente da linguagem dos nazistas, que, com uma boa dose de justificação, ele considerava um espelho perfeito do barbarismo subjacente.

Kraus incorpora a sátira como o princípio organizador tanto de sua vida quanto de sua obra. Se ele lembra qualquer outra figura da história literária europeia, seria Søren Kierkegaard, cuja obra ele conhecia bem e admirava muito. Ambos tinham uma agenda que inspirava tudo o que eles escreveram e fizeram. No caso de Kierkegaard, certamente, trata-se de uma agenda religiosa, e o seu principal alvo era a Igreja luterana da Dinamarca, e o cristianismo corrompido que, segundo ele, ela representava. A agenda de Kraus não era religiosa, ao menos não explicitamente. Sua agenda era dúplice: a defesa da linguagem e a defesa da humanidade miserável. Como já observado, para Kraus isso era, na verdade, uma única preocupação. Muito foi escrito sobre o chamado misticismo da linguagem de Kraus. Basta dizer aqui que é muito difícil concordar com Kraus sobre esta conexão entre linguagem e moral e, em todo caso, a sua concepção da linguagem é quase impossível de ser reproduzida, a não ser em alemão (um fato que, por si só, lança dúvidas sobre a sua visão peculiar da linguagem). Alguns dos indivíduos mais admiráveis que viviam na Europa Central, na época de Kraus, falavam e escreviam em um alemão abominável; alguns nazistas, infelizmente, tinham um domínio perfeito da língua alemã. Em todo caso, no que se segue, o foco será o uso da sátira de Kraus, em defesa da humanidade sofredora, especificamente no seu grande drama contra a guerra. Se alguém perguntar qual era a posição de Kraus sobre esse tema, a melhor resposta seria uma expressão usada por Edward Timms, um biógrafo inglês de Kraus: o partido da dignidade humana.

Para ilustrar a natureza da sátira de Kraus, o foco da análise a seguir será o grande drama contra a guerra: *Os últimos dias da humanidade* (*Die letzten Tage der Menschheit*). Trechos do livro foram lançados, ou lidos publicamente, durante a guerra, mas a maior parte dele não pôde ser divulgada enquanto a censura militar esteve em vigor. A peça completa foi publicada, pela primeira vez, em 1922; censurada durante o período nazista, foi republicada imediatamente após o fim da Segunda Guerra Mundial[8]. A obra é enorme, preenchendo mais de setecentas páginas na edição padrão alemã. Ela nunca foi e, possivelmente, jamais poderia ser encenada em sua totalidade; apenas cenas selecionadas foram apresentadas em vários teatros dos países de língua alemã. As cenas se deslocam da frente interna para as diferentes linhas de batalha da guerra, com centenas de personagens, alguns deles aparecendo uma única vez. As cenas dramáticas são intercaladas com citações diretas de notícias de jornal, e com a poesia autoral de Kraus. Os horrores descritos se intensificam com o avanço da trama, culminando nas cenas apocalípticas que descrevem a destruição final do mundo. Em um prefácio

---

8. KRAUS, K. *Die letzten Tage der Menschheit*. Zurique: Pegasus, 1945.

curto, Kraus adverte que a peça, que levaria umas dez noites para ser encenada completa, se destina a um teatro em Marte, provavelmente após a humanidade ter se aniquilado. Nenhuma plateia humana poderia suportá-la. Mas o autor deve dar o testemunho daqueles anos, preservados em sonhos encharcados de sangue, "quando as figuras das operetas encenavam a tragédia humana". Na primeira edição da peça, a capa era a reprodução de um cartão postal realmente vendido durante a guerra. Tratava-se uma fotografia da execução de Cesare Battisti, um cidadão austríaco, de origem italiana, que desertou, juntando-se ao exército italiano, foi capturado e enforcado como traidor. A fotografia mostrava o cadáver de Battisti pendurado na forca, cercado por oficiais austro-húngaros sorridentes, com o carrasco em cima da forca, sorrindo alegremente de uma orelha à outra. A fotografia tinha o subtítulo, "A face austríaca". A cena se repete nas páginas finais da peça, com um poema de Kraus sugerindo que ela revela a verdadeira natureza daquele *Gemuetlichkeit* [conforto], do qual os austríacos sempre se orgulharam.

A fotografia de Battisti representa a sátira de Kraus em sua expressão mais feroz e profética, em um protesto quase insuportável contra a desumanidade. Mas a peça contém exemplos de todas as formas de sátira: a sátira direta, em cenas que apenas levemente, mas de maneira reveladora, distorcem o que teriam sido os acontecimentos reais; a paródia; a citação simples de textos verdadeiros; citações contrastantes, lado a lado; a invenção de protótipos satíricos; e, finalmente, em especial na parte final da peça, a sátira que assume a face do apocalipse. Independentemente do seu conteúdo, a peça serve, assim, como uma espécie de léxico das formas satíricas.

A trama começa com uma cena no famoso Sirk Ecke, em Viena, uma esquina em frente ao teatro de ópera, que era frequentada pelos sociáveis que saíam para se divertir. Um jornaleiro espalha a notícia de que o Arquiduque Franz Ferdinand, o herdeiro do trono, foi assassinado. Três oficiais idiotas do exército se encontram e travam a sua conversa habitual – aonde ir para um bom jantar, os méritos das várias damas da noite que passavam por lá – com algumas referências breves ao acontecimento de Sarajevo, que simplesmente repetem, embora de maneira confusa, a versão oficial do governo. A cena no Sirk Ecke se repete com frequência em toda a peça, com os mesmos três oficiais – chamados Nowotny, Pokorny e Powolny – repetindo a sua conversa estúpida, enquanto o mundo se afunda cada vez mais no abismo. Personagens diferentes aparecem e reaparecem na rua. Com exatidão impecável Kraus reproduz qualquer dialeto e diferença sutil de linguagem falados por diferentes grupos sociais e étnicos. A mesma precisão etnográfica caracteriza outra cena inicial, a chegada, à estação ferroviária, dos caixões com os corpos do arquiduque assassinado e de sua esposa, com os representantes de diferentes grupos e interesses travando conversas grotescamente inadequadas para a ocasião. Um ritual religioso começa. A multidão reunida se ajoelha para rezar. É possível ouvir os três filhos do casal assassinado chorando, sobrepondo-se à voz do sacerdote. Os correspondentes de jornal estão conversando em voz alta. Um editor (provavelmente Moritz Benedikt, do *Neue Freie Presse*) lamenta a ausência de um jornalista, especialista em cenas emotivas. Em um momento de prece silenciosa, quando apenas se escuta o soluçar dos filhos, o editor diz a um dos seus correspondentes: "Certifique-se de escrever como eles rezam!"

No prefácio, Kraus alega que toda fala da peça foi realmente dita ou publicada em algum lugar. Essa afirmação não é crível, mas é difícil saber, muitas vezes, quais textos são paródias e quais são citações reais. Em uma cena inicial, um texto que é, quase certamente, uma citação é inserido em um diálogo ficcional. Trata-se de outra cena na rua, logo após a deflagração da guerra. Uma turba está vandalizando uma barbearia, cujo proprietário tem um nome que parece sérvio. Os historiadores Friedjung e Brockhausen (nomes verdadeiros) aparecem. Enquanto a multidão, ao fundo, ataca o barbeiro e destrói a sua loja, Brockhausen discursa para o público:

> Hoje mesmo eu li no *Presse* algumas informações reveladoras sobre este tema. Com um argumento convincente, toda comparação entre o nosso povo e as multidões da França e da Inglaterra é rejeitada. Talvez, caro colega, você possa usar esse texto no seu próprio trabalho. Deixe-me ler para você: Qualquer pessoa educada em história se conforta e se inspira com a confiança de que a barbárie nunca conquista uma vitória final. A grande massa do nosso povo compartilha, instintivamente, essa certeza. As ruas de Viena, portanto, estão livres dos lamentos estridentes do patriotismo barato. Aqui não há sinais de histeria momentânea. O velho Estado germânico, desde o início da guerra, tem manifestado as mais nobres virtudes germânicas – autoconfiança inabalável e fé profunda na vitória da nossa causa justa[9].

Muitas cenas tratam das atividades dos correspondentes de jornais durante a guerra. Kraus reservou um veneno particular em suas descrições das atividades de Alice Schalek (outra vez, uma pessoa real), muito admirada por ter sido a primeira jornalista mulher a visitar as linhas de frente. Novamente, citações reais das reportagens de Schalek são costuradas ao texto. Em determinada cena, Schalek aparece na fronte italiana. Ela insiste

---

9. Ibid., p. 76s. [Todas as traduções da peça são minhas].

em seguir adiante, até a linha de frente[10]. Quando o fogo inimigo dispara, ela começa um diálogo com um oficial hesitante:

> Diga-me, tenente, se mesmo o artista mais talentoso conseguiria reproduzir o drama intenso que se desenvolve aqui. Aqueles que estão em casa podem considerar esta guerra a vergonha do século. Eu também o fiz quando estava no interior. Mas aqueles que estão aqui são invadidos pela febre da experiência. Não é verdade, tenente? Você está em meio à guerra. Admita: muitos de vocês gostariam que a guerra nunca acabasse!

O oficial nega, diz que todos querem que a guerra acabe. Os bombardeios inimigos continuam, logo cessam. Schalek se desculpa por ainda não ser capaz de distinguir os sons dos diferentes tipos de artilharia, e lamenta que o bombardeio terminou. O oficial pergunta: "Você está satisfeita agora?"

> Schalek: *O que você quer dizer com "satisfeita"? Satisfação não chega nem perto de expressar o que eu aprendi aqui. Vocês, idealistas, podem chamá-lo de amor à pátria, os nacionalistas de ódio ao inimigo, os modernistas de um esporte, os românticos de uma aventura. Os psicólogos podem chamá-lo de desejo de poder. Eu o chamo de libertação da humanidade!*
>
> Oficial: *Como é que você chama isso?*
>
> Schalek: *Libertação da humanidade.*
>
> Oficial: *Ah, sim. Se pudéssemos ao menos ter umas férias, de vez em quando.*
>
> Schalek: *Mas então você seria recompensado pelas horas de perigo. Isso é uma experiência real! Sabe no que mais eu estaria interessada agora? O que você está pensando neste momento? Quais são os seus sentimentos?...*

---

10. Ibid., p. 174ss.

Um enfermeiro entra e relata:

>Enfermeiro: *Tenente, o Cabo Hofer está morto.*
>
>Schalek: *Como este pobre homem relata isso com simplicidade! Ele está pálido como um lençol branco. Chame de amor à pátria, ódio ao inimigo, esporte, aventura, ou desejo de poder – eu chamo isso de libertação da humanidade. Fui pega pela febre da experiência! Bem, tenente. O que você me diz? Em que você está pensando agora? Quais são seus sentimentos?*

Em uma cena semelhante, um capelão militar visita o fronte[11]:

>Oficial: *Veja, nosso bom capelão veio nos visitar. Isso é muito simpático da parte dele.*
>
>Capelão: *Deus abençoe vocês, meus bravos! Deus abençoe as suas armas. E vocês estão atirando com vigor contra o inimigo?*
>
>Oficial: *Estamos orgulhosos por ter um capelão corajoso, que nos visita apesar dos perigos do fogo inimigo.*
>
>Capelão: *Por favor, deixem-me dar alguns tiros!*
>
>Oficial: *Estamos todos felizes por ter um capelão tão corajoso.*

O oficial entrega um rifle ao capelão, que o dispara várias vezes:

>Capelão: *Bum! Bum!*
>
>Soldados: *Bravo! Que sacerdote nobre! Vida longa ao nosso querido capelão!*

Mesmo quando Kraus não está citando diretamente os textos da imprensa, ele escreve textos que poderiam, facilmente, ter

---

11. Ibid., p. 230ss.

sido publicados. A paródia se torna difícil quando a realidade ultrapassa a imaginação satírica mais inventiva. Nas repetidas conversas entre dois protótipos satíricos, o Assinante e o Patriota, eles essencialmente citam, entre si, reportagens da imprensa; às vezes, eles conversam somente através de manchetes:

> Assinante: *Derrotismo na França.*
>
> Patriota: *Desânimo na Inglaterra.*
>
> Assinante: *Desespero na Rússia.*
>
> Patriota: *Pesar na Itália.*
>
> Assinante: *De um modo geral, que clima nos países inimigos.*
>
> Patriota: *Os muros estão sacudindo.*
>
> Assinante: *Poincaré está consumido pela ansiedade.*
>
> Patriota: *Grey está desapontado.*
>
> Assinante: *O czar se revira na cama.*
>
> Patriota: *Bélgica conturbada.*
>
> Assinante: *Que alívio! Desmoralização na Sérvia.*
>
> Patriota: *Que boa notícia! Desespero em Montenegro*[12].

Dois outros protótipos, cujas longas conversas se estendem por toda a peça, são o Otimista e o Queixoso; este último é a imagem do próprio Kraus. Em uma dessas conversas, o Queixoso reproduz uma série de reportagens da imprensa, de tão mau gosto, que o Otimista responde exclamando que não era possível que elas fossem verdadeiras[13]. A primeira é a reportagem sobre uma apresentação teatral, em Viena, em comemoração a uma batalha na frente oriental, em um lugar chamado Uszieczko. Trata-se de uma homenagem a todos os mortos nessa batalha. Os

---

12. Ibid., p. 105.
13. Ibid., p. 644ss.

atores eram membros reais do regimento que havia lutado na batalha, muitos deles usando condecorações conquistadas aí. Parte do público eram as viúvas e os órfãos daqueles que morreram em Uszieczko. A batalha é recriada no palco, onde a paisagem da região foi cuidadosamente reconstruída. Ao final do espetáculo, os soldados se ajoelham no palco, em oração, e depois cantam o hino nacional, acompanhados pela plateia, que incluía altos oficiais, militares e civis, assim como representantes dos melhores círculos sociais. Outro texto é um anúncio publicitário da Alemanha. Pelo preço de um marco, é possível comprar uma placa comemorativa com a inscrição: Ele morreu heroicamente pela pátria. Uma fotografia do morto podia ser afixada na placa, que poderia ser pendurada na parede. Em torno da fotografia, há cenas de batalha, uma réplica da Cruz de Ferro (a máxima condecoração alemã), e fotografias do imperador alemão, assim como dos fundadores do Segundo Reich. O Otimista outra vez exclama que isso não poderia ser verdade e implora ao Queixoso que admita ter, ele próprio, inventado isso. O Queixoso assim o admite, mas o leitor é deixado em dúvida: o anúncio bem poderia ser real; havia outros muito semelhantes.

Há também a técnica de contrastar citações (reais ou inventadas), que Kraus frequentemente utilizou em *Die Fackel*. Em uma cena da peça, dois Benedicts aparecem: primeiro o Papa Benedict rezando, depois Moritz Benedikt, o editor do *Neue Freie Presse*, ditando ordens:

> O Benedict rezador: No sagrado nome de Deus, nosso pai celestial, e pelo sangue abençoado de Jesus, derramado para a redenção dos homens, eu imploro a você, a quem a Providência Divina encarregou as nações em guerra, que coloque um fim a esta matança terrível. É o sangue dos nossos irmãos que está sendo derramado,

na terra e no mar. As mais belas regiões da Europa, esse jardim do mundo, estão cheias de cadáveres e ruínas. Ouçam a voz do vigário do juiz eterno, pois você deverá enfrentar o juízo final.

O Benedict ditador: Os peixes do Ádria nunca viveram tempos tão bons como agora. No sul do Ádria, eles têm jantado quase toda a tripulação do "Leon Cambetta", afundado por nossa frota. Os peixes do Ádria Central têm se alimentado daqueles italianos que não conseguimos salvar do naufrágio do "Turbine", enquanto os peixes do Ádria do norte têm tido banquetes regulares, jantando as tripulações do submarino "Medusa", de dois torpedeiros e agora também do cruzador "Amalfi"[14].

Em uma conversa posterior entre o Assinante e o Patriota, o editorial acima é citado para mostrar o espírito humanitário austríaco que, mesmo em tempos de guerra, demonstra preocupação com o bem-estar dos peixes do Rio Adria.

Os principais protótipos satíricos (que nos fazem lembrar, aliás, o estoque de personagens da *commedia dell'arte*) já foram mencionados: o Queixoso e o Otimista, o Assinante e o Patriota, os militares idiotas do Sirk Ecke. Outra figura é o Velho Biach, apresentado como o assinante mais antigo do *Neue Freie Presse* e representante da burguesia judaica esclarecida. Biach não diz nada além de citações do seu jornal. A sua última aparição é na esplanada, em Bad Ischl, acompanhado do Assinante e do Patriota[15]. Biach se junta a este último, muito aborrecido porque ele descobriu uma discrepância entre os boletins militares diários de Viena e Berlim, ambos reportando um encontro entre os imperadores austríaco e alemão. O boletim de Viena declara

---

14. Ibid., p. 177ss.
15. Ibid., p. 565ss.

que os dois monarcas "reafirmaram" a sua aliança, enquanto o boletim de Berlim os descrevia "observando a mesma interpretação fiel da aliança". Poderia isso implicar uma divergência de opiniões? Biach, cada vez mais agitado, cita vários textos de jornal para se tranquilizar de que não há nenhuma discrepância. Ele entra em colapso. Com grande dificuldade, ele pronuncia uma série de manchetes famosas. As suas últimas palavras são: "Este é o fim do editorial". Ele morre, cercado por um grupo de colegas assinantes comovidos.

No decorrer da peça, as cenas se tornam cada vez mais brutais, finalmente macabras. Cena: Em uma delegacia de polícia[16]. Uma prostituta é trazida. Ela tem piolhos, é sifilítica, tem histórico de roubo e vadiagem. Ela tem dezessete anos. O inspetor pergunta a ela, com desdém, sobre sua família. Seu pai está no exército, sua mãe morreu. Há quanto tempo ela estava nas ruas? Desde 1914. Cena: Uma corte marcial na Sérvia, ocupada pela Áustria[17]. Um oficial ligado à corte pergunta ao secretário judicial se as três sentenças de morte foram registradas, sentenças impostas a rapazes encontrados em posse de rifles:

> Secretário [hesitante]: *Sim... mas há um pequeno problema, que eu acabei de descobrir. Eles têm somente dezoito anos de idade.*
>
> Oficial: *Bem, então o quê?*
>
> Secretário: *Sim... bem, de acordo com a lei marcial, eles não podem ser executados, a sentença teria de ser mudada para prisão.*
>
> Oficial: *Deixe-me ver. Ahá. O que faremos é mudar a idade, não a sentença. De qualquer maneira, eles são rapazes*

---

16. Ibid., p. 520.
17. Ibid., p. 518.

robustos. Aqui, estou escrevendo – vinte e um, ao invés de dezoito. Então. Agora podemos ir em frente e enforcá-los.

Kraus escreveu várias cenas ridicularizando a megalomania e a estupidez do imperador alemão, outras retratando membros da casa dos Habsburgos como idiotas irremediáveis. Ele poupou o velho imperador, Franz Joseph I, embora depois da guerra ele o culpasse, assim como toda a dinastia, por ela. Além disso, Kraus não sugeriu que as brutalidades da guerra estavam limitadas ao lado das Potências Centrais. Em duas cenas sucessivas, um oficial alemão, chamado *Niedermacher* (Matador), ordena a morte de prisioneiros de guerra feridos, seguido de um oficial francês, conhecido como Massacre, que relata como ele ordenou os seus homens perfurarem, com baioneta, 180 soldados inimigos capturados[18].

A peça termina com um banquete em um clube de oficiais[19]. Oficiais alemães e austríacos estão festejando, uma música popular é tocada, enquanto o fogo da artilharia é ouvido a distância. Os oficiais trocam fofocas triviais, garantias sentimentais de estima mútua e histórias descontraídas sobre as atrocidades que cometeram. Vários mensageiros surgem com relatos de desastres militares, nenhum dos quais parou a festividade. O fogo da artilharia cessa. Em silêncio, uma série de fotografias é projetada na parede, todas repletas dos horrores da guerra – refugiados escapando na neve, uma corte marcial sentenciando à morte soldados adolescentes, a própria execução, massacres de prisioneiros de guerra, e assim por diante. Vários personagens aparecem e recitam poesias – um coro de máscaras de gás, uma canção sobre soldados que congelaram até a morte, as últimas palavras de um camponês sérvio cujos

---

18. Ibid., p. 574ss.
19. Ibid., p. 678ss.

filhos foram assassinados, e assim por diante. Aqui a sátira para e dá lugar ao lamento impiedoso. Possivelmente, o melhor poema de Kraus, nessa série, é aquele intitulado "A floresta morta", uma acusação, da própria natureza, contra os seres humanos que a destruíram. As fotografias terminam com o horizonte inteiro tomado pelas chamas. Há ainda outra escalada na profecia apocalíptica, em um epílogo intitulado "A última noite"[20]. Há mais cenas de horror, mais poemas descrevendo a humanidade ultrajada. Hienas com rostos humanos surgem dançando e cantando, em volta de pilhas de cadáveres. Sinais misteriosos aparecem no céu, cruzes e espadas.

Enquanto um mar de chamas encobre o mundo, ainda há vozes repetindo as banalidades dos editoriais dos tempos de guerra. O mundo acaba com um trovão cósmico. Uma voz celestial anuncia que a imagem de Deus foi destruída. Há um grande silêncio. Então, a própria voz de Deus é ouvida: "Eu não desejei isso". E esta também é uma ironia final: essas são as palavras que, supostamente, o Imperador Franz Joseph proferiu quando deflagrou-se a guerra.

A peça de Kraus é, em si mesma, em exemplo claro da tese, sugerida anteriormente, de que toda sátira é, em sua essência, um ato de maldição. A peça ilustra a grandeza e o poder quase profético de que a sátira é capaz, quando motivada pela paixão moral. Tampouco é possível contestar o alvo da condenação moral de Kraus: a bestialidade da qual os seres humanos são capazes. Ela já era objeto da polêmica de Kraus em tempos de paz, como em seus ataques contra o sistema de justiça criminal, mas a guerra é, necessariamente, uma exacerbação enorme de todas as crueldades já existentes na sociedade. Porém, a peça, e de fato toda a obra de Kraus, também revela as limitações da

---

20. Ibid., p. 725ss.

sátira. Essas limitações servem também para explicar as incertezas políticas de Kraus após a guerra e, de uma maneira curiosa, dar credibilidade às objeções, feitas pelo Otimista, à *persona* de Kraus na peça. Pois, contra o que a maldição de Kraus era principalmente dirigida? Teríamos de dizer: Contra a sociedade austríaca de sua época, como um todo, e, em particular, contra o sistema político dos anos finais da monarquia de Habsburgo. As objeções do Otimista podem ser resumidas em uma frase: Qual é, você está exagerando! Kraus *exagerou*?

Uma resposta justa seria sim e não. Por um lado, não, Kraus não exagerou. Os horrores que ele narrou realmente ocorreram, muitos indivíduos nas classes dominantes, da Áustria-Hungria e da Alemanha, eram tão estúpidos e tão desumanos quanto ele os pintou, e a imprensa de fato desempenhou o papel desprezível que ele descreveu. Mas também, sim, ele exagerou – ou, ao menos, os seus ataques satíricos se baseavam em uma moral absoluta que não dava lugar para as ambiguidades e a relatividade da história. Podemos deixar de lado aqui os absurdos morais para os quais o seu misticismo da linguagem o levou – como no caso notório quando, depois de os nazistas já terem chegado ao poder na Alemanha, ele processou um artigo de um emigrante, publicado na Tchecoslováquia, por citá-lo com uma vírgula faltando. Podemos também deixar de lado a visão, algo grandiosa e mal-humorada, que Kraus tinha da sua própria missão no mundo. A questão mais geral aqui é, talvez, o que poderíamos chamar de justeza moral da sátira.

Retrospectivamente, o regime da Áustria-Hungria foi mais digno do que a maioria dos regimes que o sucedeu na Europa Central. Retrospectivamente, o grupo que foi mais satirizado por Kraus, a burguesia liberal judia e a sua imprensa (enfaticamente incluindo o *Neue Freie Presse*), era um dos pilares dessa dignidade. Não se pode culpar um autor por não antecipar as reflexões retrospectivas de um período posterior, mas Kraus não mudou as suas opiniões, fundamentalmente, até os anos de 1930. Contudo, há uma questão mais básica. Toda sociedade humana tem a sua quota de horrores, mesmo a mais digna delas, em tempos de paz. Sempre existe a linha que, nas palavras de *A ópera dos três vinténs*, de Bertolt Brecht, separa aqueles que andam na escuridão daqueles que caminham na luz. A sátira moralmente inspirada deve, necessariamente, focar naquelas zonas de escuridão. Nesse sentido, os ataques de Kraus contra o sistema de justiça criminal, desde as primeiras publicações de *Die Fackel*, foram bem escolhidos: a lei e as suas agências de aplicação são os mecanismos através dos quais a sociedade administra as suas zonas sombrias – ou, mais precisamente, aqueles que são forçados a habitá-las. A incongruência entre o sentimentalismo da opereta vienense e as crueldades da polícia vienense têm o seu equivalente em toda sociedade, sempre com as modificações feitas pelo espírito da cultura local. Porém, a sátira, caso deva ser moralmente justa, deve ponderar esses locais sombrios com o *status* moral da sociedade como um todo. Certamente, essa não é uma tarefa fácil, mas não é impossível.

Essas considerações retomam uma observação feita no capítulo anterior sobre a sagacidade. A sátira também é, por assim dizer, epistemologicamente neutra. O seu poder retórico não significa, necessariamente, que o seu retrato da realidade seja certo. A sátira, como a sagacidade, pode distorcer a realidade, pode inclusive mentir. Neste caso, podemos apreciar a eloquência e o fervor moral com os quais Kraus atacou a imprensa liberal de sua época, podemos até reconhecer a validade de algumas das suas condenações morais (como aquelas feitas aos jornalistas que se prestaram à propaganda, sedenta de sangue, da guerra). E, não obstante, podemos concluir que, em última análise, o ataque de Kraus era injusto.

11 Interlúdio
O eterno retorno da loucura

É hora de voltarmos à Senhora Loucura, cuja morte tem sido anunciada com frequência. Anton Zijderveld, um dos raros sociólogos a dar atenção permanente ao fenômeno do cômico, cita um poema francês, datado cerca de 1513, que nega o seu falecimento. Em tradução livre: "Você me diz que a Senhora Loucura morreu? Por minha fé, é mentira. Nunca ela foi tão grandiosa, tão poderosa, como é agora!"[1] Mas Zijderveld também afirmou que ela havia morrido, apenas alguns séculos depois. Pode-se dizer, com alguma certeza, que ele também estava errado. Ele pôde, certamente, demonstrar como alguns papéis sociais específicos, como o bobo da corte, desapareceram. Mas a loucura sempre ressurge, em encarnações novíssimas. Se há algum mérito no presente argumento, não poderia ser diferente, dado que as percepções que levam à visão invertida da realidade, que a loucura representa, derivam da condição humana enquanto tal. Dito de outra maneira, a loucura é antropologicamente necessária.

Um exemplo poderoso dessa reincidência da loucura é o chamado teatro do absurdo, que explodiu (a palavra se aplica)

---

1. ZIJDERVELD, A. *Reality*, p. 70: *Me di toi que dame Folie / Est mort? Ma foy, tu as menty: / Jamais si grande ne la vy. / Ny si puissante comme elle est.*

em Paris, nos anos seguintes à Segunda Guerra Mundial, com as peças de Samuel Beckett, Eugène Ionesco, Jean Genet e outros. Mas Martin Esslin, que escreveu a obra definitiva sobre este assunto, também fala da "tradição do absurdo"[2]. Voltaremos ao tema daqui a pouco. Mas exatamente a que o termo *absurdo* se refere?

A etimologia nem sempre é útil para esclarecer um conceito. Neste caso, ela é. O termo em latim, *absurdum*, significa, literalmente, algo relativo à surdez. Uma explicação possível é que absurdo é o que as pessoas, surdas à razão, dizem. O termo, neste caso, seria mais ou menos sinônimo de irracional. Mas uma interpretação mais interessante pode ser sugerida: o absurdo é uma visão da realidade que emerge da própria surdez – isto é, uma observação de ações que não são mais acompanhadas pela linguagem. Tais ações são, precisamente, sem sentido. Os indivíduos com audição podem, facilmente, reproduzir essa experiência desligando o som da televisão: Os atores na tela continuam se movendo ativamente, como antes, mas, na maior parte do tempo, é impossível dizer o que suas ações querem dizer. O efeito é, geralmente, cômico. Pela mesma razão, ações que tinham um significado autoevidente quando acompanhadas pela linguagem, de repente, parecem problemáticas. A surdez *problematiza*. Alguns psicólogos sugeriram que as pessoas surdas tendem a ser desconfiadas. Elas aprendem, inescapavelmente, o que Nietzsche sugeriu como uma disciplina filosófica: a "arte da suspeita". Se Nietzsche estava certo, poderíamos concluir que a surdez, por sua problematização da realidade cotidiana, carrega consigo um certo ganho cognitivo (o qual, naturalmente, não torna essa condição menos infeliz).

---

2. ESSLIN, M. *The Theater of the Absurd*. Garden City, NY: Anchor, 1961, p. 229ss.

O absurdo é uma representação bizarra, grotesca, da realidade. Ele apresenta um contramundo – justamente o que Zijderveld tinha em mente quando descreveu a loucura como "realidade através do espelho". Não tão por acaso, a etimologia da palavra *grotesco* também é de algum interesse. A palavra vem do italiano *grottesca* e se refere às estranhas pinturas que apareciam em muros de cavernas. Esta etimologia sugere uma imagem: abandona-se o mundo cotidiano, da realidade iluminada pelo sol, e entra-se em uma caverna escura e, então, de repente, depara-se com visões estranhas surpreendentes. Se essa experiência é intensa o bastante, somos envolvidos nessa outra realidade e, ao menos temporariamente, o mundo cotidiano, lá fora, perde o seu caráter de realidade. A imagem de uma caverna transmite claramente o que Alfred Schutz denominou de província finita de significado.

A maioria das relações mencionadas por Esslin, como parte da tradição do absurdo, foi mencionada anteriormente neste livro. Há, por assim dizer, a sucessão apostólica desde a orgia dionisíaca, passando pelas celebrações medievais da loucura, até os bobos da corte e os palhaços de épocas mais recentes, e isso apenas na civilização ocidental. Se a tradição é entendida de maneira mais estrita, referindo-se ao palco, há uma cadeia que remonta à comédia grega clássica, passando pela *commedia dell'arte* e o teatro de variedades, até os palhaços heroicos do cinema, como Charles Chaplin (cujo absurdo, fiel à etimologia citada, é percebido, mais claramente, nos filmes mudos – i. é, sob o ponto de vista da surdez).

Há um aspecto importante, que se repete na longa história do absurdo: um assalto à linguagem. A experiência do absurdo vai contra os limites da linguagem naturalizada que, simplesmente, não dá conta de expressá-la. Nesse sentido, mais uma vez, o absurdo, como uma manifestação do cômico, se assemelha à religião e à magia. A linguagem comum é incapaz de transmitir a realidade da experiência religiosa e, repetidas vezes na história da religião, idiomas especiais (como a *glossolalia* do pentecostalismo) são inventados para superar essa dificuldade. Esses idiomas especiais, como a linguagem da magia, geralmente impressionam o leigo como um absurdo total. Assim, Esslin inclui, na tradição do absurdo, fenômenos tais como o latim distorcido dos *goliards*, a linguagem peculiar de Rabelais e Villon, mas também criações modernas, como a lógica do espelho de *Alice no País das Maravilhas*, de Lewis Carroll, a poesia *nonsense* de Edward Lear, em inglês, e de Christian Morgenstern, em alemão, e alguns trechos dos romances de Franz Kafka. Como precursores imediatos do teatro do absurdo, na França, deve-se considerar as produções literárias e artísticas do surrealismo (o termo foi cunhado por Guillaume Apollinaire) e do dadaísmo. Para além do movimento que deu, a si próprio, tal nome, todas as expressões do absurdo são surreais – isto é, elas literalmente transcendem o que é naturalizado como real na vida cotidiana, ordinária.

Um precursor importante do teatro do absurdo, na França, foi Alfred Jarry (1873-1907)[3], um boêmio excêntrico, cujas obras diversas atraíram muita atenção durante a sua vida curta e infeliz, mas que também experimentou um renascimento póstumo, no período imediatamente após a Segunda Guerra Mundial. Ele era conhecido por sua inclinação por trotes elaborados; toda a sua obra poderia bem ser descrita como uma brincadeira gigantesca, sustentada por uma erudição impressionante. Jarry

---

3. Cf. SHATTUCK, R. & TAYLOR, S. (eds.). *Selected Works of Alfred Jarry*. Nova York: Grove, 1965. • BEAUMONT, K. *Alfred Jarry*. Nova York: St. Martin's, 1984.

é mais conhecido por uma série de peças protagonizadas pelo personagem Ubu, antigo rei da Polônia, uma figura grotesca, cercada de companhias igualmente grotescas. De certa forma, contudo, a obra posterior de Jarry é mais interessante, em particular a apresentação da nova ciência, supostamente revolucionária, da "patafísica".

É quase impossível expressar o efeito das peças de Jarry através dos seus textos escritos. Tudo depende do desempenho dramático real. Como no teatro do absurdo, posteriormente, o efeito reside na encenação, mortalmente séria, de ações e diálogos completamente absurdos (não por acaso, trata-se do mesmo efeito obtido por palhaços de sucesso e comediantes solistas). Este é o caso, por exemplo, nos diálogos totalmente absurdos entre Ubu e a sua consciência, um sujeito alto e magro, vestido apenas com uma camisa, e que vive em uma mala. É significativo que a figura de Ubu tenha sido baseada em uma peça composta como uma paródia de um professor, do liceu frequentado por Jarry; ele tinha quinze anos de idade, naquela época. Um comentário americano da obra de Jarry se refere ao seu "niilismo espontâneo e adolescente"[4]. Os seus textos não dramáticos, muitos deles publicados em jornais, no que ele chamou de "jornalismo especulativo", contêm trechos como um pedido de registro, por Ubu, de patentes para as suas supostas invenções do guarda-chuva, das pantufas e da luva (cada uma delas cuidadosa e fielmente descrita), instruções detalhadas para construir uma máquina do tempo, e a proposta, de um padre, de transformar todas as estátuas da Virgem e o Menino em máquinas, projetadas para imitar a famosa representação do Manneken-Pis, de Bruxelas, nas quais o Menino Jesus urinaria água santa. Mas

---

4. SHATTUCK & TAYLOR. *Alfred Jarry*, p. 13.

a *magnum opus* de Jarry foi o que ele chamou de um "romance neocientífico", *Exploits and Opinions of Doctor Faustroll Pataphysician* [As aventuras e as opiniões do Doutor Faustroll Médico Patafísico]. A obra é mais bem descrita como uma espécie de enciclopédia do absurdo, a maior parte dela extremamente difícil de compreender. Depois da morte de Jarry, uma Faculdade de Patafísica foi fundada, em cuja publicação alguns dos escritores mais ilustres da França continuaram a interpretar a nova ciência, só meio ironicamente.

Eis como o protagonista do romance neocientífico é apresentado:

> O Doutor Faustroll tinha sessenta e três anos de idade quando ele nasceu em Circassia, em 1898 (o século XX tinha (-2) anos de idade). Nessa idade, que ele conservou por toda a sua vida, o Doutor Faustroll era um homem de estatura média... com a pele dourada, seu rosto barbeado, com exceção de um grande bigode verde-mar, tal como o usado pelo Rei Saleh; seus cabelos iam do louro platinado ao negro azeviche, uma ambiguidade ruiva mudando de acordo com a posição do sol; os seus olhos, duas cápsulas de tinta de escrever comum, salpicadas de espermatozoides dourados como os licores de Danzig[5].

E é assim que a nova ciência do Doutor Faustroll é definida:

> Um epifenômeno é aquilo que se sobrepõe a um fenômeno. A patafísica... é a ciência daquilo que se sobrepõe à metafísica, seja no interior ou transcendendo as limitações desta última, estendendo-se para além da metafísica, assim como esta última transcende a física. Exemplo: sendo um epifenômeno muitas vezes acidental, a patafísica será, sobretudo, a ciência do particular,

---

5. Ibid., p. 182s.

apesar da opinião comum de que a única ciência é aquela do geral. A patafísica examinará as leis que governam as exceções e explicará o universo suplementar a este; ou, de maneira menos ambiciosa, descreverá um universo que pode ser – e talvez devesse ser – imaginado no lugar do tradicional, já que as leis que se supõe terem sido descobertas no universo tradicional são também correlações de exceções, embora mais frequentes, mas, em todo caso, dados aleatórios que, reduzidos ao *status* de exceções comuns, não possuem mais nem a virtude da originalidade.

Definição: *A patafísica é a ciência das soluções imaginárias, que simbolicamente atribui as propriedades dos objetos, descritas por sua virtualidade, aos seus traços essenciais*[6].

Isso é simplesmente uma paródia? Talvez. Porém, é compreensível que alguns comentadores, muito inteligentes, tentassem encontrar ideias interessantes em meio ao que, a princípio, parece ser um monte de absurdos espirituosos. Afinal, o Doutor Faustroll não é o primeiro grande pensador a sair à procura de um "universo suplementar a este"! Em todo caso, as possibilidades do pensamento patafísico são infinitas. Assim, o Dr. Faustroll é acompanhado, nas suas viagens (em um barco que é uma peneira), por um babuíno chamado Bosse-de-Nage, cuja única expressão linguística é a exclamação "ha, ha". Há uma análise detalhada desta expressão, tentando reconstruir, a partir dela, a visão de mundo do macaco:

> Proferida rápido o bastante, até as letras se confundirem, [ha, ha] é a ideia de unidade. Proferida lentamente, é a ideia de dualidade, do eco, da distância, da simetria, da

---

6. Ibid., p. 192s.

grandeza e da duração, dos dois princípios do bem e do mal. Mas essa dualidade também prova que a percepção de Bosse-de-Nage era claramente descontínua, para não dizer descontínua e analítica, incompatível com todas as sínteses e adequações. Podemos, com segurança, admitir que ele somente era capaz de perceber o espaço em duas dimensões e era refratário à ideia de progresso, sugerindo, de fato, uma figura espiralada.

Seria um problema complicado de estudar, além disso, se o primeiro "A" era a causa efetiva do segundo. Contentemo-nos com esta observação, já que Bosse-de-Nage geralmente pronuncia somente "AA" e nada mais ("AAA" seria a fórmula médica *Amálgama*), ele não tinha, evidentemente, noção nenhuma da Santíssima Trindade, nem de todas as coisas triplas, nem do indeterminado, nem do universo, o qual pode ser definido como os vários[7].

Há inclusive uma teologia patafísica. Uma passagem, intitulada "A propósito da aparência de Deus", começa da seguinte maneira:

> Deus é, por definição, adimensional; é lícito, contudo, para a clareza do nosso argumento, e embora ele não possua nenhuma dimensão, dotá-lo com um número qualquer delas, maior que zero, caso essas dimensões desapareçam de ambos os lados das nossas identidades. Devemos nos contentar com duas dimensões, para que esses símbolos geométricos planos possam, facilmente, ser anotados em uma folha de papel.

Baseado na visão, por uma mística, Anne-Catherine Emmerich, da cruz em forma de um Y, é então postulado que Deus

---

7. Ibid., p. 228s.

tem a forma de três linhas retas iguais, de extensão *A*, derivadas do mesmo ponto e separadas por ângulos de 120 graus. Segue-se uma sequência impenetrável de fórmulas algébricas, culminando na definição de que "Deus é a menor distância entre o zero e o infinito, ou, alternativamente, "o ponto tangencial entre o zero e o infinito"[8].

Em resumo, a patafísica de Jarry é a construção de um contramundo através de uma contralinguagem e uma contralógica. Nesse sentido, ela é uma cópia fiel dos principais aspectos da loucura clássica. E é isso, precisamente, o que o teatro do absurdo buscou realizar, meio século depois.

Eugène Ionesco (1912-1994) não apenas produziu algumas das peças mais conhecidas deste gênero, mas também explicou, repetidas vezes, como ele começou a se dedicar a isso e como as suas intenções deveriam ser compreendidas. Entra-se no mundo da loucura, ou no mundo do absurdo, quando o mundo cotidiano é relativizado por uma espécie de choque (deve-se recordar aqui, mais uma vez, o que Alfred Schutz afirmou sobre o acesso às províncias finitas de significado). Uma perda súbita de confiança na fiabilidade da linguagem é um choque desse tipo. Em 1948, Ionesco se propôs a estudar inglês. Através do seu livro didático, ele "descobriu" coisas surpreendentes, tais como a de que existem sete dias em uma semana, ou de que o chão está embaixo e o teto está em cima. Ele experimentou, por conta própria, uma mudança repentina no sentido da realidade: o que antes era naturalizado, agora é, por intermédio de uma língua estrangeira, problematizado. Ele, então, escreveu a sua primeira peça sobre a "tragédia da linguagem", *The Bald Soprano* [A soprano careca] (um título que não tem nada a ver com o conteú-

---

8. Ibid., p. 254ss.

do da peça). A peça inteira consiste em uma série de diálogos absurdos entre dois casais, os Smiths e os Martins, a sua criada Mary e um chefe do corpo de bombeiros, de visita. Depois de uma longa conversa entre os Smiths (um casal de classe média inglês, sentados em cadeiras inglesas, em uma noite inglesa), eles recebem a visita dos Martins, que são deixados sozinhos enquanto os Smiths vão se trocar. Por um momento, eles permanecem sentados em silêncio, sorrindo timidamente um para o outro. Então, o seu diálogo começa:

> Sr. Martin: *Perdoe-me, senhora, mas me parece, a menos que eu esteja errado, que já a encontrei em algum lugar antes.*
>
> Sra. Martin: *Eu também, senhor, me parece que já o encontrei em algum lugar antes.*
>
> Sr. Martin: *Foi, por acaso, em Manchester onde eu a vi, senhora?*
>
> Sra. Martin: *É muito possível. Eu sou, originalmente, da cidade de Manchester. Mas eu não tenho uma boa memória, senhor. Eu não posso dizer se foi lá ou não onde eu o vi!*
>
> Sr. Martin: *Bom Deus, isso é curioso! Eu também sou, originalmente, da cidade de Manchester, senhora!*
>
> Sra. Martin: *Isso é curioso.*
>
> Sr. Martin: *Não é mesmo! Só que eu, senhora, deixei a cidade de Manchester há, mais ou menos, cinco semanas.*
>
> Sra. Martin: *Isso é curioso! Que estranha coincidência! Eu também, senhor, deixei a cidade de Manchester há, mais ou menos, cinco semanas.*
>
> Sr. Martin: *Senhora, eu peguei o trem das 8:30h da manhã, que chega em Londres às 4:44h.*

> Sra. Martin: *Isso é curioso! É muito estranho! E que coincidência! Eu peguei o mesmo trem, senhor, eu também.*

Eles então descobrem que viajaram na mesma cabine, que moravam no mesmo endereço em Londres, no mesmo apartamento, e que ambos têm uma filhinha chamada Alice, de dois anos de idade, um olho branco e um olho vermelho. Ao final dessa longa conversa, após um momento de reflexão, o Sr. Martin se levanta lentamente e anuncia ("com a mesma voz plana e monótona"):

> Sr. Martin: *Então, querida senhora, eu acredito que não há nenhuma dúvida sobre isso, já nos vimos antes e você é minha própria esposa... Elizabeth, eu a encontrei de novo!*[9]

O que está em funcionamento aqui é uma espécie de lógica cartesiana insana, confirmando de forma intricada o que, desde o início, era óbvio. Isso, claro, é cômico. Porém, ao mesmo tempo, uma dúvida é introduzida sobre se o óbvio é tão óbvio assim, no fim das contas. De fato, enquanto os Martins se abraçam felizes, depois da descoberta de serem casados um com o outro, Mary, a criada, declara que eles estão totalmente errados, que eles são, na verdade, pessoas diferentes, e que o seu próprio nome verdadeiro é Sherlock Homes. Isso nos lembra os exercícios dados, aos seus alunos, por Harold Garfinkel, o fundador da escola de etnometodologia na sociologia americana. Por exemplo, um aluno era instruído a ir para casa e pedir a seus pais, ou a sua esposa, para indicarem o caminho até o banheiro, instruções sobre como usar o refrigerador, e coisas assim. Isso, naturalmente, irritava os seus interlocutores, mas não era

---

9. IONESCO, E. *Four Plays*. Nova York: Grove, 1958, p. 15ss.

este o propósito do exercício. Antes, tratava-se de revelar a teia de pressuposições naturalizadas, subjacentes à interação social normal. Seja na etnometodologia, ou no teatro do absurdo, a proposição básica aqui é bastante simples: o óbvio se torna menos óbvio quando ele é afirmado repetidas vezes (especialmente se isso é feito em uma "voz plana e monótona").

Ionesco expressou essa experiência eloquentemente:

> Todas as minhas peças têm sua origem em dois estados de consciência fundamentais: ora um, ora outro é predominante e, às vezes, eles se combinam. Esses estados de consciência básicos são uma consciência da dissipação e da solidez, do vazio e do excesso de presença, da transparência irreal do mundo e da sua opacidade, da luz e da escuridão densa. Cada um de nós certamente já sentiu, em algum momento, que a essência do mundo é onírica, que os muros não são mais sólidos, que parecemos ser capazes de ver através de tudo, em um universo infinito, composto de pura luz e cor; neste momento, a totalidade da vida, a totalidade da história do mundo, se tornam inúteis, sem sentido e impossíveis. Quando você não consegue ir além desse primeiro estágio de *dépaysement* [desorientação] – pois você tem, realmente, a impressão de estar caminhando em direção a um mundo desconhecido – a sensação de dissipação te dá um sentimento de angústia, uma espécie de vertigem. Mas tudo isso pode, igualmente, levar à euforia: a angústia, de repente, se transforma em alívio; nada mais importa agora, exceto a maravilha do ser, essa consciência nova e surpreendente da vida, no brilho de uma nova aurora, quando encontramos novamente a nossa liberdade[10].

---

10. IONESCO, E. *Notes and Counter-Notes*. Londres: Calder, 1964, p. 169.

Ele prossegue afirmando que, nessa nova liberdade, é possível rir do mundo. E, em uma outra passagem, Ionesco desenvolve a relação do cômico com essa experiência de deslocamento (*dépaysement*) da realidade cotidiana:

> Sentir o absurdo do lugar-comum, e da linguagem – a sua falsidade, é já havê-lo transcendido. Para transcendê-lo devemos, antes de tudo, nos enterrarmos nele. O cômico é o incomum em seu estado puro; nada me parece mais surpreendente do aquilo que é banal; o surreal está aqui, ao alcance de nossas mãos, em nossa conversa cotidiana[11].

As experiências do absurdo e do cômico não são coextensivas. Antes, elas se sobrepõem. Mas, onde elas se sobrepõem, elas revelam o aspecto mais profundo do cômico – a saber, uma transformação mágica da realidade. Para alcançá-la, a realidade cotidiana deve, primeiro, ser problematizada – ou, caso se prefira, desconstruída. Assim como a linguagem constrói a ordem da realidade, ela também pode ser usada para demolir essa construção, ou minimamente danificá-la. As ações absurdas e a linguagem *nonsense* são, assim, veículos para provocar uma percepção diferente do mundo. Essa metodologia é bastante familiar a qualquer um que tenha estudado misticismo. Talvez a analogia religiosa mais próxima ao teatro do absurdo seja a forma como as técnicas de meditação Zen decompõem o modo comum e "normal" de lidar com o mundo.

A comédia absurda desata uma dialética curiosa. Ela nos coloca diante de uma realidade que é, ao mesmo tempo, estranha e familiar, e que provoca a resposta de que ela é impossível. Mas, ao exclamarmos "Isso é absurdo!" – isso sendo o contramun-

---

11. Apud ESSLIN. *Theater of the Absurd*, p. 93.

do mágico no qual acabamos de penetrar –, outra exclamação se insinua imediatamente: "Isto é absurdo!" – e isto, por certo, é o mundo da experiência comum, cotidiana. Esta é dialética implicada na caracterização de Anton Zijderveld, da loucura como realidade através de um espelho. A filosofia vedanta utiliza a expressão *neti neti* (nem isso, nem aquilo) para indicar a impossibilidade de descrever a realidade última. Poderíamos dizer que a comédia absurda emprega a mesma expressão à realidade cotidiana – nem isso, nem aquilo – e assim, ainda que de maneira provisória, tentativa, ela insinua a possibilidade de que possa haver uma realidade além do ordinário. Isso não faz dela, ainda, um fenômeno religioso. Mas chega perigosamente perto (e o advérbio aqui é bastante apropriado). Martin Esslin, no capítulo final do seu livro sobre o teatro do absurdo, constrói um argumento sobre a sua relação com a religião que, a princípio, parece contradizer-se[12]. Por um lado, ele insere a experiência que o teatro do absurdo buscava transmitir no contexto do declínio da religião: Um mundo desprovido de qualquer presença divina deve parecer absurdo, sem sentido. Mas, por outro lado, Esslin sugere que a experiência do absurdo também abre a possibilidade de transcendência, isto é, de uma realidade além das realidades absurdas desta vida.

O pai da Igreja cristã, Tertuliano, é famoso por sua declaração: "*Credo quia absurdum*" (acredito porque é absurdo). Esta expressão tem sido muito utilizada tanto por defensores quanto por críticos do cristianismo, para mostrar o poder da fé ou, ao contrário, a sua irracionalidade. A interpretação correta de Tertuliano deve ser deixada aos especialistas da patrística. Mas uma exegese bem leiga – talvez patafísica – pode ser aventurada aqui:

---

12. Ibid., p. 291ss.

Talvez Tertuliano tenha dito mais do que pretendia. Pois, não é tanto que alguém deva acreditar em algo porque é absurdo, mas, antes, que somos levados em direção à fé pela percepção do absurdo. É desnecessário dizer que não há nada inevitável nesta derivação. Ela se mantém como uma possibilidade intrigante. Em outras palavras (e não importa o que Tertuliano quis dizer realmente): não é o objeto da fé que é absurdo. O mundo é absurdo. E, portanto, a fé é possível.

Parte III

Para uma teologia do cômico

12 A loucura da redenção

Em muitas partes do mundo, a loucura é vista como um sinal de santidade. A loucura, como se sabe, é um fenômeno amplamente difundido, se não universal. O mesmo é válido para os loucos sagrados. E, assim como (por assim dizer) os loucos mundanos, os loucos sagrados não são somente os realmente loucos (o que hoje seria chamado de doença mental ou retardamento), mas também indivíduos que fingem loucura (que poderiam ser chamados de loucos sagrados *ex officio*). Há elementos importantes de loucura religiosamente privilegiada no taoismo e no zen-budismo, entre os *sanyasin* nômades da Índia, e nas religiões primitivas da África e das Américas. Loucos sagrados surgiram no judaísmo, no cristianismo e no islamismo, frequentemente exibindo um comportamento muito semelhante, ainda que a razão religiosa de tal comportamento variasse de acordo com as várias tradições.

Há exemplos de loucura sagrada na Bíblia hebraica. Um exemplo prototípico é o Rei Davi, em um episódio narrado no Segundo Livro de Samuel (2Sm 6): Quando a Arca da Aliança foi trazida para Jerusalém, Davi entrou em uma espécie de transe e começou a dançar em frente à arca, supostamente nu. Sua esposa, Michal (filha do Rei Saul), ficou constrangida com esse comportamento, indigno de um rei, e o repreendeu, dizendo que ele se envergonhava, até mesmo aos olhos das criadas presentes.

Davi respondeu: "Eu serei ainda mais desprezível que isso, e serei humilhado, perante os seus olhos; mas pelas criadas de quem você falou, por elas, eu hei de ser honrado". O texto não diz em que outros atos vergonhosos Davi se envolveu, embora informe que, como punição por sua crítica a Davi, "Michal foi afligida com a infertilidade pelo resto de sua vida" (uma pena severa, poderíamos pensar, por não ter senso de humor). Alguns dos temas importantes da loucura sagrada (ao menos no judaísmo e no cristianismo) já estão explícitos nesse relato: o absurdo delirante no comportamento (incluindo a nudez), a renúncia deliberada da dignidade e a capacidade das pessoas muito humildes (aqui, as criadas) de compreendê-lo, mais do que os poderosos e os sábios (aqui representados por Michal).

Na literatura profética, existem vários casos que podem ser, apropriadamente, descritos como loucura sagrada. No Livro de Isaías, relata-se que o profeta haveria andado nu e descalço durante três anos (Is 20). O Profeta Jeremias colocou um jugo de madeira em volta do seu pescoço (Jr 27). E a Ezequiel foi ordenado que comesse excremento (Ez 4). Nestes exemplos, o comportamento aparentemente louco pretendia simbolizar profecias específicas, mas podemos afirmar, com segurança, que esse comportamento não estava limitado a estes casos. Isso não deveria surpreender, em vista do que se sabe sobre as origens da antiga profecia israelita – quase certamente a serem buscadas no fenômeno dos fanáticos errantes, cujas atividades sempre tinham características bizarras e aparentemente absurdas.

Como já observado em um capítulo anterior, a loucura, o absurdo e o grotesco estão intimamente relacionados. A história da religião, outra vez, em muitas partes do mundo, está cheia de figuras grotescas: deuses, demônios e outras. Pode-se pensar, aqui, nas divindades grotescas que abundam no hinduísmo ou no budismo tibetano, talvez condensadas na figura de Kali Durga, a deusa da destruição, representada como uma mulher de aparência monstruosa, dançando sobre uma montanha de crânios. O aspecto religioso do grotesco pode ser explicado. Como na formulação clássica de Rudolph Otto (*O sagrado*), a experiência religiosa envolve um encontro com realidades e seres que são "totalmente outros" (*totaliter aliter*). Essa alteridade não pode ser compreendida na linguagem e na imaginação comuns, na melhor das hipóteses, apenas vislumbrada. Ela estilhaça as pressuposições da experiência cotidiana, ordinária. É isso, precisamente, que o grotesco simboliza de maneira muito eficaz. Os seres humanos, tentando perceber esse outro, são como pessoas submersas olhando para o que está acima da água: A visão será, inevitavelmente, percebida de uma forma grosseiramente distorcida. O grotesco expressa essa distorção. A loucura sagrada, em seu aspecto grotesco, revela a alteridade invadindo a realidade cotidiana, mas também a impossibilidade de conter essa alteridade nas categorias da realidade comum.

Nos ensinamentos de Jesus, como narrado nos evangelhos, não há nenhuma referência direta a algo que possa ser chamado de loucura sagrada. Mas a afirmação reiterada de Jesus, de que deveríamos tentar ser como as crianças, e a sua declaração de abençoar aqueles que são pobres de espírito, transmitem ideia semelhante à de que há uma simplicidade superior à sabedoria mundana. A abordagem mais próxima da loucura sagrada, nos evangelhos, aparece em dois momentos, nos últimos dias da vida de Jesus: a entrada em Jerusalém (Mt 21) e os eventos seguintes ao aparecimento de Jesus diante de Pôncio Pilatos (Mt 27). Jesus escolhe entrar em Jerusalém montado em um burro. De fato, a razão dada a esta escolha, pelo evangelista, é o cumprimento de uma profecia do Livro de Isaías, de que o rei do

Sião virá montado em um asno (embora aqui também esse ato seja considerado humilde). Não obstante, há a antiga associação do asno com a loucura. Não há como saber se Jesus, ou, aliás, o autor de Mateus conhecia essa associação (greco-romana mais do que israelita). Ela certamente devia ser conhecida por muitos dos que receberam os evangelhos em grego. Para eles, devemos supor, a imagem de Jesus surgiu, entrando na cidade da sua Paixão, de uma maneira que sugere o comportamento de um louco. Ainda mais revelador é o segundo episódio. Depois que o governador romano renunciou à responsabilidade pelo destino de Jesus, e logo antes de ele ser levado para ser crucificado os soldados romanos o pegaram e o sujeitaram a uma coroação humilhante. Ele foi vestido com um manto escarlate, uma coroa de espinhos foi colocada na sua cabeça e um junco na sua mão direita, e ele foi saudado como o rei dos judeus. Aqui Jesus é ridicularizado ao ser tratado como se fosse uma falsa majestade do bacanal, o predecessor da festa medieval dos loucos. Na verdade, poderíamos dizer que, pouco antes da crucificação, Jesus foi coroado como um rei da loucura.

As passagens clássicas do Novo Testamento que se referem à loucura, contudo, se encontram na literatura paulina, especialmente nas cartas aos coríntios. O apóstolo declara, reiteradamente, que fala "como um louco", e anuncia que esta é, de fato, a vocação dos cristãos: "Somos loucos pelo amor de Cristo" (1Cor 4,10). Esta expressão, "loucos pelo amor de Cristo", é a autodescrição dos loucos sagrados na história cristã, desde então. Eis duas passagens em que Paulo explica o significado dessa loucura: "Pois a palavra da cruz é loucura para aqueles que estão perecendo, mas, para nós que estamos sendo salvos, ela é o poder de Deus". E, depois, a descrição daquele por quem o apóstolo prega: "Cristo crucificado, uma pedra no caminho para os judeus e loucura para os gentios". Finalmente, a explicação teológica máxima: "Deus elegeu o que é louco no mundo para envergonhar os sábios, Deus elegeu o que é fraco no mundo para envergonhar os fortes, Deus elegeu o que é desprivilegiado e desprezado no mundo, inclusive coisas que não o são, para levar ao nada as coisas que o são, de maneira que nenhum ser humano possa se vangloriar na presença de Deus" (1Cor 1,27-28).

Há muitas camadas de significado nessas passagens. Há, por exemplo, a menção explícita à própria fraqueza de Paulo, descrita apenas como "seu espinho na carne", que Deus lhe disse para aceitar e não lutar contra ele. Pede-se aos coríntios que também aceitem a fraqueza do apóstolo e compreendam que o poder da sua mensagem vem de Deus, não da sua própria força. Existem diferentes teorias (todas não comprovadas e impossíveis de provar) de que o infortúnio de Paulo era epilepsia. Se assim o for, isso faria de Paulo uma figura da loucura sagrada, da qual a epilepsia era vista como uma manifestação, na antiguidade clássica. Além disso, contudo, Paulo aponta para o mesmo mistério da Encarnação sugerido nos episódios citados dos evangelhos. Trata-se do mistério da auto-humilhação de Deus, a *kenosis*, um descendente da majestade infinita da divindade, não apenas assumir a forma de um ser humano, mas de um ser desprezado, ridicularizado e, finalmente, morto nas circunstâncias mais degradantes. Porém, este Jesus humilhado é o mesmo vencedor triunfante da Ressurreição. O paradoxo central da mensagem cristã, tal como pregada por Paulo, é a imensa tensão entre o Cristo humanizado da Paixão e o *Christus Victor* da manhã de Páscoa.

Proclamar esse paradoxo é envolver-se em um ato de loucura, assim consideram os sábios deste mundo. Ao falar como um louco, o apóstolo faz, pelo menos, duas coisas: Ele é fiel ao caráter extraordinário da mensagem confiada a ele, sem fazer concessões à falsa sabedoria mundana. E, na sua própria fraqueza, ele também emula a fraqueza encarnada pelo salvador humanizado, coroado e crucificado como um louco régio (ou, mais precisamente, como um louco que achava que era um rei). Desde então, todo louco pelo amor de Cristo participa da e simboliza a *kenosis* de Deus, que promove a redenção do mundo[1].

Não é necessário ser russo para apreciar os loucos sagrados. Contudo, isso parece ajudar.

Há uma longa tradição de loucos pelo amor de Cristo tanto no cristianismo ocidental quanto no oriental, envolvendo não apenas os realmente loucos, mas também os loucos *ex officio*[2]. No Ocidente, por exemplo, São Francisco de Assis exibia algumas das características da loucura sagrada, assim como a ordem

---

1. Há análogos não cristãos para a ideia de *kenosis*. Um exemplo notável pode ser encontrado no misticismo judaico, na escola de Isaac Luria, que floresceu com a expulsão dos judeus da Espanha. Cf. SHOLEM, G. *Major Trends in Jewish Mysticism*. Nova York: Schocken, 1946, p. 265ss. A sua doutrina da "quebra dos vasos" (que tem raízes nas antigas especulações gnósticas) sustentava que fragmentos da glória divina desceram para os reinos inferiores da realidade, nos quais o mal habita. A redenção do mundo, a sua reparação (*tikkun*), consiste em resgatar esses fragmentos quebrados da glória e devolvê-los ao seu lugar próprio. A vinda do Messias completará o processo de "reparação", redimindo não somente Israel, mas toda a realidade. Essa doutrina tem muitas camadas. Ela certamente contém uma interpretação do significado do exílio, então recentemente sofrido pelos judeus espanhóis. Mas, muito além disso, a doutrina é cósmica em seu alcance, sugerindo o autoexílio da divindade: em outras palavras, a sua *kenosis*. Ela sofreu uma estranha transmutação na heresia do messianismo sabatista (cf. p. 287ss. Cf. tb. SHOLEM. *Sabbatai Sevi*. Princeton, NJ: Princeton University Press, 1973). Ela teve suas origens na carreira do "falso Messias" Sabbatai Sevi, que liderou um movimento de massa turbulento, foi preso pelas autoridades turcas e depois submetido a uma conversão forçada ao islamismo. Essa conversão, um ato desprezível de apostasia na percepção do judaísmo ortodoxo, foi interpretada como a pista para o mistério messiânico por alguns sabatistas: A luz messiânica deve descer até a escuridão mais profunda para que a obra da redenção seja completa. Essa *kenosis* paradoxal se tornou o argumento não somente para a conversão ao islamismo e ao cristianismo, mas para as violações grosseiras de todo preceito moral e ritual do judaísmo. Isaac Bashevis Singer fez uma descrição brilhante do que isso implicava, no seu romance, *Satan in Goray*. Este é um análogo judaico para o antinomismo representado por vários "loucos pelo amor de Cristo" no cristianismo russo, dramaticamente pelo caso do "monge louco", Rasputin.

2. Cf. SAWARD, J. *Perfect Fools*: Folly for Christ's Sake in Catholic and Orthodox Spirituality. Oxford: Oxford University Press, 1980.

que ele fundou. Mas é a ortodoxia oriental, especialmente na Rússia, que produziu o conjunto mais rico de loucos sagrados[3]. No caso da Rússia, pode-se argumentar que a loucura sagrada se tornou um tema importante da cultura nacional, tanto no nível popular quanto no literário (o romance de Dostoievski, *O idiota*, sendo o clímax literário indiscutível dessa tradição).

A loucura sagrada na Igreja oriental pode ser remetida aos primeiros dias dos santos do deserto do Egito, mas o fenômeno se tornou relevante no século VI. Casos famosos são os de Teófilo e Maria, de Antioquia, e de São Simão, de Emesa. Teófilo e Maria vinham de famílias aristocráticas. Eles estavam noivos, prestes a se casar; ao invés disso, decidiram se tornar loucos pelo amor de Cristo. Eles percorriam as ruas da metrópole síria, ele vestido como um palhaço, ela como uma prostituta, ofendendo o populacho com seu comportamento bizarro e, muitas vezes, obsceno. Progressivamente, reconheceu-se que este comportamento era uma expressão de devoção incomum. São Simão era um eremita, nas terras ao leste do Rio Jordão. Ele também começou a vagar pelas cidades e aldeias dessa região. Ele jogava nozes nas pessoas na igreja, derrubava as barracas de vendedores ambulantes, dançava com prostitutas na rua, invadia as casas de banho femininas e comia ostensivamente nos dias de jejum. Inicialmente, claro, a reação a tal comportamento foi de ultraje. Depois aceitou-se que aquele comportamento simbolizava grandes mistérios religiosos, e Simão foi reverenciado como um homem santo. Isso o perturbou enormemente, pois uma reputação de santidade minaria totalmente (por assim dizer) o programa humanizador, que deveria ser um exercício contínuo

---

3. Cf. YANNARAS, C. *The Freedom of Morality*. Crestwood, NY: St. Vladimir's Seminary Press, 1984, p. 65ss. • FEDOTOV, G.P. *The Russian Religious Mind*. Vol. II. Cambridge, Mass.: Harvard University Press, 1966, p. 316ss.

de humildade e humilhação. Para provar que não era um santo, Simão fingiu tentar seduzir a esposa do lojista para quem ele trabalhava ocasionalmente. O lojista deu o alarme, e Simão foi espancado e expulso, completamente humilhado e desacreditado. Paradoxalmente, isso apenas faria aumentar, mais tarde, a sua reputação como louco sagrado. É provavelmente impossível determinar se Simão era realmente louco ou só fingia ser – ou, aliás, se ele era um adúltero genuíno ou apenas um de mentira. O fato importante é que ele foi unanimemente considerado um louco pelo amor de Cristo e, enquanto tal, foi canonizado pela Igreja Ortodoxa.

Uma importante figura no desenvolvimento dessa tradição foi Santo André o Louco, que viveu na Constantinopla, do final do século IX até o início do século X. Nascido em Cítia, supostamente de etnia eslava, ele foi trazido para a capital imperial como um escravo. Ele também se dedicou ao, agora padronizado, comportamento de louco, acrescentando toques pessoais, como andar por aí nu e dormir com cães de rua. Ele também foi canonizado. As histórias sobre ele foram levadas para a Rússia no processo de sua cristianização, e ele foi particularmente reverenciado lá como um cidadão eslavo.

O primeiro caso russo importante, no século XI, foi o de São Isaac Zatvornik, um eremita do famoso Mosteiro das Cavernas, em Kiev. O auge do aparecimento de loucos sagrados ocorreu no século XVI. A loucura sagrada foi associada especialmente com a cidade de Novgorod. Muitos viajantes na Rússia observaram a prevalência do fenômeno. Eis como o viajante inglês, Giles Fletcher, descreveu o que viu:

> Eles tinham alguns eremitas, a quem eles chamavam de homens sagrados, que são como ginosofistas, por sua rotina e seu comportamento, embora muito diferentes

por seu conhecimento e erudição. Eles costumam andar completamente nus para impactar o seu meio, com seus cabelos longos soltos e espalhados sobre os seus ombros, e muitos deles com um colar ou corrente de ferro no pescoço ou na cintura, mesmo no extremo rigor do inverno. Eles são considerados profetas e homens de grande santidade, dando-lhes a liberdade de falar o que quiserem sem qualquer controle, ainda que fosse do próprio superior. [...] Se algum deles pega uma mercadoria de uma loja qualquer enquanto passa, por qualquer motivo, o lojista se acha muito amado por Deus e muito grato ao homem santo por ter feito isso. Deste tipo, não há muitos, porque é uma profissão muito difícil e muito fria andar nu na Rússia, especialmente no inverno. Entre outros tipos, atualmente, há um em Moscou que anda nu pelas ruas, invectivando com frequência contra o Estado e o governo, especialmente contra os Godunovs, que são considerados, nesta época, os grandes opressores daquela nação[4].

Um dos praticantes mais famosos dessa "profissão muito difícil e fria" foi São Basílio o Inocente, que morreu por volta de 1550[5]. Ele também é conhecido como São Basílio o Abençoado; de maneira significativa, a palavra russa *blazhenny* pode significar tanto inocente (também no sentido de infantil ou bobo) quanto abençoado. Ele foi associado a Ivan o Terrível. Embora ele tenha morrido antes que o déspota sanguinário impusesse um reinado de terror na cidade rebelde de Novgorod, a lenda coloca São Basílio lá, naquela época. Supostamente, ele vivia em uma caverna embaixo da Ponte Volkhov. Ele chamou Ivan para

---

4. Apud SAWARD. *Perfect Fools*, p. 22ss.
5. Cf. FEDOTOV. *Russian Religious Mind*, p. 338.

ir até lá e, quando muito estranhamente o czar acatou o chamado, Basílio ofereceu a ele sangue e carne frescos. Ivan recusou o presente nojento, ao que Basílio colocou seu braço em volta dele e apontou para o céu, onde as almas das vítimas inocentes de Ivan estavam ascendendo ao paraíso. O czar ficou aterrorizado e ordenou que as execuções parassem, ao que o sangue e a carne se transformaram em vinho e melancia doce.

A combinação entre a loucura sagrada e a crítica política pode não ter sido muito comum, mas mesmo a sua ocorrência ocasional explica por que as autoridades de Moscou se tornaram cada vez mais receosas dos loucos sagrados. Reprimidos em Moscou e em outros centros urbanos, a instituição sobreviveu em regiões mais remotas. Mas a Igreja russa parou a canonização de qualquer outro louco pelo amor de Cristo.

Vários temas são recorrentes nessa tradição ortodoxa. Fundamental, por certo, é o tema da humilhação total – primeiro, a auto-humilhação, depois, a humilhação por parte de outros, provocada deliberadamente. Nesse sentido, os loucos pelo amor de Cristo emulam a humilhação de Cristo. O pior pecado é o orgulho; tudo deve ser feito para evitá-lo. A associação com pecadores flagrantes e, indo além, o fingimento do pecado tencionam tornar o orgulho impossível. Não é difícil perceber que pode haver um passo adiante: pecar *de fato*, em cujo caso o orgulho se tornaria completamente impossível. E aí se desenvolveu, na verdade, uma corrente subterrânea da espiritualidade russa na qual o pecado autodegradante, especialmente de natureza sexual, era visto como um exercício de humildade cristã. Essa tradição subterrânea encontrou uma encarnação tardia e historicamente importante na figura sinistra de Rasputin, que assombrou a corte dos últimos Romanovs.

O tema recorrente da nudez também é importante. A nudez, além de violar as noções normais de decência, simboliza a rejeição de todos os papéis sociais e a infantilidade artificial. Além disso, certamente, ela provoca a repulsa e o aviltamento – exatamente o resultado pretendido pelos loucos sagrados. A nudez religiosamente motivada pode ser encontrada em diversas culturas (claramente, p. ex., na Índia), mas aqui ela tem uma relação específica com a *kenosis*.

Os loucos pelo amor de Cristo eram, em sua maioria, peregrinos, andarilhos. Essa errância sagrada também é significativa. Ela simboliza a rejeição dos laços e da segurança mundanos. O louco sagrado é um perpétuo estrangeiro, um homem sem lar ou residência fixa – nisso também emulando Jesus. Por fim, o louco sagrado, embora tipicamente um indivíduo sem instrução formal (ou alguém que a teve, mas que deliberadamente a rejeitou), é o repositório da sabedoria superior. Para ele são revelados mistérios que permanecem ocultos aos sábios deste mundo. Este tema é bem-ilustrado pela seguinte lenda: Em algum lugar na vastidão da Rússia moravam três eremitas, renomados por sua santidade, mas totalmente desprovidos de conhecimento sobre a doutrina e o ritual religiosos. Quando o bispo local descobriu que os eremitas não conheciam uma única oração da Igreja sequer, ele foi até eles e os ensinou a rezar o Pai-nosso. Eles memorizaram a oração e, agradecidamente, disseram adeus ao bispo, que retornou à sua residência cruzando um lago em uma balsa. Quando o barco estava a meio-caminho no lago, no começo da noite, o bispo ficou assombrado ao ver os três eremitas andando sobre a água, às pressas, para alcançá-lo. Eles disseram que tinham esquecido uma frase da oração e o pediram para repeti-la. O bispo, tomado pelo espanto, disse a eles que não precisavam se preocupar.

Em uma discussão anterior sobre a loucura, argumentou-se que ela constitui uma transformação mágica do mundo ou, mais precisamente, um ato de magia, através do qual um contramundo é trazido à tona. Esse contramundo serve para iluminar as realidades do mundo cotidiano, geralmente de uma maneira desmerecedora ou crítica. É por isso que Anton Zijderveld, como citado anteriormente, falava da loucura como a realidade através do espelho. Se a loucura é, por assim dizer, batizada de loucura *sagrada*, então o que ocorre poderia ser chamado de uma inversão epistemológica: O *status* do contramundo é radicalmente redefinido. Para continuarmos com a imagem de Zijderveld, o espelho se transforma em uma janela. Isto é, ao invés do contramundo louco ser percebido como um reflexo distorcido *deste* mundo, ele pode agora ser visto como um indício distorcido de *outro* mundo. O Apóstolo Paulo de fato usa a imagem do espelho neste último sentido, quando ele diz, na versão padrão revisada, que na era presente "vemos em um espelho indistintamente" (1Cor 13,12); a versão do Rei James o coloca de maneira mais poética: "através de um vidro, sombriamente", e será somente na era por vir que veremos "cara a cara".

Se tomamos essas imagens literalmente – espelho *versus* janela – elas são contraditórias. Mas, compreendidas corretamente, há uma metáfora aqui, que resolve a contradição aparente. Pois pode-se olhar para o mundo, consecutivamente, de duas maneiras, sustentando duas perspectivas que não são necessariamente irreconciliáveis. A primeira perspectiva emerge de uma atitude que, ao menos provisoriamente, coloca em suspenso, ou entre parênteses, a possibilidade religiosa de que haja, de fato, um mundo diferente deste. Essa atitude envolve um método habilmente descrito pela expressão dos escolásticos *etsi*

Deus non daretur (como se Deus não existisse). Nesse caso, é perfeitamente possível entender a loucura como um reflexo da realidade social cotidiana e nada mais, e essa perspectiva, por certo, rende ideias úteis. Caso seja assumida a atitude da fé, que admite realmente a existência de Deus, a loucura é *também* algo mais – a saber, um reflexo indefinido do que está *além* ou *detrás* deste mundo, um jogo de sombras da realidade divina.

Kierkegaard usou a expressão "cavaleiro da fé" para descrever um indivíduo que ousa ter fé. Há aqui uma alusão deliberada a Dom Quixote, possivelmente o louco mais magnífico da literatura mundial. A implicação disso é que, na perspectiva da fé, Dom Quixote é finalmente justificado: Ele está mais certo sobre a natureza da realidade do que o empirista Sancho Pança e todos os outros que zombam da sua loucura. Comentando sobre Dom Quixote, de um ponto de vista cristão, o teólogo protestante alemão, Helmut Thielicke, resumiu: "O louco está sempre certo; *somente* o louco tem razão neste mundo"[6]. O "cavaleiro de aparência triste", de Cervantes, e o "cavaleiro da fé", de Kierkegaard, têm em comum a *rejeição* da realidade cotidiana, uma recusa em aceitar as suas regras e limitações. *Etsi Deus non daretur*, essa recusa, ainda que heroica, deve terminar em derrota (como o herói de Cervantes que, em seu leito de morte, renunciou às suas ideias anteriores sobre o cavalheirismo nobre). Contudo, se Deus é admitido, a recusa é totalmente justificada; ela representa uma verdade incrivelmente superior a todo conhecimento mundano. A loucura agora é vista como um prelúdio à superação do mundo empírico. Como Miguel de Unamuno afirmou, em sua análise de Dom Quixote: "Foi se fazendo de ridículo que Dom

---

6. THIELICKE, H. *Das Lachen der Heiligen und Narren*. Stuttgart: Quell, (1974) 1988), p. 167 [trad. minha].

Quixote alcançou sua imortalidade"[7]. Poderíamos colocá-lo de maneira mais contundente: Dom Quixote é um testemunho da imortalidade.

Do ponto de vista da fé, a loucura brota na intercessão entre a realidade absoluta e a contingente, entre o mundo *além* e este mundo. Na formulação de Thielicke:

> Dom Quixote, embora também vitorioso, é a vítima de uma lei da vida: *O absoluto está sempre à beira do ridículo quando colide com o contingente*. Portanto, aquele que representa o absoluto não pertence a este mundo, ao menos não totalmente. Ao lutar contra ele, ele também se situa fora dele; ele nunca será absorvido nele. Por situar-se fora deste mundo, por seu fracasso em se ajustar, ele aparece neste mundo com o traje do louco, o disfarce do palhaço[8].

Este fenômeno também pode ser descrito nos termos de Schutz. O ato de fé traz consigo uma mudança no peso da realidade. A realidade suprema da vida cotidiana é relativizada; inversamente, a província finita de significado específica, à qual a fé pertence, é absolutizada. É desnecessário dizer que ela é finita somente na perspectiva da realidade suprema. Na medida em que a inversão epistemológica acontece, ela é, ao contrário, o limiar da infinitude; por outro lado, o mundo empírico, longe de ser supremo, se revela, na verdade, bastante finito. A insanidade do louco agora é vista como a verdade infinitamente mais profunda. Em sua análise de Dom Quixote, Alfred Schutz estava

---

7. UNAMUNO, M. *The Tragic Sense of Life*. Nova York: Dover, 1954, p. 306. Nessa obra, escrita em 1912, Unamuno apresentou Dom Quixote como a quintessência de uma "alma espanhola", oposta ao racionalismo da Europa. Esse exercício ideológico não nos interessa aqui.

8. THIELICKE. *Des Lachen*, p. 168ss. [trad. minha].

interessado no modo como as duas realidades – o mundo fantástico de Quixote e o mundo ordinário de todos os demais – se relacionavam uma com a outra[9]. Schutz propôs que elas estavam conectadas por uma espécie de sistema de comutação – os "feiticeiros", como Quixote os chamava, mágicos poderosos que faziam a realidade do seu mundo parecer algo muito estranho aos seus semelhantes. Em outras palavras, os feiticeiros garantiam que a realidade percebida por Quixote fosse percebida, pelos demais, como fantasia. No universo quixotesco, certamente, o que os outros veem é fantasia; a verdadeira realidade é o seu próprio mundo cavalheiresco. Schutz não estava interessado em questões religiosas, mas essa alternância do real e do fantástico, respectivamente, nas percepções da mundanidade e da fé, se aplica fielmente a qualquer perspectiva religiosa do mundo: O que, para a fé, é a realidade última (*ens realissimum*), para a mente incrédula, é uma fantasia; inversamente, a dura realidade de uma visão de mundo mundana é, aos olhos da fé, uma fantasia efêmera.

Dom Quixote acredita que os cavaleiros errantes são os "ministros de Deus na terra". Mas, às vezes, ele também tem suas dúvidas, e se pergunta se ele não seria louco, afinal. Nesse sentido, ele se assemelha muito ao cavaleiro de Kierkegaard, que deve constantemente repetir o seu salto de fé. Mais genericamente, o *status* epistemológico do mundo da loucura só pode ser resolvido pela decisão de saltar ou não saltar na direção da fé. Na ausência de fé, *etsi Deus non daretur*, o louco é finalmente uma figura trágica, como Dom Quixote em seu leito de morte: "Ele se encontra, enfim, de volta a um mundo ao qual ele não

---

9. SCHUTZ, A. "Don Quixote and the Problem of Reality". In: *Collected Papers*. Vol. II, p. 135ss.

pertence, encerrado na realidade cotidiana como em uma prisão e torturado pelo carcereiro mais cruel: a razão do senso comum que é consciente dos seus próprios limites"[10]. A intrusão do transcendental no mundo da vida cotidiana é negada ou dissimulada pelo senso comum. Na perspectiva da fé, as coisas são muito diferentes. Não há tragédia aqui. Pelo contrário, o louco é gloriosamente absolvido. Essa foi a intuição com a qual Enid Welsford concluiu a sua história do louco:

> Para aqueles que não repudiam a visão religiosa da raça, o espírito humano é inquieto neste mundo porque está em casa em outro lugar, e escapar da prisão é possível não apenas na fantasia, mas de fato. O fiel acredita na beatitude possível, porque ele denega o isolamento dignificador da humanidade. Para ele, portanto, a comédia romântica é literatura séria porque ela é o antegosto da verdade: o Louco é mais sábio que o Humanista, e a palhaçada é menos frívola que a deificação da humanidade[11].

---

10. Ibid., p. 157.
11. WELSFORD, E. *The Fool*. Garden City, NY: Anchor, 1956, p. 326s.

13 Interlúdio
Sobre os teólogos soturnos

Algumas religiões são mais bem-humoradas que outras. Alguns deuses riem mais do que outros. Na Ásia Oriental, em particular: os monges zen-budistas e os sábios taoistas parecem estar totalmente entregues à risada a maior parte do tempo, e toda loja de *souvenir* em Hong-Kong ou Taipé oferece uma variedade de budas risonhos. Os deuses gregos riam muito, principalmente de desagrado. As chamadas religiões abraâmicas, que surgiram das experiências monoteístas na Ásia Ocidental – judaísmo, cristianismo e islamismo – são, comparativamente, desfavorecidas no departamento da alegria. Nietzsche fez a observação famosa de que ele acharia o cristianismo mais crível se, ao menos, os cristãos parecessem mais redimidos. Ele tinha essa mesma observação em mente, sem dúvida, quando chamou a sua filosofia anticristã de "ciência alegre". Há, nisso tudo, uma agenda para os estudos de religião comparada que ultrapassa, claramente, o escopo deste livro. Contudo, a aparente ausência de humor, nos textos sagrados e na teologia do cristianismo, cria um problema inconveniente para um escritor cristão, que pretende discutir as implicações religiosas do cômico. O problema deve ser enfrentado, ao menos brevemente.

Qualquer um que navegue através da Bíblia (tanto no Antigo como no Novo testamentos) ou pela história da teologia cristã, em busca do cômico, está fadado a ficar desapontado[1]. O Deus da Bíblia hebraica é, na verdade, mencionado rindo várias vezes, mas é quase sempre um riso de escárnio, sobre as ambições vãs dos seres humanos (como nos Sl 2 e 59). A ocorrência mais estratégica do riso, na Bíblia hebraica, é quando Deus informa aos idosos Abraão e Sara que eles seriam abençoados com um filho. Ambos saudaram o anúncio com um riso (respectivamente, em Gn 17,15; 18,1-15). A ideia lhes pareceu ridícula, como pareceria a qualquer um. O seu riso expressa uma ausência de fé, embora não haja relato de que Deus usou isso contra eles. Quando a criança de fato nasceu, eles lhe deram o nome de Isaac (*Yizchak*, "ele riu" em hebraico), celebrando assim o seu riso desconfiado (a menos que a conclusão seja que *Deus* riu do riso deles – por certo, o Deus israelita *sempre* ri por último). Poderíamos talvez, com algum esforço, encontrar uma legitimação bíblica do humor no fato de que o riso está no nome do segundo dos três grandes patriarcas da tradição judaica. Não se tem muito mais sorte com o Novo Testamento. O patrono da Igreja grega, João Crisóstomo, afirmou que Jesus nunca riu.

---

1. Não parece haver nenhuma história geral do humor na história cristã. Eu devo confessar que não procurei muito, visto que eu tinha razões para estar seguro de qual seria o resultado. Em todo caso, se este livro aspirasse a completude, eu precisaria da expectativa de vida de um daqueles deuses gregos, rindo descontentes (como Homero colocou *tão* bem: "Aquele que sobrevive aos seus críticos ri por último"). Eu achei os seguintes livros relativamente úteis: THIEDE, W. *Das verheissende Lachen*: Humor in theologischer Perspektive. Gottingen: Vandenhoeck & Ruprecht, 1966. • THIELICKE, H. *Das Lachen der Heiligen und der Narren*. Stuttgart: Quell, (1974) 1988). • KUSCHEL, F.-J. *Laughter*: A Theological Essay. Nova York: Continuum, 1994 [original em alemão, tb. 1994]). Suponho que deva mencionar COX, H. *Feast of Fools*. Cambridge, Mass.: Harvard University Press, 1969. Ele faz uma série de observações interessantes sobre a relação entre a esperança cristã e a vida de fantasia, mas o seu argumento principal é uma legitimação teológica da sensibilidade contracultural do final dos anos de 1960 – um exercício pouco interessante, uma geração depois. Um livro mais recente, de um teólogo protestante americano (ECKARDT, A.R. *How to Tell God from the Devil*: On the Way to Comedy. New Brunswick, NJ: Transaction, 1994) também contém algumas percepções aguçadas, mas é marcado por uma abordagem idiossincrática que, muitas vezes, é difícil de acompanhar.

Isso é duvidoso. Certamente, por exemplo, devem ter havido risos no casamento, em Canaã. Mas não há, definitivamente, nenhum relato de Jesus rindo, em nenhum lugar dos evangelhos. O riso é mencionado nos provérbios narrados de Jesus, mas para repreender aqueles que riem agora, em pecado herege, e anunciar que eles chorarão, no seu devido tempo (como em Lc 6,25). Jesus foi, por certo, repetidas vezes, objeto de zombaria pecaminosa, mesmo ao sofrer na cruz (Lc 23,35). Contudo, como argumentado no capítulo anterior, é através da loucura que o cômico faz a sua aparição mais persuasiva no Novo Testamento: Jesus como o louco sagrado maior, desde a entrada em Jerusalém até a coroação humilhante pelos soldados romanos. É, certamente, da mesma maneira – através da metáfora da loucura – que o cômico aparece nas epístolas de Paulo. O que de fato se pode encontrar, reiterada em todo o Novo Testamento, é uma afirmação da *alegria* como uma bênção da redenção. Pode-se supor, com segurança, que a alegria dos abençoados inclui o riso. Mas, como explicitado anteriormente, o riso especificamente cômico não é igual ao riso que simplesmente expressa alegria. De um modo geral, pode-se dizer, com alguma justiça, que a busca pelo riso cômico, na literatura bíblica, é bem-sucedida apenas quando envolve interpretações um tanto mais elaboradas. Na melhor das hipóteses, ele é implícito mais do que explícito.

A atitude negativa em relação ao riso persiste nos períodos patrístico e medieval do pensamento cristão. Há uma longa linhagem de teólogos soturnos. Amiúde, há comentários negativos sobre o riso, compreendido como expressão de mundanidade, indiferença imoral e ausência de fé. Inversamente, o lamento sobre as misérias deste mundo é exaltado como uma virtude cristã. Os santos cristãos raramente riem – a não ser, ao que parece, em desafio ao martírio iminente. As regras monásticas proibiam o riso. Não é preciso ser um discípulo de Nietzsche para considerar a história da teologia cristã um assunto deprimentemente lacrimoso.

A imagem se torna mais alegre quando se observa o comportamento cristão, mais que a teoria cristã. Anteriormente, neste livro, foi feita menção à visão de Mikhail Bakhtin sobre a cultura do riso (ou melhor, a cultura do cômico) da Idade Média. Algumas das interpretações particulares de Bakhtin a respeito dela têm sido questionadas, mas não há dúvida de que uma rica cultura cômica floresceu na Europa Medieval e que essa cultura, embora muitas vezes desaprovada pelas autoridades eclesiásticas, era definitivamente cristã em seu conteúdo[2]. Uma das suas manifestações mais intrigantes foi litúrgica. Tratava-se do chamado riso da Páscoa (*risus paschalis*). No decorrer da missa da Páscoa, a congregação era incentivada a se engajar em um riso alto e prolongado, para celebrar a alegria da Ressurreição. Para alcançar este objetivo, os padres contavam piadas e histórias engraçadas, frequentemente com elementos bastante obscenos. Em algumas localidades essa prática persistiu na época moderna.

Quando se observa as grandes figuras da história da Igreja, possivelmente aquele com o senso de humor mais evidente foi Lutero[3]. O humor permeia a correspondência e as conversas informais de Lutero. Quando lhe foi perguntado o que Deus fazia na eternidade, ele respondeu que Deus ficava sentado, sob uma árvore, cortando galhos em bastões, para usar nas pessoas que

---

2. Cf. SCHMITZ, G. *"Ein Narr, der da lacht"*. In: VOGEL, T. (ed.). *Vom Lachen*. Tuebingen: Attempto, 1992, p. 129ss.

3. Isso aparece em todas as biografias de Lutero, recentemente no magistral *Lutero*, de Heiko Oberman (New Haven: Yale University Press, 1989). Uma biografia, de Eric Gritsch, é intitulada, com efeito, *Martin – God's Court Jester* [Martin – O bobo da corte de Deus] (Filadélfia: Fortress, 1983), mas não se fez muito desse título no texto. Uma obra fidedigna sobre o humor de Lutero parece ser a de Fritz Blanks (*Luthers Humor* [1954, em alemão]). Não consegui colocar minhas mãos nessa obra.

fazem perguntas estúpidas. Quando um jovem pastor lhe pediu conselho sobre como superar o seu medo de palco diante da sua congregação, Lutero sugeriu que ele deveria imaginá-los nus. Às vezes, o senso de humor de Lutero é tão rabelaisiano – isto é, enraizado na cultura cômica medieval – que se torna um pouco difícil para um leitor moderno digerir. Assim, ao explicar a doutrina da descida de Cristo ao inferno, Lutero descreve o demônio como um monstro, sentado no inferno, devorando todos os pecadores que chegam lá. Quando Cristo chega ao inferno, o demônio o devora também. Mas Cristo, o único recém-chegado livre do pecado, tem um gosto diferente e causa no demônio severas dores de estômago. O demônio vomita Cristo de volta. Mas, por assim dizer, o poder purgativo da pureza de Cristo era tão grande que, com ele, o demônio também cospe para fora todos os outros pecadores que ele tinha comido antes[4]. Quando Lutero atacou o arcebispo de Mainz, que havia anunciado que exibiria anualmente a sua coleção de relíquias, Lutero disse que algumas novas tinham acabado de ser acrescentadas – tais como três chamas da sarça ardente de Moisés, um pedaço do estandarte levado por Cristo ao inferno, a metade de uma asa do Arcanjo Gabriel e cinco cordas da harpa de Davi[5]. O mesmo senso de humor robusto pode ser detectado inclusive em uma das declarações mais famosas de Lutero, contendo, de fato, a doutrina da justificação pela fé em uma síntese cômica, quando ele aconselhou o superescrupuloso Melâncton "a pecar intensamente, mas acreditar com ainda mais intensidade" (*pecca fortiter sed crede fortius*) – uma frase que os críticos católicos sem senso de humor usam, com frequência, para desacreditar

---

4. Cf. THIELICKE. *Das Lachen*, p. 98.
5. Cf. THIEDE. *Das verheissende Lachen*, p. 120.

o luteranismo, e que os luteranos igualmente mal-humorados reinterpretaram de modo a torná-la inofensiva.

Dentre os teólogos modernos importantes, Kierkegaard, como mencionado previamente, foi o que mais se dedicou ao cômico. As suas ideias sobre a ironia e o humor, demarcando as fronteiras entre as perspectivas estética, ética e religiosa, são complicadas e não precisam ser aprofundadas aqui. A sua concepção básica da dimensão religiosa do cômico se encontra, na sua forma mais lapidar, em uma de suas anotações no diário: "Mas o humor é também a alegria que superou o mundo"[6]. Declarações semelhantes podem ser encontradas nos textos de vários outros teólogos, embora geralmente na forma de apartes, mais que análises detalhadas. Karl Barth, um pouco antes da sua morte, disse que a boa teologia deveria ser feita sempre com alegria e senso de humor. Dietrich Bonhoeffer, o teólogo protestante morto pelos nazistas, por seu envolvimento na tentativa de assassinato de Hitler, escreveu, na prisão, sobre como o humor sustenta a fé cristã na adversidade. Alfred Delp, um padre católico que foi outra vítima do nazismo, fez uma piada, na melhor tradição do martírio cristão, enquanto caminhava para a sua execução. Ele perguntou ao padre, que o acompanhava, sobre as últimas notícias da frente de batalha, e depois disse: "Em meia hora, eu saberei mais que você!"[7]

Helmut Thielicke, um dos poucos teólogos recentes a dedicar um livro inteiro ao cômico, resumiu essas ideias da seguinte maneira: "A mensagem que reside no humor e da qual ele se alimenta é a *kerygma* (a proclamação) da superação do mun-

---

6. HONG, H. & HONG, E. (eds.). *Søren Kierkegaard's Journals and Papers*. Vol. 2 Bloomington: Indiana University Press, p. 262.

7. Cf. THIEDE. *Das verheissende Lachen*, p. 127ss.

do"[8]. Reinhold Niebuhr, o teólogo protestante americano mais conhecido do século XX, escreveu um ensaio sobre "Humor e fé". O trecho a seguir sintetiza o seu argumento:

> A relação íntima entre o humor e a fé deriva do fato de que ambos lidam com as incongruências da nossa existência. O humor está interessado nas incongruências imediatas da vida, e a fé nas incongruências últimas. Ambos são expressões da liberdade do espírito humano, da sua capacidade de situar-se fora da vida, e de si mesmo, e ver o todo. Mas qualquer visão do todo cria, imediatamente, o problema de como lidar com as incongruências da vida; pois o esforço de compreender a vida, e o nosso lugar nela, nos confronta com inconsistências e incongruências que não se encaixam em nenhuma imagem ordenada do todo. O riso é a nossa reação às incongruências imediatas e àquelas que não nos afetam essencialmente. A fé é a única resposta possível às incongruências últimas da existência, que ameaçam o próprio sentido da vida. [...]
>
> A fé é o triunfo final sobre a incongruência, a afirmação definitiva do significado da existência. Não há nenhuma outra vitória possível e não haverá, não importa quanto o conhecimento humano se expanda. A fé é a afirmação última da liberdade do espírito humano, mas também a aceitação final da fraqueza do homem e a solução definitiva para o problema da vida, pela negação de qualquer solução final em poder da humanidade[9].

---

8. THIELICKE. *Das lachen*, p. 96 [trad. minha].
9. NIEBUHR, R. *Discerning the Signs of the Times*. Nova York: Scribner, 1946, p. IIIss. Niebuhr argumentou que o humor nos conduz ao "vestíbulo do templo", mas que o riso deve cessar no "sagrado dos santuários". Provavelmente não por acaso, essa era também a visão de Kierkegaard. Eu estou inclinado a pensar que, neste caso, ambos estavam errados.

O cômico, enquanto um fenômeno, deve ser distinguido do fenômeno da brincadeira. Porém, os dois estão relacionados. O teólogo católico, Hugo Rahner, escreveu um livrinho encantador sobre o significado religioso da brincadeira. O seu argumento é relevante também para o significado religioso do cômico:

> Brincar é render-se a um tipo de magia, encenar, para si mesmo, o outro absoluto, antecipar o futuro, oferecer a mentira ao mundo inconveniente dos fatos. Na brincadeira, as realidades mundanas se tornam, de repente, as coisas transitórias, imediatamente deixadas para trás, depois descartadas e enterradas no passado; o espírito é preparado para aceitar o impensado e o incrível, para entrar em um mundo regido por leis diferentes, para ser aliviado de todos os pesos que o oprimem, para ser livre, majestoso, ilimitado e divino. O homem, ao brincar, está buscando... aquele conforto superlativo, no qual inclusive o corpo, livre do seu peso mundano, se move aos compassos suaves de uma dança sublime[10].

Caso, então, se pretenda argumentar sobre as implicações religiosas do cômico, de um ponto de vista cristão, é possível encontrar algum apoio na tradição. Todavia, a escassez deste apoio estimula a reflexão.

No que tange à ausência, ou quase ausência, de humor explícito nas fontes bíblicas, vale lembrar a natureza dessa literatura. Na perspectiva tradicional judaica ou cristã, é através desses textos que Deus se revela. Podemos formular esta ideia em termos mais seculares, dizendo (usando aqui um termo de Mircea Eliade) que as fontes bíblicas relatam várias hierofanias – isto é, manifestações poderosas da realidade sagrada

---

10. RAHNER, H. *Man at Play*. Londres: Burns & Oates, 1965, p. 65s.

e suas consequências humanas (p. ex., consequências morais). Mais ainda, muitos textos bíblicos eram usados em cultos – isto é, em ações que pretendiam reiterar ou mesmo reproduzir essas hierofanias. Quando o sagrado é vivenciado tão de perto (ou quando há, pelo menos, a intenção de se aproximar desta experiência), toda reflexão deve cessar. Este é, certamente, o caso da reflexão teórica. Não há quase nenhuma teologia na Bíblia hebraica, como os judeus gostam de afirmar reiteradamente, e construções modernas de uma teologia do Velho Testamento são exercícios teóricos *ex post facto*, geralmente produzidos por cristãos. É mais plausível dizer que o Novo Testamento contém uma teologia, especialmente nos textos de Paulo e João. Mas aqui também não há qualquer interesse teórico, enquanto tal; o interesse é sempre *querigmático* – na proclamação impositiva da mensagem do Evangelho. Em outras palavras, dedicar-se à atividade intelectual sistemática conhecida como teologia exige uma certa distância da presença cataclísmica do sagrado. Um senso de humor teologicamente informado – isto é, uma percepção do cômico como um aspecto religiosamente significativo da realidade – também exige um grau de distanciamento.

Al-Ghazali, o grande teólogo muçulmano que abriu espaço para o misticismo dentro das "ciências divinas" do Islã, estava convencido de que a razão não tinha lugar no interior da experiência mística, em si mesma. Isto é, um indivíduo não pode, simultaneamente, vivenciar o êxtase religioso e se envolver em uma atividade intelectual sistemática. Mas ninguém consegue permanecer indefinidamente em um estado de êxtase. A razão pode se reafirmar logo após o êxtase, quando o indivíduo pode e, segundo Al-Ghazali, deveria se perguntar o que a experiência significa na ordem geral das coisas. Nesse contexto, Al-Ghazali cunhou a frase maravilhosa: "A razão é a escala de Deus na

Terra". Talvez algo bastante semelhante possa ser dito sobre a percepção do cômico.

Esta reflexão, certamente, não nos livra do problema, no que concerne a história lacrimosa da teologia cristã. Nela, se não nos textos canônicos, se esperaria encontrar uma atenção mais simpática ao cômico. Pode-se obter algum consolo no fato de que, como foi visto, os filósofos, ao menos na cultura ocidental, não foram muito melhores do que os teólogos, certamente não antes do início da era moderna. Os filósofos da Antiguidade clássica, de Platão a Cícero, tenderam a uma visão amarga do riso. É possível supor que seus sucessores cristãos simplesmente assumiram essa atitude, aprofundando-a ao conectá-la com uma depreciação religiosa deste mundo e da condição humana. Somente no "submundo" da cultura cômica popular, uma sensibilidade diferente, cômica e cristã, se manteve. Ocasionalmente, como na prática do riso da Páscoa, ela irrompeu na liturgia da Igreja.

De maneira muito tentativa, poderíamos arriscar mais uma hipótese. Como visto anteriormente, a virada na filosofia, de uma avaliação negativa para uma avaliação positiva do cômico, aconteceu somente na era moderna. Erasmo, com o seu *Elogio da loucura*, marca este ponto de inflexão (servindo, ao mesmo tempo, como uma ponte entre a cultura cômica da Idade Média e as perspectivas modernas do cômico). Então, especialmente nos séculos XVII e XVIII, veio um período de interesse intenso e, de um modo geral, positivo a respeito do cômico, por parte dos filósofos. É possível que a consciência moderna, tanto em sua forma pré-teórica quanto depois, na medida em que é teoricamente explicada, tenha produzido uma consciência cômica muito particular. A Modernidade *pluraliza* o mundo. Ela mistura pessoas com valores e visões de mundo diferentes; ela solapa tradições consolidadas; ela acelera todos os processos de mudança[11]. Isso gera uma multiplicidade de incongruências – e a percepção da incongruência está no cerne da experiência cômica. Os sociólogos usaram a expressão "distanciamento de papéis" para descrever a atitude indiferente e reflexiva dos indivíduos modernos em relação às suas ações em sociedade. Isso implica também uma distância *cognitiva* – Helmut Schelsky, um sociólogo alemão, chamou-a de "reflexividade permanente" (*Dauerreflektion*). Esta mesma distância pode muito bem ser a base de um senso de humor especificamente moderno. Se este for o caso, a teologia moderna, apesar dos seus esforços, muitas vezes frenéticos, de acompanhar os tempos, realmente ainda não se atualizou.

Em todo caso, o cômico, assim como o sagrado, tem uma maneira de invadir as situações mais improváveis. Helmut Thielicke conta a ótima história de uma experiência que ele teve no final da Segunda Guerra Mundial, quando ele estava pregando na Igreja de uma aldeia perto de Stuttgart. De repente, houve um ataque aéreo, sem aviso, com os ruídos mais assustadores de aviões de combate, disparos de metralhadora e artilharia antiaérea. Thielicke gritou do púlpito: "Deitem-se todos no chão! Cantemos 'Jesus, minha alegria'" ("*Jesu, meine Freude*", um conhecido hino alemão). O organista e a congregação seguiram as suas instruções. Thielicke não podia mais vê-los do púlpito, quando todos se agacharam sob os bancos, cantando. Apesar do barulho terrível por todos os lados da igreja, e apesar do grande perigo, a situação lhe pareceu extremamente engraçada. Ele começou a rir espontaneamente. Em retrospecto, ele achou que aquele era, realmente, um riso que agradava a Deus.

---

11. Cf. o meu livro, com Brigitte Berger e Hansfried Kellner: *The Homeless Mind*: Modernization and Consciousness. Nova York: Random House, 1973. Infelizmente, nós não analisamos o humor naquele momento.

14 O cômico como sinal de transcendência

O termo *transcendência* carrega um fardo pesado de sentidos diversos, nos discursos filosófico e teológico, e nenhum propósito útil seria alcançado analisando todos esses significados aqui. Contudo, a noção de transcendência apareceu em vários momentos nas reflexões deste livro, mais intensamente nos dois últimos capítulos. É válido, portanto, esclarecer ao menos dois significados do termo, relevantes para o fenômeno do cômico: Em primeiro lugar, o cômico transcende a realidade da existência cotidiana, ordinária; ele apresenta, ainda que temporariamente, uma realidade diferente, na qual os pressupostos e as regras da vida cotidiana são suspensos. Essa é, por assim dizer, a transcendência em um tom menor; ela não tem, em si mesma, qualquer implicação necessariamente religiosa. Mas, em segundo lugar, ao menos algumas manifestações do cômico sugerem que esta outra realidade possui características redentoras que não são, absolutamente, temporárias, mas que antes apontam para aquele outro mundo que foi sempre o objeto da atitude religiosa. No linguajar comum, fala-se de "riso redentor". Qualquer piada pode provocar tal riso e ele pode ser redentor, no sentido de tornar a vida mais fácil de suportar, ainda que momentaneamente. Na perspectiva da fé religiosa, no entanto, há nessa experiência transitória uma intuição, um sinal de redenção verdadeira, isto é, de um mundo renovado, no qual as misérias da condição humana foram abolidas. Isso implica transcendência em um tom maior; ela é religiosa no sentido próprio e pleno da palavra. Não há nenhuma passagem inevitável do primeiro para o segundo tipo de transcendência. Com certeza, não há; caso contrário, todo comediante solo seria um ministro de Deus (o que Dom Quixote pensava ser). Há uma forma secular e uma forma religiosa da experiência cômica, e a passagem de uma para a outra exige um ato de fé.

Quando começamos a tentar circunscrever o fenômeno do cômico, o descrevemos como uma intrusão. Na terminologia de Alfred Schutz, o cômico invade a consciência da realidade suprema, que é este mundo ordinário, cotidiano, no qual vivemos a maior parte do tempo, que compartilhamos com a maioria dos nossos semelhantes e que, portanto, nos parece solidamente real. Esta realidade é densa, pesada, coercitiva. Em comparação, a realidade do cômico é fina, efervescente, frequentemente compartilhada apenas com algumas outras pessoas, e às vezes com absolutamente ninguém. Enquanto ele dura, o cômico apresenta outra realidade, que se insere, como uma ilha, no oceano da experiência cotidiana. Trata-se, então, do que Schutz chamou de uma província finita de significado. Enquanto tal, ela não é, de forma alguma, única. Toda uma gama de experiências humanas pode produzir essas ilhas – os mundos dos sonhos, da experiência sexual ou estética intensas, da especulação teórica autocontida (a matemática pura é um caso exemplar), ou, de uma maneira muito diferente, da dor física. Mas a experiência religiosa, do ponto de vista da vida cotidiana, também é outra província finita de significado. A comparação com a experiência cômica é instrutiva. Os dois fenômenos compartilham algumas características básicas com todas as outras províncias finitas de significado – estruturas de realidade próprias, categorias de espaço e tempo singulares, sensações "liminares" ao atravessar para dentro e novamente para fora desses mundos insulares, experiências distintas, dos outros e de si mesmo. Assim, por exemplo, no mundo da comédia, parecemos estar em uma ordem diferente das coisas, somos transportados para outros lugares e outras épocas, há uma espécie de choque (aqui marcado pelo riso, ou a sua antecipação) ao adentrar o mundo da comédia e um choque contrário (paramos de rir) ao deixá-lo, as outras pessoas são percebidas de maneira diferente (o tirano ameaçador, digamos, se torna uma figura patética) e nós mesmos também (a vítima vence as circunstâncias). *Mutatis mutandis*, essas características se aplicam a todas as províncias finitas de significado, inclusive a experiência religiosa. Esta última, no entanto, possui algumas características que são, mais ou menos, únicas. Especificamente, estas são as características do sagrado – o "tremendo mistério", nas palavras de Rudolf Otto, a experiência de uma alteridade absoluta, uma ambiguidade entre terror e atração (o "numinoso", na terminologia de Otto), e a atitude de admiração ou reverência provocada pela experiência. Estas características são insinuadas em algumas manifestações do cômico, especialmente aquelas pertencentes à categoria da loucura, mas existem grandes áreas da experiência cômica que não revelam nenhuma dessas características.

Como as páginas precedentes documentaram, a abrangência do cômico é vasta – desde a loucura assombrosa de Dionísio até a ironia dócil de Jeeves. Porém, é a primeira que expõe, mais claramente, toda a potência do cômico e, assim, a sua proximidade com a esfera religiosa. Ao menos na história ocidental (e, muito provavelmente, em outros lugares também), as origens da experiência cômica estão muito próximas do encontro com o numinoso. Ambos fenômenos suscitam a percepção de um mundo magicamente transformado e, por essa razão, ambos são perigosos, quando alcançam um certo grau de intensidade. Perigosos para quê? Perigosos, precisamente, para a manutenção da realidade cotidiana, ordinária, ou, se quiser, para o ato de viver. Ambos fenômenos provocam êxtases – literalmente, experiências de *situar-se fora* da realidade cotidiana. Esses êxtases são toleráveis, e até mesmo úteis, psicológica e sociologicamente, quando são temporários e cuidadosamente controlados. O perigo é que eles escapem aos esforços de controle, abalando assim a ordem social. Robert Musil, em seu grande romance *O homem sem qualidades*, destaca o que ele chama de a "outra condição" – uma espécie de experiência mística, apresentada sem uma interpretação teológica. Em pequenas doses (como sentir o seu rastro ao se emocionar durante uma apresentação teatral), essa experiência é como sair de férias da vida. O perigo é que alguém decida sair de férias permanentemente (o que Ulrich, o protagonista do romance, gostaria de fazer).

Para mitigar esse perigo, tanto a religião quanto o cômico foram confinados a lugares e momentos específicos. Nos termos da sociologia da religião, pode-se afirmar, de fato, que uma das principais funções sociais das instituições religiosas é a domesticação da experiência religiosa. Assim, um pastor pode dizer as coisas mais incríveis na igreja, na manhã de domingo, sugerindo, por exemplo, que é possível alguém realmente viver, todo dia, de acordo com as máximas do Sermão da Montanha. Por alguns momentos, a sua confortável congregação burguesa pode se sentir transtornada com esta sugestão absurda. Mas, quando eles deixam a igreja, um pouco depois, e retornam para o mundo familiar da vida cotidiana, eles podem respirar aliviados e dizer para si mesmos (se não exatamente com estas palavras): "Bem, isso foi somente na igreja", e então prosseguir com os seus hábitos normais. Há uma analogia íntima, aqui, com a equação: "Isso foi só uma piada"; depois que a piada foi devidamente apreciada e rida, pode-se, "Agora, falando sério", retornar ao mundo sem graça. A magia, mais uma vez, foi deixada para trás.

O cômico, ainda que temporariamente, provoca exatamente o que chamamos de transcendência em um tom menor, isto é, ele relativiza a realidade suprema. De repente, o familiar é visto sob uma nova luz, torna-se estranhamente desconhecido. Na linguagem do teatro, trata-se do que Eugène Ionesco chamou de *dépaysement* (literalmente, ser desterrado): Temporariamente, perde-se a cidadania no mundo cotidiano, nos desnaturalizamos. Dito de outra maneira, o que era tido como natural agora nos parece estranho. Bertolt Brecht quis dizer, mais ou menos, a mesma coisa quando ele chamou a sua própria técnica teatral de *Verfremdung* (literalmente, tornar estranho). Claramente, esse processo não é, ou não é ainda, de caráter religioso. Mas é um passo nessa direção, minimamente apontado para a *possibilidade* de uma visão de mundo religiosa.

O cômico, em sua forma mais intensa, como na loucura, apresenta um contramundo, um mundo de ponta-cabeça. Este contramundo se revela à espreita, escondido atrás, ou debaixo, do mundo tal como o conhecemos (usamos, anteriormente, outra metáfora teatral para descrever essa experiência, a do *Doppelboedigkeit* – a percepção de múltiplos níveis). Enquanto a experiência dura, ela tem, por certo, um aspecto de realidade. Na verdade, o seu contramundo parece ser mais real do que o mundo cotidiano, empírico. Na manhã seguinte, por assim dizer, devemos refletir sobre o *status* epistemológico desse contramundo. A presença ou a ausência de fé religiosa determinará o resultado da reflexão.

Dado o caráter fugidio do fenômeno cômico, evitamos definições restritivas neste livro. Contudo, de um modo geral, sugerimos uma diferenciação entre os aspectos subjetivos e objetivos do fenômeno. O aspecto subjetivo se refere ao que, geralmente, é chamado de senso de humor, ou somente humor, de forma abreviada. Trata-se da capacidade de perceber algo como cômico ou engraçado. Mas há também uma objetividade suposta nesta percepção. Isto é, a hipótese de que há *algo lá fora*, fora da nossa própria mente, que é cômico. Essa suposta objetividade permite que se fale no *fenômeno* do cômico. Agora, como vimos, filósofos e outros refletiram sobre o que poderia ser, exatamente, este algo lá fora. Naturalmente, nenhum consenso foi alcançado (filósofos nunca chegam a um acordo; se algum dia o fizessem, a atividade da filosofia chegaria ao fim). Mas endossamos aqui a visão, proposta por Henri Bergson e Mary Collins Swabey, entre outros, de que há ganhos cognitivos reais no humor. Em outras palavras, o senso de humor não é, simplesmente, uma expressão de sensações subjetivas (semelhante, digamos, à declaração de que se está deprimido), mas antes é um ato de percepção relativo à realidade do mundo, exterior à consciência individual. Está amplamente comprovado que esta percepção é, em grande medida, influenciada pela história e pela posição social: achamos difícil rir dos exemplos de humor de Cícero, e sabemos que as nossas piadas fracassariam se contadas em meios sociais muito diferentes do nosso. Apesar desses relativismos de tempo e espaço, há um amplo consenso de que o senso de humor leva, sobretudo, a uma percepção da *incongruência*, ou *incongruidade*.

Pode-se então perguntar: Incongruência entre o que e o quê? Em princípio, *qualquer* incongruência pode ser considerada cômica – entre o que é vivo e o que é mecânico (como propôs

Bergson), entre as exigências da moral repressora e os impulsos cegos da nossa natureza libidinal (o ângulo freudiano), entre as pretensões da autoridade política e a sua falibilidade implícita (o combustível de muita sátira), e assim por diante. Mais uma vez, o que é considerado incongruente, em uma dada situação, pode não ser percebido assim em outra circunstância.

Entretanto, é possível perguntar se existe alguma incongruência subjacente que possa ser observada, acima e para além de todas as relativizações. Duas respostas são possíveis. Uma é antropológica, relacionada à natureza do homem; a outra é ontológica, relativa ao seu lugar na natureza geral do universo. A resposta antropológica é aquela proposta, brilhantemente, por Helmuth Plessner: O ser humano é incongruente em si mesmo. A existência humana é um ato de equilíbrio contínuo entre *ser* um corpo e *ter* um corpo. O homem é o único animal capaz, de alguma forma, de situar-se fora de si (Plessner a denomina de a sua natureza "ex-cêntrica"). Dito de maneira diferente, o homem é o único animal com capacidade de ação e não somente *comportamento*. Quando esse ato de equilíbrio contínuo colapsa, o corpo assume o controle. Tanto o riso quanto o choro manifestam esta queda. Trata-se de um processo não apenas físico, mas também psicológico. Mas também é possível que o senso de humor *perceba*, reiteradamente, a incongruência inerente ao ser humano. É nesse sentido que um ganho cognitivo do humor é antropológico: quando somos envolvidos no riso cômico, temos uma intuição válida sobre um aspecto essencial da natureza humana. Embora Plessner, por razões próprias, negue que esteja se referindo à distinção tradicional entre o corpo e a mente, a incongruência que ele analisa está muito próxima daquilo que muitos filósofos discutiram como o problema mente/corpo. Seja como for, todos nós estamos familiarizados com as consequências cômicas dessa incongruência irrompendo na vida cotidiana: O estadista, no meio de uma cerimônia patriótica solene, precisa vomitar. O grande intelectual, expondo sobre o sentido da virtude, tem uma ereção. Ou, inversamente, o sedutor, a caminho do sucesso erótico, é dominado por pensamentos sobre a mortalidade. Pode até ser que, no meio da sedução, ele perca a ereção ao encontrar a solução para um problema filosófico enigmático. Nenhuma dessas coisas poderia acontecer com um cachorro, ou mesmo um chimpanzé. Toda incongruência é inconfundivelmente, e talvez adoravelmente, *humana*.

Há outra incongruência enraizada não na natureza humana, mas na sua posição no universo. Pascal a formulou situando o homem entre o nada e o infinito. A ciência moderna nos proporcionou os meios técnicos para experimentar essa incongruência muito facilmente: perscrutamos o mundo revelado pelo microscópio e nos sentimos imensos; então, olhamos através do telescópio e nos vemos como partículas insignificantes na vastidão das galáxias. A experiência cômica aponta para essa incongruência ontológica: O ser humano como um ser consciente, suspenso nessa posição ridícula entre os micróbios e as estrelas. Todas as pretensões humanas de sabedoria e poder são comicamente desmistificadas à medida que esta incongruência fundamental é percebida.

Apesar das semelhanças citadas com uma província finita de significado especificamente religioso, o que foi dito aqui, sobre o cômico promover uma transcendência em um tom menor, não conduz, necessariamente, a uma interpretação religiosa dessa experiência. Tudo isso pode ser dito *etsi Deus non daretur* – isto é, sem pressupor Deus (ou, aliás, quaisquer deuses ou entidades sobrenaturais). Afinal, os êxtases da experiência estética, ou sexual, intensa também manifestam algumas dessas semelhanças; eles também transcendem a realidade naturalizada da vida cotidiana, mas essa transcendência não é, necessariamente, compreendida em termos religiosos. Passar do tom menor para o maior exige um ato de fé, que será uma espécie de salto (para usar o termo de Kierkegaard). Deixemos de lado, por ora, a questão de *por que* alguém daria este salto. O ponto aqui é que, uma vez dado o salto, o cômico assume um aspecto muito diferente. Para usar a expressão sugerida anteriormente, ocorre uma inversão epistemológica. Com ela, alguns dos atributos essenciais da experiência cômica adquirem um significado novo.

Particularmente, a experiência do cômico apresenta um mundo sem dor. Vários estudiosos, discutidos anteriormente neste livro, ressaltaram a abstração peculiar pressuposta na percepção cômica. Ela é, sobretudo, uma abstração da dimensão trágica da existência humana. Existem exceções, por exemplo, no chamado humor negro, embora, mesmo aí, as realidades dolorosas enfrentadas sejam, de algum modo, neutralizadas ao serem traduzidas em termos cômicos. De um modo geral, desde os mundos do humor gentil até os contramundos da loucura, há uma suspensão dos acontecimentos trágicos. Este fato pode ser sinteticamente ilustrado pela figura do palhaço, que é espancado, derrubado, pisoteado e sempre atormentado. Porém, a suposição é a de que ele não sente dor de verdade. De fato, a *performance* risonha do palhaço, através de todos esses tormentos, somente é possível por essa suposta ausência de dor. Tão logo a hipótese da ausência de dor é abandonada, a comédia se transforma em tragédia: o palhaço pode ainda fingir rir, mas sabemos que ele está, na verdade, chorando, e a sua atuação deixa de ser engraçada. Geralmente, qualquer comédia se transforma em tragédia tão logo o sofrimento real, a dor real, sejam admitidos.

Etsi Deus non daretur, todo episódio do cômico é uma fuga da realidade – física, psicológica e sociologicamente saudável, mas, ainda assim, uma fuga. O mundo real da existência empírica deve, enfim, reafirmar-se; o mundo contraempírico do cômico deve ser considerado uma ilusão. A comédia é, fundamentalmente, contrafactual; a tragédia revela a dura facticidade da condição humana. Mas, tão logo tudo isso é percebido à luz da fé – *etsi Deus daretur* –, as alegações de realidade e ilusão se invertem. É a realidade dura do mundo empírico que agora é vista, senão como ilusão, como uma realidade temporária que, no fim, será superada. Por outro lado, os mundos indolores do cômico podem ser considerados, agora, um prenúncio de um mundo além deste. A promessa de redenção, de uma forma ou de outra, é sempre a de um mundo sem dor. Empiricamente, o cômico é um jogo restrito e temporário, no interior do mundo sério marcado por nossa dor e que leva, inexoravelmente, à nossa morte. A fé, contudo, questiona o mundo empírico e nega a sua seriedade última. Nesse sentido, ela é, estritamente falando, metaempírica. Ela apresenta não uma ilusão, mas a visão de um mundo infinitamente mais real que todas as realidades *deste* mundo.

O caráter dessa inversão epistemológica pode ser ilustrado observando algumas das experiências primitivas do cômico, que os psicólogos encontraram, inclusive, entre crianças muito novas – a queda, a caixa de surpresa, e (provavelmente, a mais primitiva de todas) o jogo de pique-esconde. A queda é a que expressa mais claramente a incongruência entre as pretensões humanas e a realidade humana. Tales de Mileto achava que compreendia as estrelas, mas caiu em uma vala, e o riso da criada trácia implicava uma percepção da condição humana que ia muito além do constrangimento momentâneo e particular do filósofo. A queda representa um paradigma antropológico com aquela economia maravilhosa que (como Freud descobriu) as piadas têm em comum com os sonhos. A caixa de surpresa é a figura inversa. Ela é a réplica mecânica da mesma negação da queda, encenada, repetidas vezes, por todo palhaço que continua saltando de pé, não importa quantas vezes ele tenha sido derrubado. Outro brinquedo que faz isso é o que, em alemão, tem o lindo nome de *Stehaufmaennchen* (o homenzinho que continua se levantando). Trata-se de um boneco com uma base arredondada dentro da qual foram postos alguns pesos, de maneira que, por mais que o boneco seja pressionado para baixo, ele sempre voltará para a posição vertical. Se a queda é um paradigma antropológico, a caixa de surpresa é um paradigma soteriológico – isto é, ela é um símbolo de redenção. Se compreendemos a redenção em termos cristãos (e é sempre importante lembrar que existem outras noções de redenção), uma ideia levemente imprudente se insinua: A caixa de surpresa e o *Stehaufmaennchen* são representações adequadas da Ressurreição. Nessa metáfora, Cristo foi o primeiro homenzinho que ficou de pé e, como o Apóstolo Paulo explicou, esta é a base da nossa esperança de superar a queda primitiva para sempre.

Mas é o jogo do pique-esconde que assume um significado ainda mais surpreendente com a inversão epistemológica ocasionada pelo ato de fé. Vamos relembrar do que se trata este jogo: A criança vê a mãe; então a mãe desaparece, deixando a criança ansiosa; quando a mãe reaparece, depois de uma breve ausência, a criança sorri ou ri; este riso expressa um grande alívio (ou, como os psicólogos alemães sugeriram, um *Entlastung*, um "desafogo"). Eis, em uma síntese incrível, o drama da redenção visto à luz da fé. *Etsi Deus daretur*, as relações de Deus com a humanidade podem ser vistas como um jogo de pique-esconde cósmico. O vislumbramos e, então, Ele desaparece rapidamente. A sua ausência é um aspecto central da nossa existência e a fonte última de todas as nossas ansiedades. A fé religiosa é a esperança de que Ele irá, enfim, reaparecer, proporcionando o alívio final que é, precisamente, a redenção. Existe realmente uma liturgia, na ortodoxia oriental, que representa visualmente o jogo do pique-esconde cósmico. Toda a Igreja Ortodoxa possui o *ikonostasis*, o biombo de ícones que separa o altar do resto do templo. O biombo de ícones tem várias portas, através das quais o padre e seus assistentes entram e saem no decorrer da cerimônia. Naquela liturgia em particular, quando o padre oficiante entra e sai através do biombo icônico, um diácono entoa: "Agora você o vê, agora você não o vê".

Alguém, certa vez, observou que toda nova mãe está em uma posição moralmente privilegiada: Ela sabe exatamente o que Deus quer que ela faça. Isto é, naturalmente, cuidar da sua criança. Um ícone humano, universalmente reconhecido, é a imagem de uma mãe embalando de maneira protetora o seu bebê. Há também a cena primitiva de uma mãe confortando uma criança que chora. O filho, vamos supor, desperta de um pesadelo terrível e começa a chorar. A mãe o embala e diz suavemente, "Não chore: está tudo bem, está tudo bem". Agora, embora esta cena evoque a empatia humana universal, ela é passível de ser interpretada em termos contraditórios, dependendo da presença ou da ausência de fé religiosa. Na ausência de fé, a mãe está mentindo para o filho. Certamente, não naquele momento em particular. Nem há qualquer implicação de que o que a mãe está fazendo seja moralmente errado. Contudo, como a psicologia infantil moderna demonstrou amplamente, esses gestos e palavras reconfortantes, vivenciados na primeira infância, constroem na criança uma *confiança no mundo* fundamental. Porém, empiricamente falando, esta confiança é falsa, é uma ilusão. O mundo não é, absolutamente, digno de confiança. É um mundo no qual a criança irá experimentar todo tipo de dor e que, por fim, a matará. *Não* está tudo bem; pelo contrário. O conforto da mãe é assim, em última análise, um ato de falsa consciência. Na presença da fé, a cena tem um significado radicalmente diferente. Agora, a mãe desempenha o que poderia ser chamado de uma função sacerdotal. As suas palavras de consolo reiteram a promessa divina da redenção: No final, tudo ficará bem. Falsa consciência ou promessa de redenção: Dependendo do ponto de vista, *ambas* as interpretações são válidas. Somos confrontados com a opção de saltar em uma direção ou na outra.

Certamente, não estamos sugerindo aqui que as mães saibam disso, nem mesmo inconscientemente. E, com certeza, não há qualquer sugestão de que as crianças riem, de um palhaço ou de uma caixa de surpresa, na qualidade de teólogos de jardim de infância. Antes, nos perguntamos o que esses eventos podem significar para nós, como observadores, tenhamos fé ou não. Talvez, contudo, os provérbios de Jesus, no sentido de que devemos ser como as crianças, sejam relevantes aqui. A criança feliz, aquela que recebeu consolos suficientes do tipo que acabamos de descrever, confia, de fato, no mundo. Se temos fé, podemos voltar a confiar no mundo. Lutero descreveu a fé (*fides*) exatamente como confiança (*fiducia*). A fé infantil confia que o palhaço sempre saltará de pé novamente, que a mãe sempre reaparecerá e que, portanto, se é livre para rir. Os adultos são capazes de renascerem em uma fé infantil, na qual o mundo se torna digno de confiança outra vez. Essa fé pode não estar baseada em comprovações racionais, mas tampouco ela é contrária à razão. Mais ainda, pode-se e deve-se refletir sobre ela. Um resultado dessa reflexão é a intuição de que a comédia é mais profunda que a tragédia.

Durante a maior parte do século XIX e todo o século XX, até o momento, o pensamento moderno foi excessivamente influenciado pela ideia de projeção, em sua abordagem da religião. A ideia remete a Ludwig Feuerbach, cujo programa (tal como ele o formulou), de transformar a teologia em antropologia, baseava-se na ideia de que os mundos apresentados pela religião são simplesmente reflexos, ou projeções, do mundo empírico da vida humana cotidiana. Essa ideia teve os seus desdobramentos mais importantes nas obras de Marx (a religião como parte da superestrutura, que reflete as realidades sociais subjacentes), de Nietzsche (a religião, em particular o cristianismo, como a projeção dos ressentimentos dos fracassados no jogo do poder), e de Freud (a religião como a grande ilusão, que serve para "sublimar" os desejos reprimidos da libido). Mas muitos outros pensadores modernos, incluindo um número considerável de teólogos, também adotaram o conceito de projeção. Considerada a única descrição possível da religião, a ideia de projeção se baseia e, por sua vez, reforça a hipótese ateísta: os deuses são representações de questões humanas e, salvo isso, eles não existem. Esta não é, contudo, a única maneira em que este conceito pode ser compreendido. É possível também entendê-lo como uma afirmação sobre a religião *dentro dos parâmetros das ciências empíricas do homem* – tais como a História, a Psicologia, as Ciências Sociais e, talvez, até mesmo algumas versões da Antropologia Filosófica. Se permanecemos dentro desses parâmetros, muito do que foi dito sobre a projeção é perfeitamente válido. Certamente, isso não implica, de maneira nenhuma, que se deva concordar com, digamos, as teorias marxista ou freudiana da religião, em sua totalidade (estas, aliás, são bastante dúbias, em termos estritamente empíricos). Mas, empiricamente falando, é perfeitamente válido analisar as experiências e tradições religiosas em seus contextos histórico, social e psicológico. Quando fazemos isso, invariavelmente descobrimos que esses fenômenos religiosos de fato simbolizam – se quiser, refletem ou projetam – várias realidades humanas. É inútil para os teólogos contestar, em princípio, esses argumentos.

Mais uma vez, o ato de fé introduz uma perspectiva nova. Não se trata, neste caso, de uma inversão epistemológica completa, porque o argumento da religião como projeção permanece válido, dentro dos limites do empírico. Mas a fé abre a possibilidade de um modo diferente, metaempírico, de analisar este fenômeno. Nessa perspectiva, o homem somente é capaz de projetar os deuses porque ele próprio, antes de tudo, está relacionado com os deuses. Em termos monoteístas, Deus criou o homem à sua imagem – o que, minimamente, significa dizer que o homem é capaz de conceber Deus. Nos atos de projeção, o homem almeja o infinito. Mas ele só é capaz de fazê-lo porque o infinito o alcançou primeiro. Dito de maneira sucinta, o homem é o *projetor* porque, em última instância, ele próprio é um projétil. O simbolizador é, ele mesmo, o símbolo. As disciplinas empíricas irão, legitimamente, buscar projeções das realidades mundanas em tudo o que pretenda ser transcendência. Uma disciplina teológica (quer dizer, aqui, não mais do que uma reflexão sistemática sobre as implicações da fé) irá, inversamente, procurar por indícios de transcendência no interior das realidades mundanas. Uma vez que a fé inaugure este ponto de vista particular, vários desses indícios se revelam. Deve ser ressaltado que essas não são "provas" da existência de Deus ou de quaisquer outras realidades sobrenaturais. Não há provas que tornariam o ato de fé supérfluo. O que estamos falando aqui não são de provas, mas sinais de transcendência ou, se quiser, vislumbres daquele com quem estamos jogando o jogo de pique-esconde cósmico.

Por que deveríamos procurar por esses sinais? Este não é o lugar para argumentar a favor da fé religiosa, em geral, ou da fé cristã em particular. Mas uma coisa deve ser dita aqui: Há pessoas que reivindicam, sob qualquer argumento, estarem absolutamente convictas das suas crenças religiosas. Talvez algumas delas tenham sido, de fato, escolhidas para essas autorrevelações do divino que são autocertificadoras em sua realidade e, desse modo, duradouras. Se bebemos o vinho amargo do pensamento moderno, nos inclinaremos ao ceticismo em relação à maioria dessas alegações. A capacidade dos seres humanos de inventar certezas dúbias é incrível e, de maneira nenhuma, não apenas no que se refere à religião. Seja como for, aqueles de nós que não foram abençoados com experiências que substituem a certeza pela fé, não temos escolha, se formos honestos, exceto fazer o melhor possível com as incertezas às quais estamos presos. Sem *saber*, nós só temos a opção de *acreditar*. Os detentores da suposta certeza não têm necessidade de sair à procura de sinais de transcendência. O restante de nós tem a necessidade de fazê-lo, a menos que estejamos preparados para nos resignarmos, com determinação estoica, à desesperança final do mundo.

O presente argumento vai no sentido de que a experiência do cômico é um desses sinais de transcendência, e um sinal importante, aliás. Em termos cristãos, isso significa que o cômico é uma manifestação de um universo sacramental – um universo que, parafraseando o *Livro de oração comum*, contém sinais visíveis da graça invisível. Os sacramentos não são mágicos. Eles não transformam o mundo em sua realidade empírica, que continua cheia de todas as aflições às quais os seres humanos estão propensos. Além disso, os sacramentos não são convincentes logicamente. A graça que eles transmitem não pode ser empírica ou racionalmente demonstrada, mas ela é percebida somente em um ato de fé. Neste caso, a experiência do cômico não elimina, milagrosamente, o sofrimento e o mal neste mundo, nem ela fornece uma prova autoevidente de que Deus age no mundo e pretende redimi-lo. Contudo, na perspectiva da fé, o cômico se torna um grande consolo e um testemunho da redenção que ainda está por vir. Há diferentes modos em que esta proposição poderia ser elaborada teologicamente. O teólogo protestante alemão, Helmut Thielicke, sugeriu que, se fosse dado um lugar ao cômico na teologia cristã, seria sob a rubrica da escatologia – isto é, a doutrina das coisas últimas, do estabelecimento final e plenamente visível do Reino de Deus neste mundo. Outro teólogo protestante alemão, Wolfhart Pannenberg, usou o termo "proléptico" (previsor) para descrever a natureza da fé neste mundo, isto é, a fé antecipa o apogeu do que ainda está por vir e, nessa antecipação, funciona agora como se a culminação já tivesse ocorrido. Poderíamos argumentar que o cômico é proléptico justamente nesse sentido. O chamado riso da Páscoa, da Igreja medieval, foi uma expressão litúrgica poderosa dessa visão.

Por fim, devemos retomar algumas observações muito hipotéticas, feitas anteriormente, sobre uma sensibilidade cômica distintamente moderna. Ela poderia ser descrita como sagaz, sarcástica, extremamente indiferente. Nesse caso, é possível relacioná-la a outras características da Modernidade – especialmente o seu intelectualismo (uma tendência a refletir constantemente sobre tudo) e o seu controle emocional (o correlato psicológico do distanciamento de papéis). Na história do pensamento ocidental, é interessante relembrar, nesse sentido, dois pontos no tempo: o tempo em que a loucura medieval começou a declinar e o tempo no qual os filósofos começaram a assumir uma visão mais positiva a respeito do cômico. Ambos momentos não podem ser datados com precisão, mas eles coincidem, aproximadamente, com o advento da Modernidade na Europa. Erasmo é uma figura crucial aqui: Ele elogiou a loucura justamente quando as suas expressões mais exuberantes estavam desaparecendo das ruas, para serem domesticadas nas instituições do bobo da corte e da comédia formal. E o seu livro em elogio à loucura é a primeira obra importante de um pensador ocidental que adota uma visão gentil do cômico. Será uma coincidência? Talvez seja. Mas também é possível que os dois eventos estejam relacionados. A Modernidade eliminou grande parte do encantamento com o qual o homem medieval ainda vivia. O contramundo da loucura começou a recuar e, junto com muitas outras coisas, ele foi secularizado, adaptado a uma era que, cada vez mais, se considerava superior às épocas precedentes por sua suposta racionalidade. Mas o mundo desencantado, excessivamente racional da Modernidade, engendrou as suas próprias incongruências. O humor moderno pode ser uma consequência desse desenvolvimento, tanto uma expressão dele quanto uma reação contra ele. Enquanto o homem moderno ainda for capaz de rir de si mesmo, a sua alienação dos jardins encantados de outrora não será completa. A nova sensibilidade cômica pode ser o calcanhar de aquiles da Modernidade, assim como a sua possível salvação.

Epílogo

O burro[1]
Quando peixes voavam e florestas caminhavam
E figos cresciam sobre espinhos,
Em algum momento, quando a lua era sangue
Então, certamente, eu nasci.

Com a cabeça monstruosa e um grito horrível
E orelhas como asas errantes,
A paródia viva do diabo
De todas as coisas de quatro patas.

O marginal esfarrapado da terra,
De antiga determinação torta;
Me matem de fome, me açoitem, zombem de mim: eu sou um asno,
Eu mantenho o meu segredo.

Loucos! Pois eu também tive a minha hora;
Uma hora longínqua, feroz e doce:
Um clamor em meus ouvidos,
E palmas diante dos meus pés.

---

1. CHESTERTON, G.K. The Wild Knight. In: KNILLE, R. (ed.). *As I Was Saying*: A Chesterton Reader. Grand Rapids, Mich.: Eerdmans, 1985.

EDITORA VOZES
Editorial

CULTURAL
Administração
Antropologia
Biografias
Comunicação
Dinâmicas e Jogos
Ecologia e Meio Ambiente
Educação e Pedagogia
Filosofia
História
Letras e Literatura
Obras de referência
Política
Psicologia
Saúde e Nutrição
Serviço Social e Trabalho
Sociologia

CATEQUÉTICO PASTORAL
Catequese
  Geral
  Crisma
  Primeira Eucaristia

  Pastoral
    Geral
    Sacramental
    Familiar
    Social
    Ensino Religioso Escolar

TEOLÓGICO ESPIRITUAL
Biografias
Devocionários
Espiritualidade e Mística
Espiritualidade Mariana
Franciscanismo
Autoconhecimento
Liturgia
Obras de referência
Sagrada Escritura e Livros Apócrifos

Teologia
  Bíblica
  Histórica
  Prática
  Sistemática

REVISTAS
Concilium
Estudos Bíblicos
Grande Sinal
REB (Revista Eclesiástica Brasileira)
SEDOC (Serviço de Documentação)

VOZES NOBILIS
Uma linha editorial especial, com importantes autores, alto valor agregado e qualidade superior.

VOZES DE BOLSO
Obras clássicas de Ciências Humanas em formato de bolso.

PRODUTOS SAZONAIS
Folhinha do Sagrado Coração de Jesus
Calendário de mesa do Sagrado Coração de Jesus
Agenda do Sagrado Coração de Jesus
Almanaque Santo Antônio
Agendinha
Diário Vozes
Meditações para o dia a dia
Encontro diário com Deus
Guia Litúrgico

CADASTRE-SE
www.vozes.com.br

EDITORA VOZES LTDA.
Rua Frei Luís, 100 – Centro – Cep 25689-900 – Petrópolis, RJ
Tel.: (24) 2233-9000 – Fax: (24) 2231-4676 – E-mail: vendas@vozes.com.br

UNIDADES NO BRASIL: Belo Horizonte, MG – Brasília, DF – Campinas, SP – Cuiabá, MT
Curitiba, PR – Florianópolis, SC – Fortaleza, CE – Goiânia, GO – Juiz de Fora, MG
Manaus, AM – Petrópolis, RJ – Porto Alegre, RS – Recife, PE – Rio de Janeiro, RJ
Salvador, BA – São Paulo, SP